高校教务一本通

GAOXIAO JIAOWU YI BEN TONG

主编　吴能表　王进军

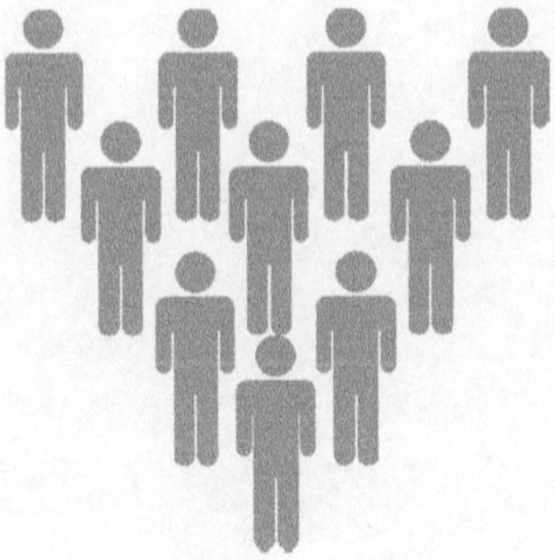

副主编

易　鹏　张代平　杨　挺　林　萍

编　委（排名不分先后）

徐宏凯　胡钦瑞　吴　娟　曹建升　刘晓燕　谌剑波
钟　健　贺　骏　邹士鑫　沈文华　朱亚萍　石定芳
刘晓龙　彭兴忠　吴红荣　陈小玲　杨丽媛

SWUP 西南大学出版社
国家一级出版社　全国百佳图书出版单位

图书在版编目(CIP)数据

高校教务一本通 / 吴能表，王进军主编. — 重庆 : 西南师范大学出版社，2021.8

ISBN 978-7-5697-0326-9

Ⅰ. ①高… Ⅱ. ①吴… ②王… Ⅲ. ①高等学校－教务工作 Ⅳ. ①G647.3

中国版本图书馆CIP数据核字(2021)第117765号

高校教务一本通

吴能表　王进军　主编

责任编辑：李　君
责任校对：张　丽
装帧设计：观止堂_未氓
排　　版：张　祥
出版发行：西南大学出版社(原西南师范大学出版社)
地址：重庆市北碚区天生路2号
邮编：400715
印　　刷：重庆新生代彩印技术有限公司
幅面尺寸：185 mm×260 mm
印　　张：17
字　　数：370千字
版　　次：2021年8月　第1版
印　　次：2024年9月　第4次印刷
书　　号：ISBN 978-7-5697-0326-9

定　　价：59.00元

序

写作本书想法由来已久，直到2016年，根据学校工作安排，我有幸再次进入教务管理工作队伍，这种想法才有了变为现实的条件。结合以前参与编写《高校教师教学发展中心工作指南》《高校教师教学手册》的一些经验积累，在多位同行的鼓励和期待下，加上西南大学教务处全体同仁的共同奉献和出版社编辑们的辛勤劳动，《高校教务一本通》终于与您见面了，我由衷感到高兴！

现代大学的首要职能是人才培养，本科教育是人才培养的中心，而教务管理是保障本科教育教学顺利进行的重要条件。因而提升教务管理的专业化水平，对建立健全现代大学制度，提高人才培养质量至关重要。党的十九届四中全会从党和国家事业发展的全局和长远出发，明确了坚持和完善中国特色社会主义制度、推进国家治理体系和治理能力现代化的总体目标。高校治理体系和治理能力现代化是国家治理体系和治理能力现代化的重要组成部分，是新时代中国大学推进内涵式发展、提升综合竞争力的内在需求。高校教务管理作为本科教育教学改革和运行的制度保障，是现代大学治理的重要组成部分，居于大学治理的中心位置。面对新时代高等教育治理现代化的新形势和新任务，建立健全适应现代大学本科教务管理需要的体制机制、规章制度，构建适应新时代现代大学制度建设要求的教务管理体系，不断提高高校治理体系和治理能力现代化水平，是当前我们教务工作者应该努力践行的使命。

爱因斯坦认为："教育不是要记住各种事实，而是要训练大脑如何思考。"杜威认为："如果用昨天的方式教今天的学生，我们就毁了他们的明天。"基于这样的教育理念和对本科教学管理的理性思考，我们提出了西南大学本科教育的三大理念——做面向未来的教育、重拾灵魂的教育和负责任的教育。为了更好地服务师生，我们喊出了优化教务管理的两句口号——减少折腾，让老师多活几年；简化程序，让学生少跑几趟。为了提升教务管理的服务质量，增强教学管理的服务能力，我们提出了"教务处2.0"计划，努力打造"不一样的教务处”。这些理念和计划是我们完善现代大学治理的价值追求，指导着我们不断优化教务管理的体制机制和规章制度。

因此，基于当前大学治理现代化的时代要求以及对高校教务管理的理性认知和经验总结，本书尝试对高校教务管理工作的现代化和科学化进行大胆的总结，以便给各位同行提供一些参考和咨询，尤其是为一些办学历史相对较短的学校的教务管理工作者，或者新进入教务管理工作岗位的同志们提供专业性强、快速上手的工作手册。

本书从当前我国本科教育教学改革的形势和现代大学教务管理的实际情况出发，坚持理论与实际相结合，对教务管理的各项工作进行了全面的总结和系统的阐述，一共包括总论、教育教学改革、专业建设、课程建设与教材建设、教学运行管理、实践教学、成绩与学籍、教学质量保障等十个章节。定位的主要读者是高等学校分管教学的校领导、教务处工作人员，二级单位教学院长、教务办人员，以及对教学管理和研究感兴趣的人员。

由于水平有限，时间仓促，再加之每个学校具体情况有所不同，虽然我们尽量照顾到不同类型学校之需，但一定还有许多不当之处，敬请读者朋友们批评指正。相信有了这个版本，就有了第二版继续修改、完善和发展的基础和依据。

吴能表

2020年2月9日于北碚

目　录

第一章

新时代高校教务的新变化

XINSHIDAI
GAOXIAO
JIAOWU
DE
XINBIANHUA

教育是国之大计、党之大计，影响甚至决定着国家长治久安，影响甚至决定着民族复兴和国家崛起。高校教务工作是我国教育的重要组成部分，其根本任务是人才培养。在新时代落实这项工作任务，需要厘清高校教务的新方位、新任务和新要求，坚持问题导向，拿出实招硬招，以本科教育的全面振兴带动高等教育发展质量的整体提升。

第一节 高校教务的新方位

古人有云："登东山而小鲁，登泰山而小天下。"研究和探索高校教务工作，也要有这样的气度和胸襟，坚持把全局作为谋划工作的出发点和落脚点。只有将高校教务工作放到全球经济、世界高等教育的大背景以及我国高等教育的大格局中去思考、去研究、去把握，才能不断增强高校教务的原则性、系统性、预见性和创造性。

一、全球经济日益依赖科技创新

当今世界正经历着百年未有的深刻变革，互联网、大数据、人工智能等技术快速发展，推动着产业变革、分化和重组，新技术、新产业、新模式、新业态层出不穷，给全球经济社会发展带来革命性的变化，深刻地改变着人们的生产生活方式和思维方式。世界各国纷纷推进科技创新，以抢占新工业革命的制高点。2018年9月，美国政府发布《量子信息科学国家战略概述》(*National Strategic Overview for Quantum Information Science*)，力图确保美国在"下一场技术革命"中的全球领导地位。2017年底，英国政府公布《产业战略：建设适应未来的英国》(*Industrial Strategy: Building a Britain Fit for the Future*)，提出要大力推进人工智能、数据分析技术与网络安全、生命科学、建筑、制造业、能源以及农业技术7个主要领域结合发展，用科技推动产业转型。新加坡的产业转型蓝图(Industry Transformation Map)列出了23个转型产业，包括金融业、电子业、建筑业、医疗保健业等行业，每一个产业转型蓝图均强调推动尖端科技在产业中的应用。总体看来，一场新科技革命和产业变革的时代浪潮正在奔腾而至。本轮变革是一次以科技创新为"硬核"的全方位变革，对科学技术、科技人才的需求异常强烈，正在对高等教育产生重要影响。习近平总书记强调："如果我们不识变、不应变、不求变，就可能陷入战略被动，错失发展机遇，甚至错过整整一个时代。"创新是高等教育发展的灵魂。高等教育的发展始终与经济社会发展和产业科技发展息息相关，始终促进着社会的政治、经济、科技、文化的进步和发展。高校是高层次人才的主要培养者、知识创新的主要推动者、文化传承的主要贡献者，高校教务必须强化使命意识、时代意识，主动适应新技术、新业态、新模式、新产业的需求，加快布局未来战略必争领域的人才培养，推动并引领新一轮产业变革。

二、世界高等教育注重质量提升

世界高等教育近几十年来发生了巨大变化，其中最重要的变化就是质量提升成为世界高等教育发展的主题。1998年，联合国教科文组织首次世界高等教育大会就确定了质量是21世纪高等教育发展的时代命题。大会宣言指出，21世纪将是更加注重质量的世纪，由数量向质量转移，这标志着一个全新的世界高等教育发展时代的开始。2009年召开的世界高等教育大会的主题就是保证质量、促进质量、实现质量评价、建立质量文化。会议公报中认为，在当代高等教育中，质量保障无疑起着至关重要的作用，而且必须包括所有利益相关者。2015年11月，联合国教科文组织发布了《教育2030行动框架》，将"关注教育和学习质量"作为其中的重要内容，明确提出"教育2030"的创新点在于通过终身学习增加或扩大教育机会，保证全纳与公平、教育质量和学习成果，并对提升教育质量做出了一系列制度安排。在世界高等教育质量日益受到重视的同时，发达国家无一例外将提升本科教育质量作为十分重要的发展举措。美国从20世纪末就开始讲"回归本科教育，重塑本科教育"。美国卡内基教学促进基金会发布了《重塑本科教育：美国研究型大学发展蓝图》(1998年)和《重塑本科教育：博耶报告三年回顾》(2001年)，两份报告引起了美国研究型大学对本科教育的强烈关注，对本科教育改革产生了广泛而深远的影响。哈佛大学、斯坦福大学、麻省理工学院等高校纷纷回归本科教育，启动本科教学改革。以哈佛大学为例，曾为该校本科生院院长哈瑞·刘易斯写了《失去灵魂的卓越》一书，认为哈佛大学尽管是一流大学，但忘掉了本科教学，已经不是一所原本意义上的伟大的大学。英国高教界也掀起了新一轮围绕教学质量的重大改革。2016年5月，英国教育部发布了名为《知识经济体的成功：教学卓越、社会流动及学生选择》的"英国高等教育白皮书"，其中专门提出建立教学与研究具有平等地位的文化，以学生为核心提升教学质量。世界高等教育纷纷重视质量，特别是本科生培养质量的新动向值得关注。高校教务工作应当深刻把握世界高等教育发展新态势，高度重视本科人才培养质量，推动教育观念、教育思想、教育标准、教育路径等深度变革，不断提升本科人才培养质量。

三、我国高等教育呈现崭新面貌

改革开放40多年来，我国高等教育在教育大众化和普及化、创新科研能力提升、高等教育国际交流与合作等方面取得历史性的伟大成就，国际影响力不断提升，正处于由世界高等教育大国到高等教育强国转变的历史拐点。我国是高等教育大国，高等教育规模世界第一，占世界高等教育总规模的20%；高等教育毛入学率达42.7%，正在快速迈向高等教育普及化。近年来，通过“211工程”“985工程”及“世界一流大学、一流学科”建设的持续进行，中国高水平大学和重点学科在主要国际排名中的位次整体前移、明显提升。在世界范围内最具影响力和权威性的英国《泰晤士报高等教育增刊》、英国QS和美国《新闻与世界报道》三大大学排行榜中，中国高校排名不断上升。我国于2016年正式加入工程教育国际互认的《华盛顿协议》，这标志着中国高等工程教育质量得到国际社会的广泛认可。但也应当看到，进入新时代，党和国家事业发展对高等教育的需要，对科学知识和优秀人才的需要，比以往任何时候都更为迫切；人民群众对接受高质量高等教育的渴望越来越强烈、需求越来越多样、要求也越来越高；与党和国家事业发展需求、人民群众的迫切期待相比，高等教育的整体水平和人才培养能力还有不小的差距，高等教育的国际影响力与当前我国的国际地位和综合国力还不相称，与世界高等教育强国还有相当距离。习近平总书记指出，教育兴则国家兴，教育强则国家强。建设中国特色、世界一流的高等教育体系，这是时代赋予全体高校教务的神圣使命。我们要抓住机遇、超前布局，以更高远的历史站位、更宽广的国际视野、更深邃的战略眼光，全面推进高等教育现代化，加快建设高等教育强国，不断使高等教育同党和国家事业发展要求相适应、同人民群众期待相契合、同我国综合国力和国际地位相匹配。

第二节 高校教务的新任务

我国高等教育正在发生着深刻的历史性变化，必然导致教育观念、体制机制、方法路径、评价标准发生新变化。2018年6月，教育部召开新时代全国高等学校本科教育工作会议，坚持“以本为本”，推进“四个回归”，建设中国特色、世界水平的一流本科教育。“回归常识、回归本分、回归初心、回归梦想”是加快振兴本科教育、构建高水平人才培养体系和提高人才培养能力的基本遵循，体现了新时代高校教务的新任务。

一、激励学生刻苦读书学习

回归常识，就是高校教务工作要引导学生刻苦读书学习。学生的第一任务就是读书学习。高校教务必须围绕学生刻苦读书来开展各项工作，要引导学生读“国情”书、“基层”书、“群众”书，读优秀传统文化经典、马列经典、中外传世经典和专业经典。要让学生通过读书学习，更好地认识世界，了解国情民情，掌握事物发展规律，通晓真理，学会理性思考；更好地掌握专业知识，面向实际、深入实践，以知促行、以行求知，脚踏实地、苦干实干。高校教务要以学生为中心办教育，以学生的学习结果为中心评价教育，以学生学到了什么、学会了什么评判工作成效。

为激励学生刻苦读书学习，高教教务应当全面整顿教育教学秩序，严格本科教育教学过程管理。第一，加强课堂教学管理。高校教务部门应当按照《中共教育部党组关于加强高校课堂教学建设　提高教学质量的指导意见》要求，修订完善课堂教学建设和管理的相关规定。认真查找课堂建设和管理中存在的突出问题和薄弱环节，严管、严抓教学秩序，在教育教学中把从严管理的规矩立起来、把课堂教学建设强起来、把课堂教学质量提起来。第二，加强课程质量建设。中国大学生学习发展研究和全美大学生学习的数据调查和分析显示，我国大学课堂的挑战性和美国高校相比还是有差距的，有的高校还存在一些内容陈旧、轻松易过的“水课”等现象。高校教务工作要注重对大学生要合理“增负”，提升大学生的学业挑战度，合理增加课程难度、拓展课程深度、扩大课程的可选择性，激发学生的学习动力和专业志趣，真正把“水课”变成有深度、有难度、有挑战度的“金课”。第三，加强学习过程管理。对大学生既要有激励也要有约束，要改变考试评价方式，严格过程考评，让学生把更多的时间花在读书上，实现更加有效的学习。第四，严把出口关。切实改变学生轻轻松松就能毕业的情况，真正把内涵建设、质量提升体现在每一个学生的学习成果上。加强毕业论文（设计）的选题、开题、答辩等环节的全过程管理，严格实行论文查重、抽检和盲审制度，确保本科毕业生论文（设计）质量。

二、引导教师潜心教书育人

回归本分，就是高校教务工作要引导教师潜心教书育人。教师的天职就是教书育人，教授就得教书授课，离开了教书授课就不是教授。必须明确，高校教师不管名气多大、荣誉多高，教师是第一身份，教书是第一工作，上课是第一责任。要引导教师热爱教学、倾心教学、研究教学。高校教师要做到“德高”，以德立身、以德立学、以德施教；做到“学高”，下苦功夫、求真学问，以扎实学识支撑高水平教学；做到“艺高”，提升教学艺术，善于运用现代信息技术，提升改造学习、改造课堂的能力。说到底，回归本分，就是要按照习近平总书记对教师提出的政治素质过硬、业务能力精湛、育人水平高超、方法技术娴熟的要求，让教师潜心教书育人，更好担当起学生健康成长的指导者和引路人。

引导教师潜心教书育人，高校教务应当把加强教师队伍建设特别是培养一流大师作为最重要的基础性工作来抓，按照“师德为先、教学为要、科研为基”的要求，努力建设一支师德高尚、业务精湛、结构合理、充满活力的高素质专业化教师队伍。第一，坚持师德为先，加强师德师风建设。要强化师德教育特别是学术道德和学术规范教育，建立健全师德考评和奖惩制度，实行师德一票否决制。要完善高校科研学术规范，建立学术不端行为惩治查处机构。对学术不端行为者，一经查实，一律予以解聘，依法撤销教师资格。第二，坚持教学为要，加强教师教学能力建设。一个不为教学操心的校长不是合格的校长，一个不把主要精力投入教学的教师不是合格的教师。高校教务部门要制订具体办法，把教授给本科生上课作为一项基本制度，将承担本科教学任务作为教授聘任的基本条件，让最优秀的教师为本科一年级学生上课。加强高校教师教学发展中心建设，定期为教师提供培训和咨询，推动教师特别是中青年教师更新教育观念，掌握先进的教学模式和方法，提高教学能力。同时，要完善基层教学组织，健全老中青教师“传帮带”机制，完善助教制度，探索科学评价教学能力的办法等。第三，坚持科研为基，加强科研教学团队建设。科研是教学的基础。高校科研的一个重要功能就是服务教学、服务人才培养。高校教务部门要引导教师通过科研掌握科技和学术发展的最新趋势，把科研成果转化为教学内容，保证教学质量。

三、培养堪当民族复兴大任的时代新人

回归初心，就是高校教务工作要倾心培养社会主义建设者和接班人。高等学校的初心就是培养人才，一要成人，二要成才，也就是要培养德智体美劳全面发展的社会主义建设者和接班人。高校要用知识体系教、用价值体系育、用创新体系做，促进专业知识教育与思想政治教育相融合，培养适应时代发展需要的专业素养和过硬本领，全面提高学生的社会责任感、创新精神和实践能力。归根结底，回归初心就是要按照习近平总书记对青年学生提出的爱国、励志、求真、力行的希望和要求，培养又红又专、堪当大任的时代新人。

培养堪当民族复兴大任的时代新人，是高校教务工作的核心要义。第一，不断提升思想政治理论课质量。思政课是落实立德树人根本任务的关键课程，是思想政治教育的主渠道和主阵地。2019年3月18日，习近平总书记主持召开学校思想政治理论课教师座谈会并发表重要讲话，讲话为新时代加强高校思政课建设指明了方向，提供了遵循，具有重要的里程碑意义。办好思政课，需要与时俱进，向改革创新要动力。坚持政治性和学理性相统一、价值性和知识性相统一、建设性和批判性相统一、理论性和实践性相统一、统一性和多样性相统一、主导性和主体性相统一、灌输性和启发性相统一、显性教育和隐性教育相统一，习近平总书记强调的这“八个统一”，深刻总结了思政课建设以来形成的规律性认识和成功经验，构成一个紧密联系、有机统一的整体。只有系统、深刻把握其精髓要义和科学方法，

才能扎实推进新时代思政课守正创新。第二，不断增强各类课程的育人功能。大学生在学校里接触最多的是专业课教师，对他们的价值观念、价值判断、价值实践影响最大的也是专业课教师。推动高校各类课程开展思想政治教育教学改革，能够进一步发挥专业课教师及其课堂教学活动的有力作用。高校教务部门要明确每一门课程的立德树人要求，扭转部分教师将教书与育人割裂开来的错误观念。在此基础上，推动开展课程大纲修订，把立德树人作为检验课程教学效果的根本标准，要求每位教师把社会主义核心价值观教育融入课程教育教学全过程各环节，全面落实到大纲修订、课堂教学、实践教育中，挖掘、充实本门课程的思想政治教育资源、创新创业教育资源和素质教育资源，在传授专业知识过程中加强情感、态度和价值观教育，促进学生树立远大理想和崇高追求，形成正确的世界观、人生观和价值观。

四、深化办学体制机制改革

回归梦想，就是高校教务工作要积极推动办学理念创新、组织创新、管理创新和制度创新，全面提升人才培养能力，努力提升我国高等教育综合实力和国际竞争力，加快建设高等教育强国，实现教育报国、教育强国梦。高校教务回归梦想，就是要积极回应总书记对高等教育的殷切期盼，深化办学体制机制改革，以改革促发展，以改革提质量，有力支撑起中华民族伟大复兴的中国梦。

深化办学体制机制改革，涉及高校办学的方方面面，根本目的在于提升专业办学质量。对高校教务部门而言，落实这项工作需要做的工作很多，其中主要集中在创新人才培养机制上。第一，着力推动建立主动适应社会需求，优化调整学科专业结构的长效机制。高校教务部门应当根据经济社会发展需要，自主设置国家战略性新兴产业发展和改善民生急需的相关学科专业，自主设置学科交叉融合，有利于应用型、复合型人才培养的相关学科专业，自主设置有利于凸显学校办学特色和优势的相关学科专业。第二，着力推动建立充分反映学科专业研究新进展、相关实践新经验、人的全面发展新需要的教学内容完善长效机制。推动高校改进科研评价办法，强调科研对人才培养的贡献度，及时把科研成果转化为教学内容。支持本科生参与科研活动，早进课题、早进实验室、早进团队。建立教学内容持续更新制度，建立课程内容选择和更新制度，健全课程内容动态调整机制，注重将学科前沿知识、研究最新成果、行业实践经验和教改教研成果等有机融入课程教学。第三，着力推动建立集聚社会资源，有效实施部部、校校、校企、校地、校所以及国际合作的协同育人长效机制。坚持人才、学科、科研“三位一体”，推动协同创新，调动社会各方面参与人才协同培养，特别是接收大学生实习、实训和社会实践的自觉性和主动性。第四，着力推动建立有力推进教师互聘、课程互选、学分互认、自主选学、弹性学制的教学管理长效机制。打造高校联盟或区域教学共同体，建立更加灵活管用的学籍管理制度，进一步放宽修业年限，允许学生分阶段完成学业。第五，着力推动建立以社会化评价为主、多样化评价为辅的人才培养质量评价长效机制。

第三节 高校教务的新要求

新时代高校教务工作有了新方向和新内涵，高校教务部门必须充分认识提升本科教学质量的重要性、必要性、紧迫性，以更加清醒的认识、更加主动的姿态、更加执着的努力，完成好我们这一代人必须面对、必须回答的时代课题，交出一份合格的答卷。

一、把方向，把思想政治教育贯穿教育全过程

把握办学方向，是对高校教务工作的首要要求。全面贯彻党的教育方针，坚持社会主义办学方向，做好立德树人、教书育人的工作，始终是高校教育工作的第一位要求。当前高校教务工作把好方向的关键，就是要办好高校马克思主义学院和思想政治理论课，加强面向全体学生的马克思主义理论教育，深化中国特色社会主义和中国梦宣传教育，大力推进习近平新时代中国特色社会主义思想进教材、进课堂、进头脑，不断增强学生的道路自信、理论自信、制度自信和文化自信。

第一，坚持德才兼修。高校教务部门要切实把立德树人的成效作为检验一切工作的根本标准，加强理想信念教育，厚植爱国主义情怀，把社会主义核心价值观融入教育教学全过程，全面落实到质量标准、课堂教学、实践活动和文化育人中，帮助学生正确认识历史规律、准确把握基本国情，掌握科学的世界观、方法论。深入开展道德教育和社会责任教育，引导学生养成良好的道德品质和行为习惯，崇德向善、诚实守信，热爱集体、关心社会。第二，提升思政课程质量。思想政治理论课是高校立德树人的关键课程。高校教务要坚持落实全员育人、全过程育人、全方位育人，要按照政治要强、情怀要深、思维要新、视野要广、自律要严、人格要正的标准培养思想政治理论课教师队伍。同时，要一体化构建内容完善、标准健全、运行科学、保障有力、成效显著的思想政治理论课质量保障体系，促进思想政治理论课质量持续提升。第三，强化课程思政。高校教务部门要着力推动课程思政建设，做好整体设计，根据不同专业人才培养特点和专业能力素质要求，强化每一位教师的立德树人意识，

在每一门课程中有机融入思想政治教育元素，推出一批育人效果显著的精品专业课程，打造一批思想政治教育示范课堂，选树一批思政课程优秀教师。第四，加强和改进体育、美育、劳育工作。高校教务应当高度重视体育、美育和劳动教育工作，构建符合学校实际的体育、美育和劳动教育体系，促进学生身心健康，提高学生审美和人文素养，在学生中弘扬劳动精神，教育引导学生崇尚劳动、尊重劳动。

二、提质量，围绕提升学习效果深化教学改革

追求质量，是高校教务的内在要求。不断深化教学改革，并以此提高高等教育质量，既是当前世界高等教育发展的一个主题，也是我国高校教务工作的一个主题。高校教务要顺势而为，积极主动，为提高我国教育水平和教育质量开展新探索、做出新贡献。

第一，修订和完善人才培养方案。人才培养方案是培养具有社会责任感、创新精神和实践能力的各级各类人才的蓝图。为此，高校教务工作应当高度重视人才培养方案，根据社会需要和学生全面发展的需要，进一步明确人才培养目标、毕业要求和完善课程体系，并严格按照培养方案组织开展教学活动。第二，抓住课程建设这个关键环节。课程建设是高校教务的重中之重。如果说人才培养方案是人才培养工作的顶层设计，课堂教学是具体实施，那么，课程建设就是承上启下的关键环节。关键环节的质量抓不好，高校办学质量就会受到极大制约。为此，高校教务要遵循教学规律，在人才培养方案的导引下，对课程质量进行全面审视，使课程建设更加符合社会发展的需要、更加符合学生发展的需要；要坚持规范性、指导性和选择性相统一的原则，推动课堂教学革命，积极推广小班化教学、混合式教学、翻转课堂，构建线上线下相结合的教学模式，不断提高课堂教学质量。第三，补足实践教学这一短板。实践教学是提升高校人才培养质量的必要条件。为此，要加强学校已有的实验、实践、实习基地建设，要基于“协同育人”的机制，充分利用社会资源，促进实践教学平台的共建共享。通过加强实践教学，提升学生的实践能力。第四，改革考试评价方法。改变死记硬背、突击考试等考评方法，建立学业考核全程化、评价标准多元化、考核方式多样化的学业考评新体系，注重考核学生运用知识分析问题和解决问题的能力，努力实现考核结果符合学习效果。

三、抓重点，全面推进“金专”“金课”和“高地”建设

抓住重点，是高校教务对接国家、省级教育主管部门政策和举措的必然要求。高校教务工作头绪繁杂，抓住其中的重点能够发挥“牵一发而动全身”的重要作用。当前，高校教务工作的重中之重就是参与一流专业建设“双万计划”、一流课程建设“双万计划”、建设基础学科拔尖学生培养一流基地，全面推进“金专”“金课”和“高地”建设。

第一，建设一流专业。专业是人才培养的基本单元，是建设高水平本科教育、培养一流人才的“四梁八柱”。教育部提出以建设面向未来、适应需求、引领发展、理念先进、保障有力的一流专业为目标，建设一万个国家级一流专业点和一万个省级一流专业点，引领支撑高水平本科教育。“双一流”高校要率先建成一流专业，应用型本科高校要结合办学特色努力建设一流专业。高校教务部门推进一流专业建设，首先要着力于标准先行，将《普通高等学校本科专业类教学质量国家标准》以及相关的专业认证标准落实到对应的专业当中去；其次要着力于评价护航，建立点面结合、周期性评价、常态监测的质量保障体系，促进持续改进；最后要着力于文化引领，在全校上下建立自省、自律、自查、自纠的本科教育质量文化。第二，建设一流课程。教育部提出建设1万门左右国家级一流课程和1万门左右省级一流课程，具体任务是建设3000门左右线上“金课”、7000门左右线上线下混合式“金课”和线下“金课”、1000项左右虚拟仿真“金课”、1000门左右社会实践“金课”。高校教务部门应当高度重视“金课”建设，将推进一流课程建设纳入学校规划，纳入学校整体教学改革，重点在加强基层教学组织建设，加强教师培训，更新教学内容，加强教学研究活动的组织，提高教师运用现代信息技术与教学研究的水平等方面发力。要进一步完善课堂管理和评价机制，通过机制的变化引导教师潜心教书育人，激励学生刻苦读书学习。第三，建设基础学科拔尖学生培养一流基地。教育部提出在数学、物理学、化学、生物科学、计算机科学、天文学、地理科学、大气科学、海洋科学、地球物理学、地质学、心理学、基础医学、哲学、经济学、中国语言文学、历史学等17个学科建设基地。2019—2021年，建设60个左右文科基地、200个左右理科和医学基地。在积极争取国家基地建设项目的同时，高校教务部门应当设计并实施学校的拔尖人才培养计划，将最优秀的学生选入到培养计划当中，安排高水平的专家学者来担任专业的导师和授课老师，突出个性化的培养（量身制作培养方案），鼓励学生自主学习、参加科学研究的项目训练，培养他们的科研兴趣，鼓励学生到国外一流大学学习和交流。

四、转职能，推进办学体制和办学能力现代化

教务部门是负责人才培养工作的重要主体，在高校全面深化改革的进程中，教务部门的改革是前提、基础。推进办学体制和办学能力改革，核心要义是加快转变高校教务部门的职能，进一步激发基层教学组织办学活力，同时将其管好，确保放而不乱。

第一，加强基层教学组织建设。基层教学组织是保障教师更好地从事各项本科教学工作、增进教师教学协作、提升教师教学水平的重要平台。教务部门应当积极推进基层教学组织的常态化建设与可持续发展，形成结构合理、功能完善的基层教学组织体系，为各项教学工作的有效落实提供组织保障。积极落实简政放权，进一步激发基层教学组织活力。原则上凡是由基层教学组织管理更方便有效的事项一律下放基层教学组织管理，凡是基层教

学组织能自主决定的事项一律下放到基层教学组织。第二，加强标准建设。标准具有普遍的约束力。要依据标准进行规范化管理，用标准加大投入、加强监督、加强约束，从根本上减少管理中的随意性。要加快对专业办学质量具有重要影响的专业建设质量、教学经费投入、专任教师数量、课堂教学质量、仪器设施设备等标准的建设工作，加快形成富有学校特色的教育标准体系。第三，强化教育督导。推进办学体制和办学能力现代化，既要通过简政放权强化基层教学组织的建设，也要加强对基层教学组织的监督监管。教务部门要建立教育教学任务清单制度，将教育教学任务分解到各个基层教学组织，明确基层教学组织工作的“路线图”和“时间表”。要定期围绕教学任务清单开展工作督查，加大工作问责力度。第四，推进依法办学。教务部门要把依法办学的能力和成效作为评价管理水平、工作成效的重要内容，切实推动管理观念的转变。教务部门要把更多的精力放在对基层教学组织办学活动合法性的监管上，提高管理的法治化水平。要建立和完善教师申诉、学生申诉制度，让每一个受教育者和教育工作者在教育教学管理活动中都能直接感受到法治的力量。第五，发挥行业企业和专业组织评价功能。高校教务工作成效好不好，归根到底要看学生就业能力强不强、就业质量高不高，最直观的指标就是行业企业对毕业生质量是否满意。高校教务部门要加快建立行业企业和专业组织评价机制，吸收行业企业和专业组织参加教育质量评估，客观地反映和把握学校各专业毕业生就业质量和发展质量，及时发现问题，准确找出差距，通过不断改进提高教育现代化水平和教育满意度。

第二章

高校教育教学改革

GAOXIAO
JIAOYU
JIAOXUE
GAIGE

教育要发展，根本靠改革。高校的发展始终与教育教学改革紧密相连，始终与社会经济发展同步随行。高等教育承担着培养高级专门人才、发展科学技术文化、促进社会主义现代化建设的重大任务，提高教育质量是建设高等教育强国的基本要求，亦是高校发展的核心任务。做好教育教学改革是提高教育质量的必由之路，如何做好教育教学改革，提高人才培养质量，是教务人始终面临的重要命题。

第一节 概述

高等教育教学改革旨在促进教育进步、提高人才培养质量，包括在人才培养体系、培养模式、专业建设、教育教学方法、教学手段、教学模式、质量保障体系、教育教学机制体制等教育教学领域开展的改革。

一、概念

高等教育教学改革是在教育教学领域开展的改革，涉及人才培养的方方面面，是教学与育人的统筹，是教师的教与学生的学的融合，是教学体系与育人体系的协同，是改革与建设的同步推进。在教务领域，通常提到的"教改"，是教学改革的简略说法，教学改革涉及范围较小，主要为教学领域开展的改革与实践。近年来，高校在推动教育教学改革进程中，逐步由教学领域的改革向教育教学融合性改革转变，体现了教育与教学的不可分割性。

二、类别形式

1.自上而下与自下而上的改革

自上而下的改革，是指由党中央根据一定的改革指导思想，通过行政的、经济的、法律的或其他有效手段，逐步从中央向地方的各高等学校推行的改革 。在这一形式中，改革的指导思想、建设思路、建设方案主要由党中央或行政管理部门制定。自下而上的改革，是指高等学校或高校中各部门，率先进行的校本改革。不同的高校采取的改革，形成的改革经验，推动中央采取措施，如《国务院办公厅关于开展国家教育体制改革试点的通知》(国办发

〔2010〕48号)，就是典型的自下而上的改革，为国家深化教育教学领域改革做了很好的探索。

2.全国性的和以学校为单位的改革

全国性的改革是指改革范围涉及全国高校的一系列或一项改革，它推进的方式是通常由党中央(教育部)统一发布改革方案，各高校根据改革方案，结合自身发展实际制订实施方案，改革的走向通常是自上而下的。以学校为单位的改革主要是由各高校自主实施的、用于解决学校的某类特定教育教学问题的改革。这种形式的改革通常是中观层面的改革，如四川大学实施的“以课堂教学改革为突破口的一流本科教育”，华中师范大学实施的“深度融合信息技术的高校人才培养体系重构与探索实践”(2018年高等教育国家级教学成果奖特等奖)。

3.现阶段教育教学改革的主要形式

全国性改革通常以解决共同性、普遍性问题为目的，具有一定的战略性和指导性，但这样的改革极易使某些高校盲目跟从而犯“一刀切”的毛病。以学校为单位的改革通常是以问题为导向的改革，更具可操作性和实效性，但这种方式往往缺乏全局观，容易存在改革偏差。因此，现阶段高校的教育教学改革多是自上而下的改革。

三、主要依据

1.高等教育教学改革政策研究

任何一项改革都是时代发展进步的原动力，改革天然具有时代性。高等教育教学改革政策是特定历史时期，国家为推进自上而下的改革而出台的纲领性文件，是落实改革措施的指导性意见。国家推进的高等教育教学改革通常解决的是共性问题与普遍性问题，经过充分研讨与论证，具有科学性、导向性和一定的强制性。因此，高校的教育教学改革需要在充分研究国家高等教育教学的政策基础上开展，把握政策导向，明确改革要求，才能确保改革顺应时代发展，顺利组织实施，取得有效进展。高等教育教学改革政策研究为高等教育教学改革的组织与实施提供纲领性依据。

2.社会经济发展趋势与需求

高校肩负着人才培养、社会服务的重要职责，实施教育教学改革目标是提高人才培养质量，那么培养适应时代发展、投身国家建设、具备未来潜力的人就必然要求高校“面向未来，面向世界，面向现代化”，进而立足国家、区域发展战略，结合社会、经济发展趋势与需求，定位人才培养目标，科学制订相应改革举措。社会经济发展趋势与需求为高等教育教学改革的组织与实施提供目标性依据。

3. 高等教育发展趋势

高等教育发展趋势是一定时期高等教育发展的方向，同高等教育教学改革政策一样具有时代性，高等教育教学改革政策在一定程度上引领、体现了高等教育的趋势，但高等教育教学趋势并不局限于高等教育教学政策，趋势的范围会更宽广些，它可以是学校对国际、国内高等教育研究领域的领先研究，也可以是学校基于社会经济发展的科学研判，甚至可以先于国家政策提出改革方案，引领改革发展。因此，高校要探索研究高等教育发展趋势，结合发展趋势制订改革方案，为高等教育教学改革的组织与实施提供创新性依据。

4. 学校发展规划及现状

学校发展规划是一段时间内学校各项事业综合化发展的蓝图。每个学校都在科学研究、系统论证的基础上，制订了当前一个阶段的发展目标定位与建设举措，其在定位上具有特色性，在时间上具有一定的连贯性，在发展上具有一定的联系性，在管理上具有一定的稳定性，为避免教育教学改革的"一刀切"与"盲目性"，高校要结合自身发展规划及现状开展教育教学改革，这样才能保证改革具有针对性和实效性。学校发展规划及现状为高等教育教学改革的组织与实施提供适切性依据。

5. 高等教育的基本理论

高校开展教育教学改革的对象可以涉及高等教育体系的方方面面，大到教育机制体制、人才培养体系、人才培养模式，小到课程建设、课程考核、课堂评价等，因此高校开展的教育教学改革必然要遵循高等教育的基本原理与规律，才能确保改革的科学有效。高等教育教学相关的原理与理论是极其丰富的，通常要掌握的主要有高等教育学、教育学、教学论、教育原理、教育管理学、教育研究方法等基本理论。涉及具体改革领域还要结合某一领域特定的原理，如思想政治教育、美育等基本理论。高等教育的基本理论为高等教育教学改革的组织与实施提供学理性依据。

四、主要机构

1. 职能部门

在高校，教育教学改革通常由学校教务处(部)、发展规划处(部)等职能部门组织开展。其中，教务处(部)是教学管理的核心机构，是学校日常教育教学改革的主要组织单位，通常在教务处设立了专门科室，负责组织教育教学改革研究工作，承担着教育教学理念、教育教学政策解读、教学改革方案制(修)订、教学改革项目建设、教学改革成果推广等教学改革相关工作职责。为更好地推进学校教育教学改革，部分学校设立了专门的教学研究中心、教学质量评估中心等职能部门，统筹开展教育教学改革的研究与组织工作(见表2.1)。

表2.1　职能部门的相关职责

部门名称	职责	代表学校
教学质量评估中心	教学质量评估中心主要职责包括教学培训与教师岗位达标、教学质量管理、组织各种教学成果与奖励评选、教学改革与研究的管理、教学指导与咨询、优质课程与资源建设等。	清华大学
教学研究中心	1.组织全校各学院制(修)订本科专业的培养方案、课程教学大纲及课程简介，负责全校各本科专业培养方案、教学计划的管理； 2.负责专业建设，组织新专业的申报考核和检查工作； 3.组织全校教学改革与研究课题的申报、评审、检查及验收工作，组织推荐上海市级等教学改革与研究课题申报、评审工作； 4.组织全校教学成果奖的申报、评审，负责获奖人员的发证及发奖的组织工作，组织推荐上海市级及国家级教学成果奖的申报、评审工作； 5.组织全校本科精品课程、重点课程、在线课程等建设，组织推荐上海市和国家级相关项目的申报、评审工作； 6.组织教师教学研究论文的认定工作； 7.负责组织全校教学型职称的材料审核、评议； 8.负责全校青年教师讲课竞赛的组织、评奖，组织推荐上海市和各级各类青年教师讲课竞赛申报、评审工作； 9.负责教师教学资格的审核，青年教师教学方法培训和专项培训，教师助教助课审核、备案； 10.负责组织宝钢奖、同济大学育才奖等奖项的评选； 11.组织本科教学基本状态考核和数据统计； 12.教学事故认定委员会工作秘书，教学指导委员会、教务委员会工作秘书，协助院领导组织召开教学例会和院处办联席会； 13.参与制(修)订和完善教学方面的规章制度，结合教育教学改革，开展教学研究。	同济大学
教学研究科	1.制订教学研究与改革规划，教学研究项目申报、立项与管理，组织教学成果结题、鉴定、奖励及推广工作； 2.组织专业建设、评估与改革等； 3.新课程开设审批、课程建设与评估，组织课程大纲修订； 4.制订年度专业招生计划； 5.组织与协调人才培养模式改革(协调张之洞班、国家人才培养基地、省级改革试点项目等)； 6.国家级、省级教育体制改革项目管理(国家教育体制改革项目从实践科划转过来管理)； 7.组织教学指导委员会开展工作； 8.基层教学组织建设与管理； 9.教学质量评价(期中教学检查、课堂教学质量学生评价等)； 10.教学信息中心工作指导； 11.教学质量监控与评估(年度本科教学质量报告编制、教学评估)； 12.教学质量奖评选。	华中农业大学

续表

部门名称	职责	代表学校
本科生院（教学研究办公室）	教育规划与专业建设：学校教育教学改革规划设计；本科教学工程集成建设；专业建设及培养方案制订与修订；专业国际化建设；课程建设；教材建设；教学执行计划审核、课程库管理；大学生文化素质教育及基地管理；日常性文字工作。 教学改革与教学成果：教育教学改革立项及项目过程管理；教学成果培育、申报与评审；通识教育及公共课程改革；教研档案管理；山东省高校教务与教学管理学会秘书处工作；日常性文字工作。 拔尖教育及特色培养：新工科及跨校区教育教学资源共建共享工作；各级各类拔尖人才培养及卓越应用人才培养、协同培养；各级各类人才培养基地；各级教学指导委员会日常事务管理工作；日常性文字工作。	山东大学
教务处（培养与教学质量管理办公室）	校教学指导委员会秘书工作；专业建设（新专业申报与检查）；本科教学培养方案相关工作；通识教育核心课程等各类课程建设；各级教改立项；教材建设各级各类奖项组织申报；本科教学质量评估相关工作；教学绩效、教学工作量核算及其他相关工作	复旦大学
教务处（教师教学发展中心办公室）	教师教学能力研修；课堂教学改革和研究；在线课程和混合式教学；区域教师教学发展	
教务处（教学研究科）	教学研究科主要负责学校教育教学改革研究与管理工作，为学校深化教育教学改革、全面提升本科教学质量提供决策支持。科室坚持全面贯彻落实党的教育方针，围绕"立德树人"根本任务，开展研究、改革与管理工作，具体包括：深入研究高等教育的发展趋势和政策制度，调查研究学校本科教育教学改革方案，负责人才培养模式改革、各级各类教学改革项目、教学成果培育等方面的组织与管理工作。	西南大学
教学研究与质量管理处	教育教学研究与交流；教改项目审批管理；教学成果奖评审推荐；培养方案修订；课程信息库维护；文化素质教育基地规划与课程建设；专业建设；课程建设；教学方法与考试方法改革；本科教育工作会议和教学思想大讨论组织；教学经费管理；精品开放课程建设管理；在线开放课程建设；混合式教学改革项目建设；在线开放课程教材建设；平台课程中心后台管理。	哈尔滨工业大学

2.科研机构

对于一些学科门类较为齐全的综合性大学，还设有专门的研究机构开展高等教育教学改革研究，为学校、区域甚至是国家发展提供智力支撑与支持。在调查研究、制订方案、推进改革的过程中，高校可充分利用这些科研机构，成立改革专家组，组建改革调研组等团队，助力学校教育教学改革与建设事业科学、高效的实施。如厦门大学高等教育发展研究中心、上海交通大学高等教育研究院、中南大学高等教育研究所、西南大学高等教育研究所等。

五、基本要求

高校应根据教育教学改革的需要，在教育教学改革机构的设置上，结合学校自身特点，加强教育教学改革的顶层设计，设立专门的研究部门（处、科室），开展教育教学政策研究，统筹组织教育教学改革，培育推广教育教学成果。从事教育教学改革研究的管理人员，需要高度关注高等教育发展趋势和高校教育教学改革政策，了解高等教育学、教育研究方法、教育管理等基本理论，具备较强的学习能力和研究能力，能够为学校教育教学改革提供决策支持。设有高等教育研究相关科研机构的高校，可发挥科研机构在教育教学方面的专业性，通过专题研讨、专家咨询、项目委托等方式对教育教学改革措施及方案进行多方论证，确保教育教学改革的科学性。

第二节 高校教育教学改革政策研究

教育政策，是政党、政府等政治团体在一定历史时期，为实现一定的教育目标和任务而协调教育的内外关系所规定的行动依据和准则，其实质是国家意志在教育上的体现，具有权威性和强制性。高等教育政策是国家基于高等教育而制定的纲领性文件，是关乎国家宏观教育方面的方针，是高校教育教学改革所必须遵循的行为准则，因此，做好高校教育教学改革政策研究是落实教育政策的前提与基础。

一、研究范畴

高等教育政策研究，从理论研究上来讲，通常具有“改善教育政策过程、增进教育政策价值、改善教育政策环境、提高教育政策效能”等作用。从高校层面来看，通常是为了更好地落实教育政策。国家高等教育政策研究范畴，通常包括教育战略、教育方针、教育思想、教育内容、教育资源投入、教育组织形式、教育体系结构、师生关系等方面内容。基于高等教育政策的研究范畴，可以将高等教育教学改革政策研究归纳为高等教育教学改革的政策研究，高等教育的发展始终伴随着改革，因此两者并不能完全区分开。高等教育政策研究更偏重宏观范畴，而高等教育教学改革政策涉及的政策更为具体，具体包括人才培养模式、专业建设、课程设置、教材建设、教学方法、教学评价等中观或微观层面。

二、基本原则

1.对标政策,科学分析

教育政策具有权威性和强制性,这就要求研究者以“政策”为标准,明确教育教学改革政策的指导思想、实施客体、改革目标、任务要求、建设措施等具体要求,采用科学的方法,分析政策文本中所体现的核心任务、拟解决的问题、改革重点难点等,以便于进一步确定教育教学改革的切入点及改革思路。

2.统筹政策,系统研究

教育教学改革政策具有一定的时代性和阶段性,这就要求管理者、研究者将同一时期相关的教育政策、经济社会发展战略等相关政策进行统筹考虑,尤其是要了解与高等教育紧密相连的基础教育(高中教育)、职业教育政策。为避免政策落实冲突、改革效能低下等问题,也要结合高等教育相关领域的政策背景进行系统研究。

3.结合现状,确定思路

高校的发展定位、存在的问题是有所不同的,这就需要管理者、研究者围绕政策所涉及领域,结合自身学校目标与定位、特色与优势、症结与问题等教育教学改革现状,明确自身的建设思路、建设目标、建设重点以及建设举措,才能做到有的放矢,重点突出,措施有力,实施有效。

4.关注前沿,引领发展

高校的发展具有一定的自主性,高等教育教学改革政策研究需要高校充分发挥研究优势,主动探索高等教育教学改革前沿,密切关注高等教育发展趋势,准确把握未来发展趋势。若在国家出台相关政策之前,就能够率先启动相应领域的改革,则能为国家高等教育教学政策制定提供经验数据,引领区域甚至是国家高等教育教学改革的发展。

前3点原则通常是高校教育改革政策研究需要普遍遵循的,第4点原则,学校可结合自身发展情况选择。

三、主要研究方法

1.文献查阅

所谓文献,一般来说是指收集公开发表的学术论文或者公开出版的学术专著,以及一些权威机构搜集的统计资料和档案资料,主要涉及学术论文、著作、统计资料与档案材料。查阅文献可以帮助研究者更好地了解和熟悉相关领域中已有的观点和研究成果,可以帮助研究者形成自己的研究思路,也可以提升研究者对于教育现象的敏感性,提高政策研究的科学性和学理性。

文献检索是查阅文献的主要手段，是从大量的文献中检索自己所需要的文献的过程。通常包括书籍、国内外论文的检索。其中，书籍检索，可通过图书馆、数据库等途径进行检索与阅读，除此之外，也可通过金盘软件、百度、谷歌等网络平台进行搜索；国内论文检索，可通过最常用的数字文献库中国知网、维普等进行搜索。

文献阅读与分析，文献资料的阅读主要是对相关领域研究动态、工作进展、专家观点，相关教育教学改革经验等情况进行了解，通过文献阅读的记录方法（如图表法等），对这些情况进行记录与总结归纳，可按照理论型、研究型和实践经验型等进行归类，也可按照相关研究出现的背景及其发展进程，有关的观点或理论基础，有关的研究成果这样的脉络总结分析，在充分阅读、分析文献的基础上，初步形成类似于研究综述的资料，为下一步明确学校改革思路奠定基础。

2. 问卷调查

问卷是教育研究中用来收集原始资料的一种精心设计的问题表格，是用书面问答的方法进行调查的一种方式。调查者将提前设计好的问题以问卷的方式固定下来，发给每一位被调查者让他们回答问题，用以了解被调查者对每个问题的看法。高等教育教学政策研究中的问卷调查，通常是对建设现状的一种摸底，通过对问卷结果进行分析，得出更具说服力和科学性的结论。问卷调查的关键在于问卷设计和样本选取，这两步直接关系问卷调查结果是否具有说服力和参考价值。

（1）问卷设计：问卷整体结构通常包括题目、封面信、指导语、问题、选项、编码等关键部分。编制问卷主要步骤：第一步，确定问卷主题和调查对象。第二步，确定调查维度，根据调查主题对关键词进行细化，以便问题更有针对性，一般可将主题细化为5～7个维度。第三步，问卷的提问与表达，对第二步确定的5～7个维度，每个维度再设计几个问题，组成问卷。问题表述时要注意措辞简明，避免双层或多层含义，不带倾向性，避免否定式，避免被调查者不知道的问题。对于选项的提供，要注意匹配性、穷尽性和互斥性。

（2）样本选取：样本规模要适宜，抽样要具有代表性。根据研究的数据准确度要求，对于偏重现象型、性质型的研究，可采取就近法、目标式抽样、滚雪球抽样、定额抽样、综合抽样等非概率抽样法；对于精确型、统计型的研究，常用于普适价值取向的教育问卷调查，可采用简单随机抽样、系统抽样、分层抽样、整群抽样等概率抽样法。

（3）发放与回收：问卷调查的质量不仅取决于问卷的设计，也取决于问卷从发放到回收的各个环节。教育教学改革中常用的问卷发放途径主要有现场填报、通信填报（如问卷星、电子邮件）等方式 。问卷发放时必须关注两个问题：一是要有利于提高问卷的填答质量，二是要有利于提高问卷的回收率。为了避免调查问卷的回答受到行政管理等外界因素影响，提高问卷回答的客观性与真实性，一般建议匿名填报问卷；为提高问卷调查的回收率，以定性调查为主的问卷调查中，通常可采用专题调研会议集中填报等方式，这种方式对快速掌握一些基本现状问题有效，但对需要一定量样本支撑的调研，建议综合采用各种问卷发放与回收途径。

(4)数据分析：首先要对回收的问卷进行初步整理，保留有效问卷，剔除无效问卷。然后，根据调查研究需要，对调研数据进行定性和定量分析，并得出一定的研究结果。

①定性分析：定性分析是对资料分类、描述、归纳、抽象的过程，体现的是"归纳逻辑"的分析，概括、总结出要领或原理或一些有价值的信息。通常可以采用类属分析、情境分析、类属分析与情境分析结合的方式。类属分析即在原始问卷中寻找反复出现的研究现象或对研究有价值的现象，情境分析即按照有事发生(现象)的时序对有关事件和人物进行描述性分析。定性分析的研究结果是通过类属分析、情境分析后，进行的类属叙述、故事叙述和综合叙述，由此得出教育教学改革启示或实践建议。

②定量分析：从数量关系和数量特征入手，揭示教育规律，解决教育问题。通常需要用到社会科学统计学软件SPSS进行统计分析：一是描述统计，即通过对大量数据资料进行整理、归纳，或者编制成统计图表，以得到对研究有价值的信息，一般可包括研究对象的平均数、标准差、一些百分比、相关系数等；二是推断统计，即通过局部数据提供的信息推断总体特征的过程和方法，主要包括参数估计和假设统计两种形式；三是可以对数据资料进行综合分析，主要包括因素分析、主成分分析、聚类分析、判别分析、多元回归分析等方法。对数据资料进行统计处理后，需要围绕研究主题，对数据结果进行深入分析与解释，赋予现实意义，并与理想情况进行对比，为教育教学改革提供数据支撑与改进建议。

3. 访谈法

访谈法是教育研究中一种重要的研究资料搜集方法，涉及专业性过程的教育教学改革政策研究，可通过专家访谈的方式，对高校教育教学政策进行了解与研究。

(1)访谈准备：一是选择专家，专家要具有一定的权威性和代表性；二是设计访谈提纲，要根据专家研究领域，政策的重点、难点等提前做好问题设计；三是做好其他准备工作，如场地、时间、访谈形式、记录方式等事项。

(2)访谈实施：访谈是一个双向互动的过程，为保证访谈的有效性，需要运用一定的访谈技巧，根据提纲恰当地提问，也要用好追问、倾听与回应等交流方式，切忌生硬提问，访谈中最忌讳的是不管对方说什么，只按照自己设计的问题提问。访谈时应注意要自然，可以由浅入深，逐步聚集重点、难点，围绕专家提出的我们不了解、不明确的问题进一步追问，也要有表达认可、重复总结、情感共鸣等交流技巧。

(3)整理分析：访谈后需要研究者做好原始资料整理分析，一是原始资料的登录(记录)；二是选择适当的分析手段，通常可采用写备忘录、写总结摘要、画图表、与外界交流的方式进行分析。

4. 其他研究方法

在教育教学改革政策研究中，常用的方法有文献查阅法、问卷调查法及访谈法，对于统计分析法、观察与观察记录、实验设计等教育研究方法，可根据需要选择。

四、主要研究成果

1. 研究报告类

高校教育教学改革政策研究报告，通常为相关领域改革、学校发展规划等的制订提供依据，应根据研究目的不同，区别于教育研究等类的学术研究报告。学术性研究报告偏重以文字形式表述研究方法、研究过程、研究观点，而高校教育教学改革政策研究多基于管理者的视角，更强调研究结论的指导性、针对性和实用性，其重点应该在于对政策重点的解读、难点的分析，并能够提出科学的改革思路。研究报告类的材料通常包括相关政策文件、学术研究成果、典型实践案例、学校建设基础等。

2. 改革方案类

高校教育教学改革政策研究为制订改革方案的重要依据，对于明确要求学校出台改革方案、实施细则之类的政策文件，可以根据前期研究报告，结合学校建设，设计改革方案、制订实施细则等。编制改革方案类成果，通常需要经过几个阶段，一是草拟初稿阶段，二是研讨修订阶段，三是征求意见阶段，四是形成终稿阶段。为提高工作效率，研究者可先制订几种方案（文本）并列出几种方案的利弊供工作小组研究与讨论，结合研讨意见，形成方案（文本）的征求意见稿。征求意见阶段是成果发布前必不可少的环节，可采用座谈会、征求意见函等方式征集相关单位、教师代表、学生代表等利益相关方的意见。征求意见后，要对意见进行分析、整理，吸纳具有可行性的意见，对于未完全采纳和未采纳的意见要做好解释工作，确保改革方案顺利实施。

3. 规划建议类

规划类材料，通常用于制订学校教育教学改革发展规划、学校中长期战略发展规划等与人才培养相关的规划。这类材料具有较为规范的写作方法，包括发展基础、发展战略、建设任务、建设重点等内容。作为学校事业发展规划一部分的人才培养规划，需要明确重点的建设任务与建设举措，以及达成的目标。本科教育教学改革专项类规划的编制方式，类似于改革方案类材料的编写与制订过程。

建议类材料，通常用于编写学校教育教学改革发展建议、XX政策实施建议等非正规场合，主要目的也是为管理者提供改革思路或解决问题的方法，因此，并没有相对固定的格式。在调查分析问题的基础上，研究者可根据教育教学改革政策研究情况，按照提出问题、解决路径、具体举措的思路编写改革建议，建议多用于解决特定问题、面向特定政策的改革等，具有比较强的针对性。

五、主要研究策略

1. 组建研究团队

研究团队主要根据政策涉及的领域进行组建，通常可以由教务管理部门主要领导、专门从事教育教学研究科室成员、相关事务办公室成员、政策涉及领域相关的二级单位领导及工作人员等构成。涉及专业性较强的政策研究，需要邀请相关领域的专家加入研究团队。组建研究团队时需要充分考虑政策研究需要，团队成员结构具备较强的研究能力，了解高等教育学相关理论，熟悉教育教学管理的相关工作，掌握教育学的研究方法。

2. 制订研究计划

研究性工作通常属于隐性工作，其工作进展很难通过量化的工作成果显现，因此，在研究开展前可根据研究目的制订研究计划。通常高校教育教学改革政策研究有组织实施改革、改进教育教学现状、了解高等教育发展趋势、制订改革发展规划等目的。通过不同研究目的来确定研究范畴、研究思路、研究重点、研究方法、研究成果类型等提高研究工作的针对性，同时通过人员职责分工、时间安排、阶段性交流等保证研究工作效率，做到有据可循、有的放矢、有效推进。

3. 收集研究资料

各级各类政府发布的政策文件，是高等教育教学改革政策研究的主要对象。收集资料一要收集上级直接下达的文件及政策，二要收集文件出台的背景资料（如政府工作报告、系列文件、系列会议资料等），三要收集相关领域的文献研究资料（期刊、图书资料等），四要收集其他高校的改革情况。值得注意的是，政策研究具有动态发展性，研究团队成员需要随时关注教育部网站上发布的相关文件、相关报道等资料，切忌就政策研究而研究，而忽视了相关的资料文件。通过相关资料的研究，可以更好地把握发展趋势，理解改革举措，有利于学校组织实施具体的改革。

4. 多方协同研究

高校教育教学改革政策研究范围广泛，除了涉及高等教育教学的基本规律和方法外，有时会涉及思想政治教育、美育、体育、公共外语、公共体育等专业性较强的政策，也会涉及管理、财务、人事等综合性政策，因此，研究者需要根据政策的特点，树立多方协同参与的研究理念，并在组建研究团队、研究进展、研究成果形成等研究环节，将相关部门、学生代表、教师代表、专家学者等利益相关方的意见纳入研究范畴，在确定研究成果前要充分征求多方意见，确保政策研究结果得到利益相关方的支持与认可。

六、政策研究流程

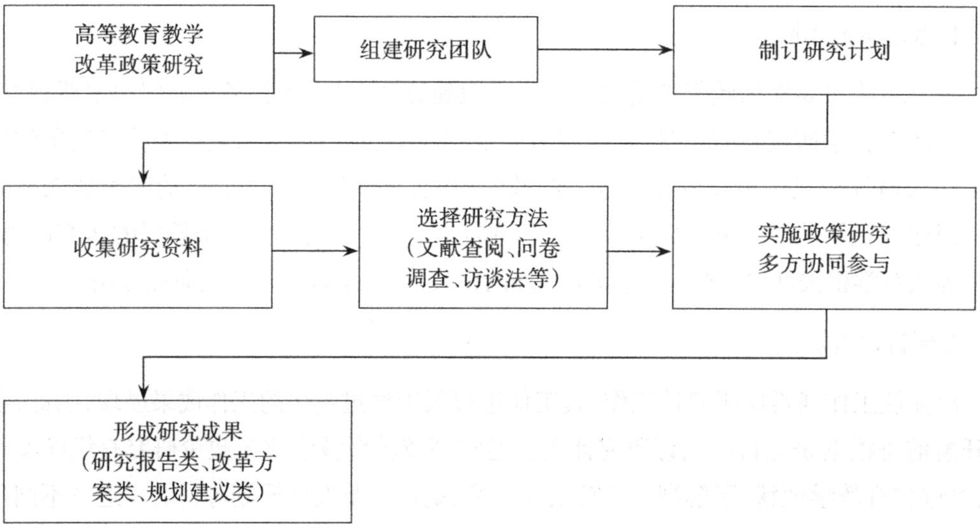

七、政策研究热点

1.内涵式发展

高校教育教学改革始终与国家高等教育政策发展相伴随行。改革开放以来，我国高等教育经历了恢复发展、规模扩张、内涵建设与普及发展并重三个阶段，每个阶段都有不同的改革重心。现阶段我国高等教育的总体思路是：稳步发展规模，着重提升质量，建设一流高水平大学。党的十九大报告中提出“加快一流大学和一流学科建设，实现高等教育内涵式发展”。高等教育教学改革的重心也转移到了以质量提升为核心的内涵式发展。

2.打造“双一流”高校

即“211工程”“985工程”“985平台”各特色重点学科项目建成后，为进一步融合资源，加快推进“双一流建设”，实现21世纪中叶建成高等教育强国的目标，2015年10月24日，国务院印发《统筹推进世界一流大学和一流学科建设总体方案》，正式拉开了“双一流”建设的序幕。“双一流”方案中，确定了建设一流师资队伍、培养拔尖创新人才、提升科学研究水平、传承创新优秀文化、着力推进成果转化等五项建设任务，明确了未来30年的高等教育发展战略目标，为高等教育发展绘制了宏伟的蓝图。

3.考试招生制度改革

2014年，我国高考制度改革进入了深水区，国务院印发《关于深化考试招生制度改革的实施意见》（国发〔2014〕35号），并启动了高考制度改革试点工作，上海市、浙江省分别出台高考综合改革试点方案。党的十八届三中全会审议通过了《中共中央关于全面深化改革若干重大问题的决定》，提出推进考试招生制度改革，探索招生和考试相对分离、学生考试多次选择、学校依法自主招生、专业机构组织实施、政府宏观管理、社会参与监督的运行机制，从根本上解决一考定终身的弊端。2019年4月23日，河北、辽宁、江苏、福建、湖北、湖南、广东、重庆等8省市发布高考综合改革实施方案。8省市均将试行“3+1+2”高考新模式，从2018年秋季入学的高中一年级学生开始实施。

4.一流本科教育

党的十九大后，为进一步推进高等教育内涵式发展。2018年6月21日，教育部在四川成都召开新时代全国高等学校本科教育工作会议。会议强调了要深入学习贯彻习近平新时代中国特色社会主义思想和党的十九大精神，坚持“以本为本”，推进“四个回归”，加快建设高水平本科教育、全面提高人才培养能力，造就堪当民族复兴大任的时代新人。9月17日，教育部出台《关于加快建设高水平本科教育全面提高人才培养能力的意见》，紧紧围绕全面提高人才培养能力这个核心，提出了高等教育40条行动纲领，为今后本科教育的建设与发展指明了方向。随后，教育部启动了“振兴本科教育”系列活动，并把全面振兴本科教育作为新时代高等教育改革发展的核心任务。

5.深化教育评价体系改革

教育评价事关教育发展方向，有什么样的评价指挥棒，就有什么样的办学导向。2020年10月，中共中央、国务院印发了《深化新时代教育评价改革总体方案》（以下简称《总体方案》），这是深入贯彻落实习近平总书记关于教育的重要论述和全国教育大会精神，指导当前和今后一个时期深化教育评价改革的纲领性文件。《总体方案》围绕党委和政府、学校、教师、学生、社会五类主体，坚持破立结合，重点设计了五个方面22项改革任务。方案明确提出“改革教师评价，推进践行教书育人使命——坚持把师德师风作为教师评价第一标准；改革学生评价，促进德智体美劳全面发展——坚决改变用分数给学生贴标签的做法，创新德智体美劳过程性评价办法”等教育教学改革要求。教育评价改革是驱动教育质量提升的抓手，各高校应深入开展相关研究，以评价改革倒逼教育教学改革体系的重构，切实增强学生学习效果和提升人才培养质量。

第三节 高校教育教学改革的组织与实施

教务处作为教育教学改革的组织、实施和管理单位，通常需要从前期准备、中期检查、后期改进等角度出发，遵循相应规则，并通过合适的路径，实施教育教学改革。其实施的主要路径包括制订制度文件、设立教改项目，确保教育教学改革有方案、有载体。

一、基本原则

1.强化宣传，凝聚共识

任何一项改革都是对教育教学现状的改变，都会对现行教学秩序、资源配置、学生利益和教师利益有一定的影响，因此在改革实施前，必须做好充分的宣传工作，通过政策学习、征求意见、座谈会等途径，形成对教育教学改革的正确认知，凝聚最大共识，推进教育教学改革。

2.明确任务，统筹推进

改革实施前，要制订详细的时间表及职责分工表，明确各单位在教育教学改革中的任务，按照计划，定期召开推进会，确保如期完成相关改革任务。尤其是综合性教育教学改革方案的实施，更需要以任务为驱动，引导相关单位主动作为，创造性改革。

3.全员参与，协同实施

高校教育教学改革是一个系统，需要每个单位、每个人都参与其中，形成改革合力，实现改革目标。尤其要充分调动学院(部)、教师参与教育教学改革的积极性，同时，帮助学生树立正确的教育教学改革认知，充分发挥人在教育教学改革中的主观能动作用，使教育教学改革落实落地落细。

4.定期总结，持续改进

尽管教育教学改革方案经过了多方论证，但在实施过程不可避免地会出现一些无法预见的问题，要对改革进展进行实时把握、监督，适时根据出现的问题，适当调整、持续改进方案措施，保证改革方案有效实施。

二、主要实施路径

1.制订制度文件

(1)意见类

意见是常用的党政公文形式之一。通常用于上级领导机关对下级机关开展某些活动或做好某项工作指示、安排,指导下级机关工作活动的原则、步骤和方法的一种文体,也可为不相隶属的机关提供某些重要问题的决策参考。意见有着较强的针对性,根据学校发展的现实需要,针对教育教学改革的某一方面,提出指导、建设、实施意见等,是从宏观上进行工作的部署和安排,要求受文单位结合具体情况,参照文件中提出的精神来执行和落实(见表2.2)。

表2.2　意见类文件的写法

常见意见类型	意见正文写法	参考模式
指导意见	一、引言:写明意见的目的、依据、意义、原因。 二、主体:陈述具体意见的部分。 三、结语:根据意见的行文方向、行文内容酌选"以上意见如无不妥,请批转有关部门执行"等惯用语作结。主体部分若文意完足,也可不设专门的结语。 四、注意事项: 1.明辨用途,规范行文。 2.方向不同,把握语气。	一、总体要求(指导思想、基本原则、总体目标)。 二、顶层设计举措。 三、具体建设措施。 四、制度建设措施。 五、组织保障措施等。 (二、三、四、五可根据具体工作内容调整)
建设意见		一、指导思想。 二、总体目标。 三、建设任务。 四、建设举措。 五、保障措施。
实施意见		一、建设意义。 二、建设目标与任务。 三、主要工作内容与措施。 四、保障措施。

(2)工作方案类

工作方案是计划性文体之一,是对具体工作内容、目标、方法、步骤、安排、组织等方面的安排,多从中观、微观层面制订,具有很强的可操作性的计划。在教育教学改革管理中,通常应用的有建设方案、实施方案等(见表2.3)。

表2.3　工作方案类文件的写法

<table>
<tr><th>常见工作方案类型</th><th>方案正文写法</th><th>参考模式</th></tr>
<tr><td>建设方案</td><td rowspan="2">一、引言：简明扼要地交代方案制订的目的、意义和依据，一般是以“为了……根据……特制订本方案”来表述。
二、主体部分是实施方案的主要内容。
1.阐述建设、实施某项工作的重要性和必要性。
2.说明建设、实施某项工作的指导思想、目标要求及指导原则。
3.建设、实施工作的安排、步骤、方式方法等。
4.组织领导、条件、制度保障等。
三、结尾：通常是对贯彻实施方案提出明确的要求。对实施方案的落实也可单独发送通知。</td><td>一、指导思想。
二、建设思路。
三、建设目标。
四、主要建设举措。
五、保障措施。</td></tr>
<tr><td>实施方案</td><td>一、指导思想。
二、建设(活动)目标。
三、主要工作内容与措施。
四、进度安排。
五、具体要求等。</td></tr>
</table>

(3)办法类

办法是在教育教学改革过程中，为贯彻有关法律法规、方针政策，或对某项工作、某一事项提出具体的处理原则、实施程序、方法措施，学校结合现状制订的规定性、规章性文书。办法侧重于做法措施，可操作性更强，具有原则性与具体性结合、规定性与指导性结合的特点。办法分为法规政策性办法、事务性办法等。法规政策性办法，属于法规或政府规章，用于贯彻实施有关法律法规和方针政策。事务性办法，用于对某工作事项进行管理、处理。(见表2.4)

办法经法定公文(命令、公告、通知、批复)加以发布后生效。

表2.4　办法类文件的写法

<table>
<tr><th>常见办法类型</th><th>办法正文写法</th><th>参考模式</th></tr>
<tr><td>法规政策性办法</td><td rowspan="2">一、引言：简明扼要地交代方案制订的目的、意义和依据，一般为“为了……根据……特制定本办法”。
二、主体：内容篇幅较长的法规政策性办法，多分总则、分则、附则，采用“章条式”写法；篇幅较短的办法，多采用“条例式”写法。
三、注意事项
1.与政策法规接轨，措施具体可行。
2.按规定程序制发，行文严谨有序。</td><td rowspan="2">前言或第一条：写明制订办法缘由、目的、依据等。
主体：规定性要求、建设方式方法、管理流程等具体做法。
最后一、二条：写明适用范围、执行要求、施行日期、与相关文件的关系等。</td></tr>
<tr><td>事务性办法</td></tr>
</table>

(4)细则类

细则也称实施细则，多是国家主体法律、法规、规章的从属性文件。因此，常用于对国家法律、法规和政策的实施，具有规范性、补充性、操作性等特点。细则一般由首部和正文两部分组成。教育教学管理领域通常发布管理细则、实施细则等(见表2.5)。

表2.5 细则类文件的写法

<table>
<tr><th>常用细则类型</th><th>细则写作框架</th><th>模式</th></tr>
<tr><td>管理细则
(同办法类似)</td><td rowspan="2">一、标题:按"适用范围 + 实施 + 文种"构成,适用范围一般多由母体公文标题来充当。
二、正文:由总则、分则和附则三部分组成。总则说明制作本细则的目的、根据、适用范围、执行原则;分则根据法律、法规、规章的有关条款制订出具体的执行标准、实施措施、执行程序和奖惩措施;附则说明解释权和施行时间,有的细则还对一些未尽事宜做出说明。</td><td rowspan="2">一般细则的标题有两种形式:
1.由地区、法(条令、规定)名称和文种组成。如《中华人民共和国义务教育法实施细则》。
2.由法律(条例、规定)名称和文种组成。
正文结构形式有两种:章条式和条项式。在章条式中,第一章是总则,最后一章是附则,中间各章是分则,每章有若干条款。条项式细则不分章。一般来说,根据法律制订的细则多采用章条式,根据条例或办法制订的细则多采用条项式。</td></tr>
<tr><td>实施细则</td></tr>
</table>

2.设立教育教学改革项目

研究是改革的先导,国家、省(区、市)教育管理部门,学校通常以教育教学改革项目为载体推进教育教学改革任务的落实。

(1)教育教学改革项目类别

①教育教学改革项目分级:根据教育教学改革的组织单位,教育教学改革项目可分为国家级、省部级、校级、院级。每一级别的教改项目因其立项出发点不同,对应的研究目的、层面、范围、重点也不尽相同。如国家级教育教学改革项目,其研究范围宏观,研究目的多是为国家提供资政建议,为国家制定相关政策提供经验,具有试点性特点;省部级教育教学改革项目,研究范围偏中观层面,研究目的旨在指导、示范区域发展,具有区域性特色;校级教育教学改革项目,研究范围偏微观,围绕人才培养模式、专业建设、课程建设、教学方法等具体问题,具有基础性和针对性等特点,旨在改善教学,提升教学质量。

②教育教学改革项目分类:根据教育教学改革项目选题价值、难易程度,通常将教育教学改革项目分为重大项目、重点项目和一般项目。根据教育教学改革项目选题内容,结合高校日常教学管理情况,通常可划分为常规性教改项目、专项教改项目、委托教改项目。常规性教改项目,即日常开展的、基本固化了形式的年度性教改项目;专项教改项目,即学校根据教学发展现状及教学难点,额外设置的专题性研究项目,如"思想政治教学专项""拔尖创新人才培养专项""重大教育教学改革专项"等;委托教改项目,即根据国家、省(区、市)、学校教育教学改革发展需要设置的特定研究项目,各级教育主管部门委托有一定研究基础、资源优势,并能够完成相关研究任务的单位或个人开展研究。表2.6中列出了各级各类项目的侧重点。

表2.6　各级各类项目的侧重点

项目级别	重大项目	重点项目	一般项目
省部级	解决当前和近期高等教育中教学重点(难点或热点)问题,对推进高等教育教学改革有重大影响,有较好的研究基础,可望取得重大成果,并有较高推广、应用价值的研究项目。	解决当前高等教育教学中重点(难点或热点)问题,对推进高等教育教学改革有较大影响,能取得实质性成果,并有较高应用价值的研究项目。	根据部分高等学校教育教学改革的需要而进行的研究,实践周期短,受益面相对较小的研究项目。
校级	解决当前和近期高等教育中教学重点(难点或热点)问题,对推进高等教育教学改革有重大影响,有较好的研究基础,可望取得重大成果,并有较高推广、应用价值的研究项目。	解决当前高等教育教学中重点(难点或热点)问题,对推进高等教育教学改革有较大影响,能取得实质性成果,并有较高应用价值的研究项目。	针对学校教育教学中需要解决的一般性问题而进行的研究,实践周期短,受益面相对较小的研究项目。

(2)教育教学改革项目组织与管理

①明确项目定位

教育教学改革项目的立项目的、立项类型、立项目标不同,其组织方式也不同。教务管理部门要明确项目的定位,首先要明确是哪一级,是国家级、省部级的推荐工作还是校级项目的评选,其次要确定建设或研究要求。根据项目的定位,做好组织工作。国家级、省部级的项目通常需要学校进行选拔与推荐,推荐出去的项目通常代表的是学校水平,一方面要做好组织推荐工作,另一方面要做好项目申报的指导与培育,保障项目质量和学校声誉。

②编制立项指南

为使教育教学改革项目更具引导性,教务管理部门应该根据国家最新教育教学改革趋势、具体项目建设要求(国家、区域性文件通知),结合学校中长期事业发展规划科学编制立项指南。

研究型项目的立项指南主要包括选题范围、参考选题等内容。编制指南时,通常采用自上而下的方法,即根据国家教育教学改革政策的导向,制订选题范围,也可结合自下而上的方式,即立项前期,组织开展选题征集工作,基于学院(部)、教师的选题调研结果,编制选题指南。立项指南通常包括:人才培养目标、模式、类型,体系改革研究;专业、课程和教材建设与改革;教学方法与手段改革;实验、实践教学模式改革;创新创业教育研究;教学管理与质量监控体系以及其他专项领域的内容。立项指南要具有一定的前瞻性和导向性。

建设型项目的立项指南可根据国家、区域性文件,学校文件通知要求,结合学校建设基础,做好申报指导与安排。

③立项评审

评审方式:项目评审通常包括同行专家组通信评审、会议评审、现场答辩等方式。一般较为简单的校级或院级项目可采用专家组通信评审或会议评审等方式;较为重大、复杂的项目，可采取通信评审、会议评审结合现场答辩的方式。项目评审方式，可根据项目立项级别、选题难易程度，结合学校具体情况选择。

评审依据：立项范围符合立项指南，项目水平目标达到立项标准，一般采用教改项目评价表（如表2.7）。

表2.7　教改项目评价表

评审指标	指标说明	满分	得分
立项依据	A.项目具有重要价值和意义，熟悉国内外研究现状。 B.项目具有较高价值和意义，较熟悉国内外研究现状情况。 C.项目具有一定价值和意义，一般了解国内外研究现状情况。	10	
研究基础	A.具有扎实的研究基础。 B.具有一定研究基础。 C.具有基本研究基础。	15	
研究内容	A.研究思路清晰，问题分析到位，目标明确，研究方法合理，内容全面、科学，可行性强。 B.研究思路清晰，问题分析基本准确，目标明确，研究方法合理，内容较全面，可行性较强。 C.研究思路较清晰，问题分析不全面，目标不明确，研究方法有一定可行性，内容不够全面。	45	
特色创新	A.有特色，有创新点。 B.有一定的特色与创新。 C.特色、创新不明显。	10	
项目成果	A.成果具有显现度，有效解决问题，可在区域内推广、应用。 B.成果具有一定的显现度，能够解决问题，可在校内或学科群推广、应用。 C.成果不显著。	20	

④项目管理

对于研究型教改项目，学校可通过开题报告、任务书等方式对项目进行管理，在教改项目任务书中明确研究项目的目标、方法、内容、进展、成果等基本内容。同时，应该注重过程性管理，设置项目开题、中期检查等环节，通过提交开题报告、研究进展报告等方式，推进教改项目按计划开展。对于建设型教改项目，学校可通过建设成效年度检查、中期检查等形式，推进教育教学改革项目的建设进展，保证改革与建设成效。

⑤项目验收

根据立项要求，一般项目经过2～4年的研究与建设，即可开展相关结题验收工作。项目结题，邀请同行专家通过通信评审会、会议评审、项目答辩等方式对教学研究成果进行验收。验收依据主要是任务书和申报书，可根据目标是否达到，任务是否完成，预期效果与实际效果、研究成果的推广与应用等方面制订验收评分表。

三、组织实施流程

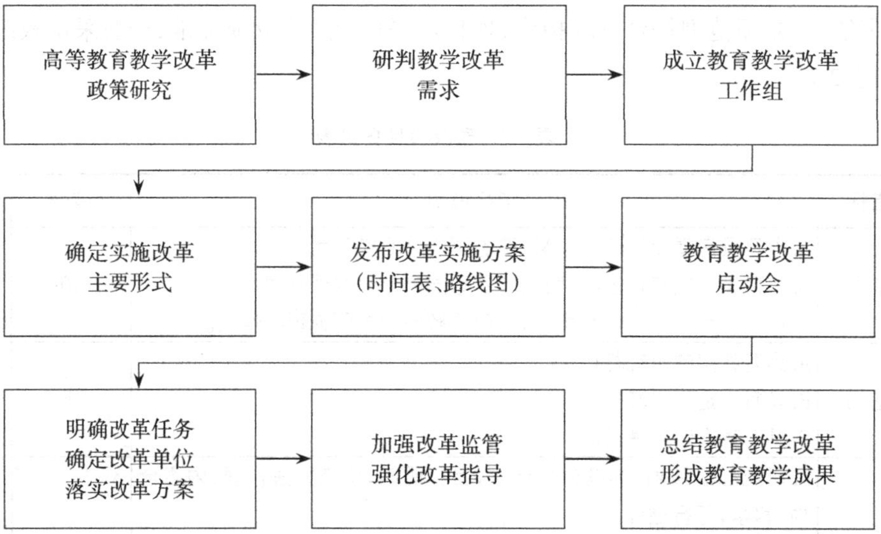

四、改革方案实例

（一）《华南理工大学一流市科行动计划（2018—2030）》

https://www.sohu.com/a/231160781_407295

（二）西南大学一流专业点培育与建设方案（见附件1）

第四节 高校教育教学改革成果培育与推广

高校教育教学改革成果指的是在高等教育教学改革实施过程中取得的成绩、成效。教育教学成果的数量通常是衡量高校教育教学改革成效的重要指标。教务部门是学校教育教学改革的统筹管理部门，在教育教学改革方面具有引领作用，因此，要做好教育教学成果规划、培育与应用、推广工作，从而实现提升教育教学改革实效、提高教育教学质量的目标。

一、成果形式

广义的教育教学成果通常包括有具体载体形式的教学建设成果和无具体载体形式的教育教学改革方案的实施。教育教学成果可以通过各级特色专业、规划教材、精品课程、实验项目等形式表现，对于一些无法通过具体载体呈现的教育教学成果，如人才培养体系、人才培养模式、教育教学方法等方面改革取得的成绩，一般通过遴选教育教学成果奖的形式呈现。狭义的教育教学成果，特指无法通过具体载体呈现的教育教学成果，各级各类高校教育教学改革成果奖是对优秀教育教学成果的奖励。本部分内容主要对狭义上的教育教学成果培育进行研究。

二、成果培育

1.培育原则

(1)瞄准改革趋势，规划项目体系

围绕高等教育教学改革趋势、学校教育教学改革难点、人才培养模式等主题，提前规划设计各级各类教育教学改革项目，引导教师开展高质量的教育教学改革研究，确保教育教学改革成果具有一定的先进性和创新性。以项目研究为驱动，搭建教育教学成果项目平台。

(2)统筹整合成果，丰富成果载体

在教育教学改革中的重点项目、校级优秀教育教学成果中，强化教育教学成果统筹，提高研究站位，丰富成果载体，确保教育教学改革成果具有一定引领性和显著性。以载体建设为抓手，构建教育教学成果支撑体系。

(3)注重培育指导，健全培育机制

根据教育教学改革研究基础，遴选靶向成果，通过整合相关领域研究、联合校外相关单位、融合领域专家学者等方式，加强培育指导，提供建设支持，增强教育教学改革成果的科学性和扩展性。以多方协同为途径，健全教育教学成果培育机制。

2.主要措施

(1)布局综合改革。教务部门是学校教育教学改革的统筹管理部门，在教育教学改革方面具有引领作用，因此，教务处应该紧密联系国内外教育教学改革趋势，根据国家教育教学改革要求，结合学校教育教学改革问题，围绕人才培养体系、人才培养模式、教育教学方法改革、教学质量体系建设等领域，主动布局综合性教育教学改革项目，制订综合性改革举措，建设综合性成果载体，打造优质的教育教学成果。

（2）遴选靶向项目。根据教育教学改革项目立项情况，遴选一些改革理念先进、研究基础扎实、团队实力雄厚、改革措施有力的重大和重点教育教学改革项目，确定为教育教学成果的靶向项目，在研究过程加强指导，强化支持，为成果培育奠定目标基础。

（3）评选优质成果。调整校级教育教学成果奖的评选周期，两年评选一次教育教学成果奖，一些学校以评选成果的方式确定教学成果奖培育项目。在评选出的优质成果中（一等奖或培育项目），统筹整合相近领域成果，制订下一步培育建设计划，为优质成果（培育项目）提供经费、指导等政策保障。

（4）挖掘典型案例。教育教学改革的实施来源于一线教师和课堂前沿，成效来源于学生口碑和课堂教学效果，教务处应该紧密联系课堂效果，密切关注基层动态，通过学院（部）推荐、教学研讨、教学检查等方式了解基层教育教学改革的实施情况，挖掘典型案例，加强对典型案例的培育指导，为打造成果提供智力支持。

三、成果推广

1.基本原则

（1）突出成果应用的成效性和显著性。在教育教学成果的总结、凝练过程中，显著性应用成效更具说服力，要注意成果应用覆盖面等成效的收集，注重各类获奖情况、学生发展情况、建设成绩等显著性成效的积累。

（2）提升成果推广的多样化和规模化水平。在教育教学成果的推广过程中，坚持多样化、规模化推广，包括人才培养模式、课程、教材等成果应用情况，成果数量越多、应用范围越广，体现的教育教学成果推广应用价值就越大。

2.主要策略

（1）检验实践效果，持续改进成果。教育教学成果的成效如何需要在实践中检验，在应用中及时发现问题，适时调整改革措施，持续改进成果，提高改革成效。

（2）借助交流平台，广泛推介成果。以调研来访、学术交流、工作研讨等为契机，广泛推介教育教学改革思路、措施与成果，尽可能拓展应用范围，提高成果的知名度与认可度。

（3）注重宣传质量，打造精品成果。通过研究论文、新闻报道、工作简报、公众号等多种途径宣传教育教学改革成果，并注重宣传材料的质量，瞄准知名网站、新闻媒体，打造精品成果。

四、培育推广流程

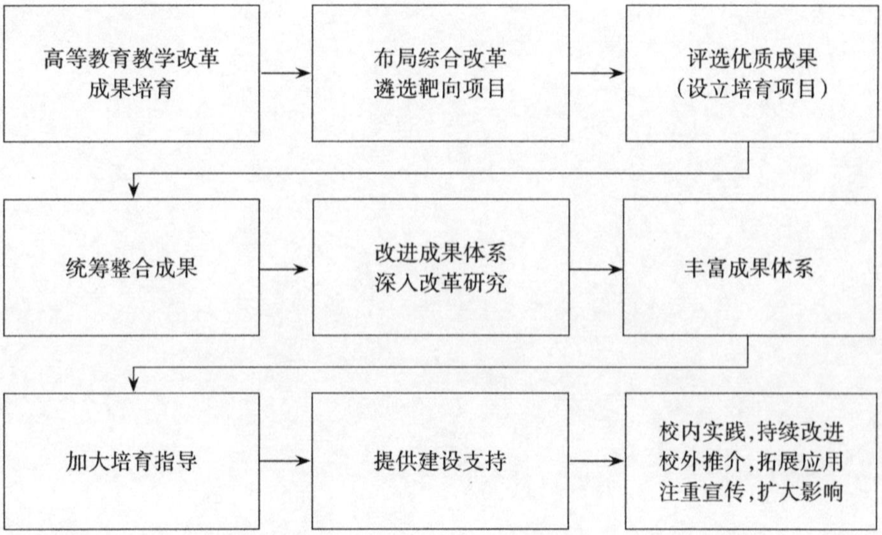

五、成果培育实例

南京邮电大学《关于开展教学成果培育工作的通知》

http://jwc.njupt.edu.cn/2019/0827/c1594a153340/page.htm

第三章

专业建设

ZHUANYE
JIANSHE

专业是高校人才培养的基本单元，是建设高水平本科教育、培养一流人才的“四梁八柱”，专业建设是大学本科教育教学、人才培养的基础性、持续性和引领性工作。随着我国高等教育的快速发展和高速崛起，高校人才培养如何服务于社会多样化需求，逐渐成为大众普遍关注的焦点，新时代高校如何加强专业建设已成为当前高校提高人才培养质量的重点工作之一。

第一节 专业概述

专业伴随着大学的诞生而出现，随着大学的不断演变、社会分工的逐渐细化，专业也随之逐步演化，高校在谈专业建设时，首先要明确专业建设的三个首要问题：何谓专业、专业的构成要素以及专业的设置原则。

一、专业的基本内涵

中世纪，由于社会分工不发达，大学的专业设置极其简单、单一，往往以一级学科为专业，比如医学、法学、神学等，随着第一次工业革命的兴起，整个社会结构开始发生深刻变化，一系列新型产业开始出现，社会分工逐渐细化，经济的高速发展迫切需求各种专门人才。正是由于这种迫切的社会需求，大学的专业开始从一级学科向二级学科、三级学科发展，同时大学根据社会需要开始增设一系列新兴专业。专业的形成是以社会分工的出现为前提，其演变轨迹随着社会分工的逐步细化而逐步变迁，那么，何谓“专业”？目前为止，学术界对于“专业”的定义是存在差异的。

《辞海》对“专业”的定义为“高等学校或中等专业学校根据社会专业分工的需要设立的学业类别”。《实用教育大辞典》对“专业”的定义为高等学校或中等专业学校根据社会分工、经济和社会发展需要以及学科的发展和分类状况而划分的学业门类。高等学校和中等专业学校设置的各种专业，体现各自不同的培养目标和规格，制订各自不同的教学计划和课程体系。而《教育大辞典》对“专业”的定义为高等教育培养学生的各个专门领域。大体相当于《国际教育标准分类》的课程计划或美国高等学校的主修。有学者认为专业可以从广义、狭义和特指三个方面来理解。广义的专业是指某种职业不同于其他职业的一些特定的劳动特点，它伴随着社会分工的出现而产生。狭义的专业，主要指某些特定的社会职业，这些职业从事的是比较高级、复杂、专业化程度较高的脑力劳动，因而也就是必须经过专门教育和训练以获得较高专门知识和能力才能胜任的劳动。一般人所理解的专业，多指这类特定的职业。所谓特指的专业，是指高等教育学意义上的专业——高等学校中的专业。以上对于“专业”的这一概念的阐述都带有很强的实体意味，这种论述的角度形成于1952年中国高等院校院系调整，是新中国成立初期对苏联高等教育模式的模仿和继承。

在西方高等教育中，“专业”一词用“profession”或“speciality”来表示，指范围大小不同的专门领域，因而，在美国的高等教育学校中，学校把具体的课程组织视为专业，专业背后没有对应的实体，没有单独归属的师资、专用教室、实验室及仪器设备等。因此，在美国的教育统计中，用“field of study”来表示学生所在专业。潘懋元先生认为“专业”即课程的一种组织形式，就是从“非实体论”的角度来定义的。

抛开“实体论”与“非实体论”不谈，从高校本科教务管理部门的角度出发，我们认为专业是指高等学校根据社会分工、经济和社会发展需求以及学科的发展和分类状况而划分的人才培养基本单位，是高等学校用以培养不同类型和层次专门人才的载体。

二、专业的构成要素

对于高校本科教务管理者而言，“专业”既对应着具体的实体组织形式，又对应着科学合理的课程组织形式，因此，我们所认为的“专业”结合了“实体论”与“组织形式论”两种类型的主要特征，更符合当下高校本科教务管理者的从业特征。在这种既定视域下，一般来说，任何一种专业都具备三大构成要素：人才培养规格、课程组织形式和专业中的人。

1.人才培养规格

人才培养规格主要由培养目标和毕业要求两部分构成。培养目标反映的是学生毕业后五年左右在社会和专业领域的发展预期，体现专业特色和优势，其定位应符合学校办学宗旨，满足社会需求，服务国家和区域经济社会发展，体现前瞻性和引领性，其表述应清晰明确、科学严谨，可衡量、可达成。毕业要求是高校依据《普通高等学校本科专业类教学质量国家标准》(以下简称《国标》)、学校人才培养目标、国家战略需求和区域经济社会发展需求制订的学生在毕业时应该达到的能力要求，其体现了国家和高校对专业人才培养产出的质量要求。

2.课程组织形式

课程组织形式是指学校按照一定的课程设置而进行的课程计划、学时学分安排、教学组织等，课程组织形式既根据人才培养规格来设置以支撑培养目标的达成，同时又将人才培养规格具体化，将其落实到具体的教学内容和环节之中，从而对人才培养产生现实的定向和规范作用。

3. 专业中的人

"专业中的人"其主体是教育者与受教育者，狭义来说，即教师和学生。前者是熟练掌握某种专业知识和基本原理并通过课堂教学等各种方式达成既定课程目标的人，是知识能力的传授者和价值观念的布道者；后者是学习某专业的课程以使自己达到既定人才培养目标的人，是未知者和学习者。他们有着相同的专业培养目标，并通过教学活动相互之间产生关联。

三、专业的建设原则

从高校本科教务管理部门的角度来说，专业建设是高校适应国家战略、服务社会经济需求而开展的人才培养实践活动，主要包括专业设置和专业调整，其总体原则是，既要符合国家对学科专业建设的整体布局和学科专业结构调整的整体思路，符合国家全面推进德育、智育、体育、美育和劳育，培养"厚基础、强素质、扬个性、求创新"人才的教育改革方针，又要考虑高校自身在长期办学过程中形成的办学传统、办学特色，学校的整体发展规划、办学条件以及社会、区域经济发展战略等因素。一般来说，专业建设具有五大原则：合理性原则、前瞻性原则、需求性原则、可行性原则和适度性原则。

1. 合理性原则

专业建设是以服务国家战略和区域经济社会发展为出发点，而我国幅员辽阔，各省(区、市)面临的具体情况差别很大，对各层次、各类别的人才需求也千差万别，随着区域经济的蓬勃发展，客观上对高等教育的区域特色也提出了现实要求。换言之，高校必须在专业建设上体现区域特色，在总体上形成分布合理、错落有致、特色发展的专业发展格局。特别是在国家实行"双一流"建设的大背景下，高校没有必要也不可能在现有的基础上追求理、工、农、医等全部学科门类的齐全，而应当优化学科专业结构，着力培育特色学科专业群，建设高水平一流学科专业。

2. 前瞻性原则

专业建设的前瞻性原则就是指专业设置和调整要充分考虑到人才培养的周期性和滞后性，主动适应国家战略，服务区域经济社会发展，用超前的意识和发展的眼光预测现代产业发展趋势和行业发展趋势，主动布局未来发展急需专业和新兴专业，引领社会经济发展。

3. 需求性原则

专业建设的需求性原则是指高校的专业设置和调整，都要与国家战略、区域经济社会发展需求相适应，为社会发展服务，具体体现为设置什么专业、招收多少学生、人才培养方案怎么设置、已有专业怎么调整等方面，专业建设是一个动态开放的系统，它无时无刻不与外部世界紧密联系着。

4. 可行性原则

专业建设的可行性原则是指专业的设置和调整要符合学校自身的办学定位和办学实际，统筹考虑区域经济发展环境和社会需求，做到因地制宜，量力而行，特别是在新专业设置上，不能盲目跟风，追捧热门专业、高精尖专业，必须统筹考虑学校当前的师资力量、教学条件、发展水平、长期规划等诸多因素。

5. 适度性原则

专业建设的适度性原则是指专业的设置和调整要科学把握“规模、效益与质量”三者之间的有效兼顾和合理平衡，专业没有规模就谈不上效益，没有效益就难以促进质量提升，而没有质量，形不成规模，没有规模又很难产生效益，所以要做到三者之间的协调适度发展。

第二节 专业建设指引

专业是高校人才培养的基本单位，也是基础平台。但专业建设不是无的放矢，必须根据相应的指引开展建设。从颁布主体的角度来说，专业建设指引可以分为专业目录和国家标准、行业标准、校本标准，前两者的颁布主体为国家教育主管部门，后两者分别为行业和高校。

一、本科专业目录

《普通高等学校本科专业目录》是由我国教育部制订与修订的有关普通高等学校本科专业的目录，是高等教育工作的基本指导性文件之一。它规定专业划分、名称及所属门类，是设置和调整专业、实施人才培养、安排招生、授予学位、指导就业，进行教育统计和人才需求预测等工作的重要依据。新中国成立以来，我国《普通高等学校本科专业目录》共经过了五次大的修订，其中四次发生在改革开放以后。目前执行的普通高等学校本科专业目录，是教育部于2012年9月颁布的，是自进入新世纪以来国家对普通高等学校本科专业目录进行的首次修订，它在1998年颁布的《普通高等学校本科专业目录》（已失效）及原设目录外专业的基础上，按照科学规范、主动适应、继承发展的修订原则对普通高校部分专业做出了不同程度的修改。

《普通高等学校本科专业目录(2012年)》分为学科门类、专业类和专业三级,其代码分别用两位、四位和六位数字表示,特设专业在专业代码末尾加"T"予以区分,国家控制布点专业在专业代码后加"K"表示。该版本目录下设有哲学、经济学、法学、教育学、文学、历史学、理学、工学、农学、医学、管理学和艺术学12个学科门类,未设置军事学学科门类,其代码11预留,相较于1998年版增设了艺术学学科门类。专业分为基本专业和特设专业,不再设置"引导性专业目录"。值得注意的是,国家控制布点专业并非独立于基本专业和特设专业之外的第三种类型的专业,其分布于基本专业和特设专业之中。该目录发布之初,其专业类由修订前的73个增加到92个,专业数量由修订前的635种调减到506种,但经过7年的发展,特设专业数量有所增补,截至2019年5月,专业总数上升到了671种。

1.基本专业

基本专业一般是指学科基础比较成熟、社会需求相对稳定、布点数量相对较多、继承性较好的专业,例如计算机科学与技术专业、生物科学等,专业数量维持352种不变。(见附件2)

2.特设专业

特设专业是指为服务社会经济发展特殊需求所设置的专业,例如近年来兴起的人工智能专业、数据科学与大数据技术专业等,截至2019年5月,特设专业总数已经增长到319种。(见附件3)

3.控制专业

控制专业即国家控制布点专业,专指专业目录中涉及国家安全、特殊行业等由国家控制布点的专业。国家控制布点专业总体上可以分为两类:一类是非常热门的专业,这类专业因为开设的高校众多,每年的招生数量庞大,学生就业竞争压力大,如财经类、会计、金融等专业;一类是非常冷门或专业性极强的专业,这类专业不仅专业性极强,且学生就业面窄,如公安学类、中医学类等。截至2019年5月,国家控制布点专业总数已经增长到92种。(见附件4)

二、国家标准

教育部首次发布的《国标》涵盖了普通高校本科专业目录中全部92个本科专业类,尽管专业类之间各不相同,但《国标》内容形式基本一致,主要包括八个方面内容:一是概述;二是适用专业范围;三是培养目标;四是培养规格;五是师资队伍;六是教学条件;七是质量保障体系;八是附录。另外,部分专业类又增加了教学规范和培养效果两方面的内容。

表3.1 《国标》各部分内容描述特征分析

内容名称	主要要素或主要特征
概述	明确该专业类内涵、学科基础、人才培养方向等
适用专业范围	明确该专业类代码、适用的专业(基本专业和特设专业)
培养目标	从素质(政治、品德、身心、精神、视野)、知识、能力,工作领域、人才类型进行描述,对学校提出制订的要求
培养规格	明确该专业类专业的学制、授予学位、参考总学时或学分、知识、能力、素质要求。知识:基础、工具、专业、通识。能力:获取知识、运用知识、创新思维、跨文化交流。素质:思想道德、科学文化、专业、身心
师资队伍	明确该专业类师资队伍规模(总数、生师比)与结构(职称、学历、学缘、年龄)、专业背景与水平(师能)、教师发展规范、教师行为规范(师德)
教学条件	明确该专业类专业基本办学条件[教室和阅览室、实验室(生均设备费、生均面积、技术人员)、实习基地]、信息资源(生均图书量和中外数据库、学生学习要求信息和学习材料信息)、教学经费投入(年生均经费持续增长)
质量保障体系	明确该专业类专业质量管理目标、管理体制(组织机构和管理制度)、质量监控体系(过程监控、跟踪反馈、持续改进)
附录	列出该专业类知识体系和课程体系建议,并对有关量化标准进行定义

根据教育部介绍,《国标》的制订遵循了三大基本原则:学生中心、产出导向、持续改进。当今时代,世界科学技术迅猛发展,全球经济贸易形式诡谲,高等教育领域风云变幻,面对国家发展、民族复兴的迫切需求,面对时代变革、未来发展的巨大挑战,面对知识获取和传授方式的革命性变化,强调学生中心,就是要求高等教育要注重激发学生的学习兴趣和潜能,推动本科教学从“以教定学”向“以学定教”转变;强调产出导向,就是要求高校人才培养要主动对接经济社会发展需求,服务国家战略,切实提高人才培养的目标达成度、社会适应度、条件保障度、质保有效度和结果满意度;强调持续改进,就是要强调本科教学要建立质量保障体系,强化质量文化意识,推动人才培养质量不断提升。《国标》还具备三大突出特点:一是既有“规矩”又有“空间”,既对各专业类提出统一要求、保障基本质量,又为各专业人才培养特色留有足够拓展空间;二是既有“底线”又有“目标”,既对各专业类提出教学基本要求,同时又对提升质量提出前瞻性要求;三是既有“定性”又有“定量”,既对各专业类标准提出定性要求,同时注重量化指标,做到可比较、可核查。

总体来说,《国标》在三大标准中具有最崇高的地位,它吸纳了行业标准、校本标准的根本属性,又体现了国家对高等教育人才培养的基本要求,保障高校本科人才培养质量的底线,是专业建设质量标准的基本法。

三、行业标准

随着高等教育进入普及化阶段，行业在人才培养工作的身份地位已经发生了巨大转变，逐渐实现了从乙方到甲方的身份转变。区别于国家标准和校本标准，行业标准由于其主体的特殊性，其关注重点在高校人才培养输出质量，换言之，行业标准的核心内容是学生的知识、能力和素质。

前文已经提到，行业标准融合在国家标准与专业认证质量指标体系中，由于长期以来高校办学与社会需求、行业发展趋势的脱离，校本标准往往选择性忽视行业标准，这也是教育部颁布《国标》和开展专业认证工作的重大意义之一。通过比对《国标》、工程教育专业认证标准、师范类专业认证标准，基本可以将行业标准概括为以下几点：

1. 职业规范：具有人文社会科学素养、社会责任感，能够在实践中理解并遵守相关职业道德和规范，履行责任。

2. 行业知识：能够将行业基本原理和专业知识用于解决复杂问题。

3. 问题分析：能够应用行业基本科学原理，识别、表达并通过文献研究分析复杂问题，以获得有效结论。

4. 设计/开发解决方案：能够设计针对复杂问题的解决方案，设计满足特定需求的实施方案，并能够在设计环节中体现创新意识，考虑社会、健康、安全、法律、文化以及环境等因素。

5. 研究：能够基于科学原理并采用科学方法对复杂问题进行研究，包括设计实验、分析与解释数据，并通过信息综合得到合理有效的结论。

6. 使用现代工具：能够针对复杂问题，开发、选择与使用恰当的技术、资源、现代工程工具和信息技术工具，包括对复杂问题的预测与模拟，并能够理解其局限性。

7. 行业与社会：能够基于行业相关背景知识进行合理分析，评价实践活动和复杂问题解决方案对社会、健康、安全、法律以及文化的影响，并理解应承担的责任。

8. 环境和可持续发展：能够理解和评价针对复杂问题的实践活动对环境、社会可持续发展的影响。

9. 个人和团队：能够在多学科背景下的团队中承担个人、团队成员或负责人的责任与义务。

10. 沟通：能够就复杂问题与业界同行及社会公众进行有效沟通和交流，包括撰写报告和设计文稿、陈述发言、清晰表达或回应指令，并具备一定的国际视野，能够在跨文化背景下进行沟通和交流。

11. 项目管理：理解并掌握项目管理原理与经济决策方法，并能在多学科环境中应用。

12. 终身学习：具有自主学习和终身学习的意识，有不断学习和适应发展的能力。

需要注意的是，行业标准并非职业标准，高等学校培养的是行业从业者，而非某一职业的候选人，这是高等教育与职业教育的核心区别之一。

四、校本标准

校本标准即高校制订的人才培养方案，一般来说，不同高校对培养方案的内容、格式都有不同要求，但追根溯源，培养方案的本质属性就是回答“培养什么人、怎样培养人、为谁培养人”这一根本问题，其构成一般包含专业概述、培养目标、毕业要求、学期与学制、毕业学分、学位授予门类、课程体系和说明八个部分（见表3.2）。

表3.2　校本标准（人才培养方案）各部分内容描述特征分析

内容名称	主要要素或主要特征
专业概述	明确本专业的专业概貌、历史沿革、发展现状、学科基础、专业特色或优势等
培养目标	符合学校办学宗旨和人才培养目标，适应国家战略，服务区域经济社会发展战略需求，反映学生毕业后五年左右在社会和专业领域的发展预期，体现专业特色和优势，具有前瞻性和引领性
毕业要求	依据《国标》和培养目标制订的学生毕业时应达到的知识、能力、素质要求，每条毕业要求分解为具体的指标，分解的各项指标能够支撑培养目标的实现，并建立毕业要求支撑培养目标的矩阵图
学期与学制	明确该专业每学年的学期开设情况、标准学制及弹性学制
毕业学分	明确该专业毕业时应修满的学分及学分构成要求
学位授予门类	明确该专业毕业时授予的学位门类
课程体系	明确该专业课程结构、学分分布、教学要求、课程计划及核心课程等
说明	明确该专业的培养方向、分流时间、执行时间、对象、方案制订成员及其他需要说明的特别情况

在校本标准中，“培养目标”与“毕业要求”是核心内容，其中对于“培养目标”的完整表述是“目标定位”+“目标预期”。“目标定位”应明确两点：一是毕业生的“服务面向”，即毕业生可提供服务的领域（即专业领域）和毕业生可从事哪些工作（即职业特征）；二是“人才定位”，即培养什么类型的专业人才。“目标预期”是对毕业生职业能力的描述，包括两方面内容：一是毕业生职业能力的描述，即毕业生的专业（指毕业生在岗位环境下应当表现的专业技能）和非专业能力（指毕业生在社会环境下应表现的职业素养）；二是毕业生职业成就的预期，即毕业生的职业竞争力和职业发展能力，反映学生毕业后五年左右在社会与专业领域预期能够取得的成就。职业能力预期是对培养目标定位的具体解读，也是专业制订毕业要求的依据，因此，专业对目标预期的描述一定要体现目标定位的特色，这也是专业毕业要求形成专业特色的基础。图3.1为校本标准中培养目标的内部逻辑关系。

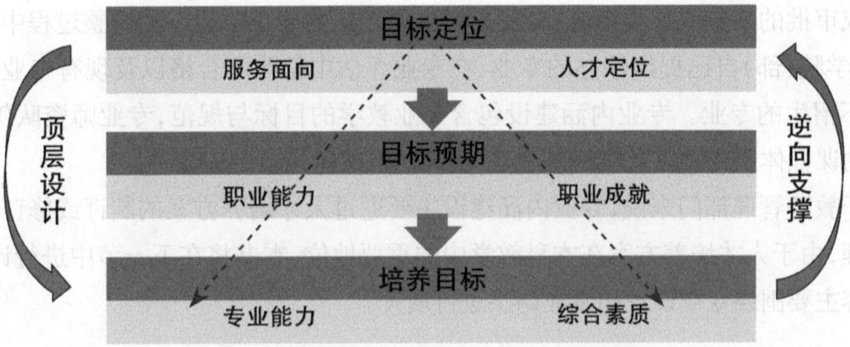

图 3.1　校本标准中培养目标的内部逻辑关系

校本标准是高校人才培养目标与理念的载体与集中体现，其内容反映了各个学科、专业的人才培养要求，具有可操作性的知识与能力体系，是连接教育理念和人才培养工作实际的纽带。

第三节 专业建设管理

专业建设管理是高校优化学科专业结构，凸显学校办学特色，服务国家战略需要和区域经济社会发展的重要抓手，为进一步规范高校本科专业的设置与管理，落实和扩大高校专业设置自主权，教育部专门出台了《普通高等学校本科专业设置管理规定》，并每年发布本科专业设置工作的通知，因此，专业建设管理具有严格的设置条件和管理规范。

一、基本内涵

通常来说，专业建设主要由三个板块组成，即专业设置、专业调整和内涵建设，三个板块相互联系、相互交融，其中专业设置是专业调整的前提，而内涵建设则是专业设置的基础。

专业设置主要是指高校在建设或办学过程中，主动服务国家战略和区域经济社会发展需求，适应知识创新、科技进步以及学科发展需要，根据学校专业发展规划，在现有办学基础上申报设置新的专业。专业调整主要是指调整学校已经开设专业的专业名称、学位授予门类、修业年限以及专业撤销；调整专业名称、学位授予门类、修业年限是指高校在具体办学过程中，依据办学的实际条件以及人才培养的具体需要，调整已设置专业的需要报教育部备案或审批的某些或某类特征；专业撤销主要包括高校在学科专业调整过程中要求停办的专业、学院（部）自己提出停办的专业、在专业评估中整改不合格以及现有专业中出现连续多年不招生的专业。专业内涵建设包含专业教学的目标与规范，专业师资队伍建设，与之配套的课程体系建设以及实践基地建设和教学、实验设备的完善等。

对于教务管理部门来说，专业内涵建设主要通过人才培养方案的制订或修订来进行规范和管理，由于人才培养方案在本科教学中的重要地位，本书将在下一节中进行详细阐述，本节内容主要围绕专业设置和专业调整进行展开。

二、专业设置

按照《普通高等学校本科专业设置管理规定》（教高〔2012〕9号，以下简称《规定》）相关条例，在高校满足教育部规定的专业设置基本条件的前提下，在符合高校自身的专业发展规划或服务社会经济发展需求的基础上可申请设置新专业。

1. 准入条件

新设置专业应为能够填补区域设置空白，或具有学科优势，或人才需求旺盛的专业，高校可鼓励和支持学院（部）通过专业替换的方式申报新专业，以达到优化专业结构和增强专业特色目的。

2. 基本条件

新设置本科专业依据教育部专业目录和《规定》相关要求，必须具备下列基本条件：

（1）符合学校办学定位和专业发展规划；

（2）有相关学科专业为依托；

（3）稳定的社会人才需求；

（4）有科学、规范的专业人才培养方案；

（5）有完成专业人才培养方案所必需的专职教师队伍及教学辅助人员；

（6）具备开办专业所必需的经费、教学用房、图书资料、仪器设备、实习基地等办学条件，有保障专业可持续发展的相关制度。

3. 申报方式

高校根据《普通高等学校本科专业目录（2012年）》设置新专业（国家控制布点专业除外），经备案程序报教育部备案。设置国家控制布点专业，按照备案程序和要求将申报材料提交教育部学科发展与专业设置专家委员会评审。设置尚未列入《普通高等学校本科专业目录（2012年）》的新专业，经审批程序报教育部审批。按照《规定》，新专业的备案或审批每年集中进行一次。

4.实施程序

一般来说,教育部每年6月份发布开展本科专业设置工作的通知公告,高校教务管理部门按照教育部相关工作通知的要求,在学校专业发展规划的框架下,充分调研学校新专业申报情况并组织新专业申报工作。一般情况下,新专业设置的实施可以分为两个阶段:专业确定和网络申报。

(1)专业确定

本阶段是高校确定本校拟增设新专业,一般可以按照以下五个程序进行。

①需求调研。各培养单位充分调研社会需求,加强与用人单位沟通,明确社会对新设专业的具体要求,根据需求确定(或预测)新设专业必要性和培养规模,同时在规定时间内向教务管理部门提交相关材料,材料包括专业设置需求情况报告、人才培养方案、教师基本情况、办学条件等。

②教务管理部门初审。教务管理部门依据《国标》做好新专业申报审查工作,对于未达到国标要求的新专业,可直接驳回其申报要求。

③专业设置委员会审议。将符合要求的申报需求相关材料提交学校专业设置委员会(或其他代行相关职能的组织),委员会根据社会需求、行业发展趋势及学校专业建设发展规划等对申报材料进行审议,论证其是否符合专业设置要求,并形成审议意见。

④校长办公会审定。将通过专业设置委员会审议的专业设置材料提交校长办公会审定,确定设置专业及人才培养方案。

⑤校内公示。在学校主页的显要位置对专业申报材料进行公示,时间不少于一周,公示无异议后方可进入网络申报程序。

(2)网络申报

本阶段是高校按照教育部规定在指定平台进行新专业的网络申报工作,需要注意的是,平台申报具有严格的时间限制,教务管理部门必须在规定时限内完成新专业的资料填报。

①平台申报。在规定时间内(一般在每年的7月1日至31日),申报学校指定专门人员登录指定申报平台,按照平台要求和提示,填报新专业申报相关材料,并提交学校负责人签字的专业申报材料扫描件和校内专家组织审议意见扫描件,同时填报本校上一学年停招专业名单和下一学年拟停招专业名单。值得注意的是,从2019年开始,审批类专业在教育部“互联网+政务服务”平台申报,备案类专业在原本科专业设置与服务平台申报。

②网络公示。教育部将在一定时间范围内(一般是每年的8月1日至31日)对各高校的专业申报材料进行公示,各高校可根据公示期间的意见,决定撤销申报或继续申报。

③报送材料。在规定截止时间点前,高校主管部门需通过网络申报平台,以正式文件形式将备案专业申请汇总表和审批专业申请汇总表报教育部高等教育司。高校申报医学

类、公安类专业征求的相关部门意见，由高校报送主管部门代为上传。需要强调的一点是，教育部直属高校在此步骤无须报送相关材料。

具体的实施流程可参见图3.2：

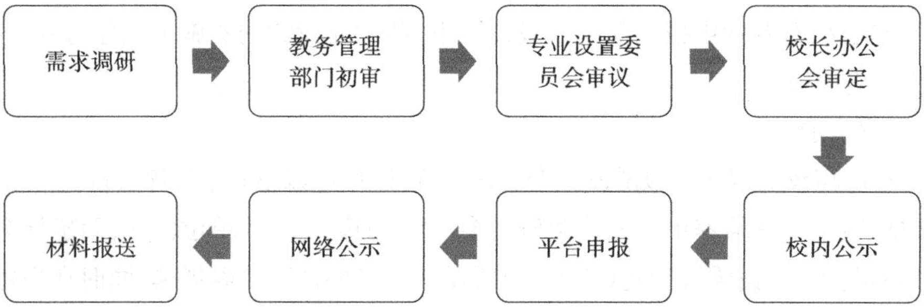

图3.2　新专业设置工作流程

三、专业调整

调整专业名称时，当调整为《普通高等学校本科专业目录（2012年）》专业（除国家控制布点专业外），高校按新专业设置程序报教育部备案；当调整为国家控制布点专业或新专业，高校需按照新专业设置程序报教育部学科发展与专业设置专家委员会审批。

调整专业的学位授予门类或修业年限时，由高校提出申请和调整方案，按新专业设置程序报教育部审批。

专业撤销的实施程序同新专业设置实施程序基本相同，但是目前教育部尚未提供专业撤销申报材料相关模板，填报网络申报平台时仅需提交撤销专业名称以及撤销原因，因此，教务管理部门可酌情进行处理，建议在专业确定阶段，可仅要求培养单位提供专业基本信息与撤销原因即可。另需注意的是，遇到国家专业目录调整时，高校必须按照国家要求及时进行调整，被调整的专业按撤销专业处理，撤销专业由教务管理部门按照专业撤销程序报教育部备案。

第四节

人才培养方案管理

人才培养方案在高校人才培养工作中具有极其重要的地位，它不仅是学校组织开展教学活动、安排教学任务的规范性文件，还是实施专业人才培养和开展质量评价的基本依据，更是学校保障教育教学质量和人才培养规格与特色的纲领性文件，它具有权威性、严肃性和稳定性，一旦确立便不能擅自更改，其制订、执行和变更是高校本科人才培养工作中最重要的教学立法和执法活动，必须按严格的规范和程序进行。

一、培养方案的制订

人才培养方案，也称“教学计划”“培养计划”，是高等学校根据一定的教育思想和教育目的，规定某一专业或专业类人才的人才培养目标、规格要求、课程设置、教学安排等内容，是学校进行专业人才培养的基本依据，近年来为使表述更加科学规范，教育部文件中使用“培养方案”代替“教学计划”。

1. 制订依据

培养方案的制订依据也被称为指导思想，在培养方案制订或修订中，负责人应依据相应的指导思想，明确人才培养的重心，形成具体的教学计划，提出培养过程的组织思路。具体来说依据以下几个方面：

(1)国家教育部门相关法律规范与政策方针，如《中华人民共和国教育法》《中华人民共和国高等教育法》《中华人民共和国学位条例》等。

(2)专业的性质、定位和教学质量国家标准，如《学位授予和人才培养学科目录》《普通高等学校本科专业目录和专业介绍》《国标》等。

(3)社会和行业对此专业人才在知识、素质和能力上的需求。

(4)培养院校自身的定位和培养条件，如学校自身办学的性质、办学条件如师资条件和硬件设施等。

(5)培养对象的身心发展水平及人才培养的规律等。

2. 制订要求

高校培养方案的制订应全面贯彻党的教育方针，落实立德树人根本任务，明确社会和行业对人才培养的需求，结合学校和专业自身的办学定位和办学实际，遵循教育规律和学生成长发展规律，推进人才培养模式的实现。具体包括以下要求：

(1)把握政治方向。以马克思列宁主义、毛泽东思想、邓小平理论、“三个代表”重要思想、科学发展观和习近平新时代中国特色社会主义思想为指导，明确“培养什么样的人、如何培养人以及为谁培养人”，落实立德树人根本任务。

(2)落实国家要求。贯彻落实党的教育方针，面向国家、区域经济和社会变革的重大战略需求，落实国家教育相关政策和改革要求。

(3)对接行业需求。通过多种渠道了解行业对人才培养的需求，明确本专业人才在知识、能力、素质和价值观上应达到的要求，使专业培养目标对接行业发展需求。

(4)坚持办学定位。将学校的办学目标定位、办学类型定位、办学层次定位和服务面向定位等有机融入学生培养目标和毕业要求，在课程体系、课程大纲和教学内容等方面进行全方位支撑和衔接。

(5)促进学生发展。以促进学生的发展为中心，将满足学生学习需要、促进学生发展、支持学生全面成长作为核心要素和核心追求。在制订培养目标、毕业要求、课程体系、课程大纲等过程中贯彻以学生为中心的教育教学理念，从“以教定学”转向“以学定教”。

(6)严格对照标准。依据《国标》和各类教育的专业认证标准、行业标准、课程标准等要求，制订符合本专业的培养目标、毕业要求和课程体系，使课程体系支撑毕业要求的达成，毕业要求支撑培养目标的实现。

(7)强化实践训练。完善实践培养体系，适度增加实践教学比重，确保各类专业实践教学必要的学分(学时)。推进实践教学与科研课题相结合的新模式，强化学生科研和创业实践训练。

3.制订程序

本科人才培养方案的制订一般是在高校教务管理部门的组织下，由各培养单位制订本单位的人才培养方案，不论是学校还是培养单位都应依据一定的流程制订培养方案，本书将从学校和培养单位两个主体分别介绍培养方案的制订流程。

(1)学校实施程序。该程序针对的责任主体是教务管理部门，一般是教务处或本科生院，教务处管理部门根据党和国家的方针政策出台培养方案修订指导意见，组织专家对培养方案进行审议并报学校审定，通常其程序执行如下：

①学习相关政策和文件。高校的本科教学主管领导、教务管理部门领导和相关职能科室要及时学习并了解国家对人才培养的新要求，特别是教育部最新发布的各种政策文件，根据国家的要求及时修订人才培养方案。例如，党的十九大报告提出，要培养高素质教师队伍。

②制订指导意见。学校根据国家的相关政策和要求，制订当年培养方案修订的指导意见，指导意见是对培养方案制订的具体要求，包括制订培养方案的指导思想、基本原则、课程体系和结构、学分和学分比例、文本内容、格式和模板、工作安排等。

③组织制订培养方案。学校将培养方案的指导意见发布给各培养单位，由培养单位各专业负责人或系主任主持本专业培养方案的制订。专业完成培养方案制订后，提交学院(部)本科教学指导委员会(或其他代行相关职能的组织)，教学院(部)长签字同意后提交学校审查。

④教务管理部门初审。学校接到培养单位提交的培养方案后，教务管理部门依据培养方案制订指导意见对培养方案进行初审，审查内容包括规范审查、内容审查及形式审查等。

⑤专家论证和评审。学校组织相关学科专业专家、行业专家和教育学专家对专业培养

方案逐个论证和评审,审查形式包括但不限于网络评审、会议评审及专家质询等形式,评审结束后,各培养单位根据专家评审意见完善培养方案。

⑥培养方案审定。向学校本科教学工作委员(或代行相关职能的组织)提交完善后的培养方案进行审定,培养方案一经审定,各培养单位严格按照培养方案执行,严禁擅自变更培养方案。

具体的制订流程可参见下列流程图:

图3.3　学校层面培养方案制订流程

(2)培养单位实施程序。该实施程序的责任主体是各二级培养单位,各单位根据学校的统一安排,负责组织本单位各专业培养方案的修订,各专业的专业负责人或系主任负责主持制订本专业的人才培养方案,其制订程序一般如下:

①调研行业需求。专业在制订培养方案前应采取多种形式,充分了解社会和行业对人才培养的需求,调研形式包括但不限于毕业生访谈、企业访谈、行业专家咨询等。

②明确培养目标。制订培养目标首先必须明确学校的本科人才培养定位、本专业的教学条件、本专业服务的社会需求和行业需求、本专业毕业生可能从事的行业及其职业特征、预期获得的职业能力和职业成就等问题,然后在国家教育方针的指引下,准确定位本专业的人才培养目标。

③制订毕业要求。专业应根据培养目标制订毕业要求,毕业要求应满足"明确、公开、可衡量、支撑"的要求,既支撑专业培养目标,又体现本专业的特色。所谓"明确"是指专业应当准确描述本专业的毕业要求,并通过指标点分解明晰毕业要求的内涵。所谓"公开"是指毕业要求应当纳入专业培养方案,具有固定的公开渠道,通过研讨、宣讲和解读等方式使师生知晓并具有相对一致的理解。所谓"可衡量"包含两层含义:其一,学生通过本科阶段的学习确实能够获得毕业要求指标点所描述的能力(可落实);其二,该能力可通过学生的学习成果和表现判定其是否达成(可评价)。所谓"支撑"是指专业毕业要求对学生相关能力的描述,应能体现对专业培养目标定位和特色的支撑(即对毕业生职业能力预期的支撑)。

④构建课程体系。专业应根据毕业要求构建课程体系,使建立的课程体系能够支撑毕业要求的达成,所谓"支撑"包括两层含义。一是整个课程体系能够支撑全部毕业要求,即在课程矩阵中,每项毕业要求指标点都有合适的课程支撑,并且对支撑关系能够进行合理的解释。二是每门课程能够实现其在课程体系中的作用,即课程大纲中明确建立了课程目标与相关毕业要求指标点的对应关系;课程内容与教学方式能够有效实现课程目标;课程考核与评分标准能够针对课程目标设计,考核结果能够证明课程目标的达成情况。

⑤制订课程大纲。专业应通过课程大纲的设计和落实,使课程教学支撑毕业要求的达

成。毕业要求的达成，依靠课程体系的合理设计，最终都要体现在课程大纲中，课程大纲是专业证明课程体系能否支持毕业要求的重要证据，也是判断专业“产出导向”的课程质量评价体系是否真正建立的主要依据。

具体的制订流程可参见下列流程图：

图3.4　培养单位制订培养方案的流程

二、培养方案的执行

人才培养方案具有权威性、严肃性和稳定性，经学校批准同意执行的培养方案，由教务管理部门和各培养单位负责组织执行，任何单位和个人不得擅自调整和拒绝执行培养方案规定的教学任务。各相关单位在工作上应力求避免与人才培养方案冲突，以保证人才培养方案的顺利实施。不同的学校，对培养方案的执行要求细节可能存在差异，但大体相同。一般来说执行要求如下：

1.培养单位按学校有关规定完成每学期教学计划的维护工作，严格按照培养方案认真核对各门课程排课情况，并在规定时间内完成规定工作。

2.教务管理部门审核各专业培养方案执行计划。

3.培养单位按照通过审核的本单位各专业培养方案执行计划安排本学期教学活动及任课教师等。

4.学生完成培养方案规定的学分和教学环节后，培养单位对照培养方案进行毕业审查，审查合格后按要求发放毕业证书和学位证书。

一般情况下，培养方案会根据评价情况进行修订，未发生修订或调整的继续沿用。在培养方案实施过程中，教务管理部门和培养单位通过学生座谈会、教学检查、课堂教学质量评估、专家听课、教学督导等方式，加强质量监控，确保人才培养质量。

三、培养方案的变更

经学校批准执行的培养方案必须保持相对稳定，不能随意更改。对因特殊原因确需变更培养方案的，如更改课程名称，学时学分，开课学期，增开、减开、更换课程（含课程的实践教学环节），更改课程性质等，需严格按照程序变更，各培养单位或个人不得擅自更改。不同的学校，对培养方案变更程序细节可能存在差异，但大体相同。一般来说，培养方案变更程序如下：

1. 专业负责人、教师、学生根据实际情况，向培养单位提出变更培养方案申请。

2. 培养单位征求执行该培养方案的全体学生意见，多数学生（一般三分之二以上）同意后方可进入下一程序。

3. 专业负责人向本单位本科教学指导委员会（或其他代行相关职能的组织）提交培养方案变更申请材料，申请材料一般包括培养方案变更理由、内容、学生意见及变更后的培养方案。

4. 培养单位本科教学指导委员会组织审议，审议通过后，向教务管理部门提出培养方案变更申请并提交相关材料。

5. 教务管理部门对培养方案变更申请材料进行初审，初审通过后向学校本科教学指导委员会（或其他代行相关职能的组织）提出培养方案变更申请并提交相关材料。

6. 学校组织审议，审议通过后，教务管理部门及培养单位按照变更后的培养方案执行。

具体流程见下图：

图 3.5　培养方案变更的流程

四、培养方案的评价

为保证人才培养质量，高校应重视培养方案的评价，建立培养方案定期评价机制，并根据评价结果对培养方案及时进行修订和调整。培养方案的评价包括合理性评价和达成度评价两部分。

1. 合理性评价

培养方案合理性评价是指专业应依据《国标》和相应专业认证标准（无认证标准的专业除外）的要求，制订符合本专业的人才培养方案合理性评价办法，专人负责，定期对培养目标、毕业要求和课程体系的合理性进行评价并形成评价报告，评价结果及时公示并做好存档，各专业根据评价结果提出改进措施。通过人才培养方案合理性评价和持续改进，引导和推动专业人才培养质量提升，具体要求如下：

（1）评价依据。党的教育方针、国家相关政策和改革需求、学校本科人才培养目标定位、专业目标定位、国内外的专业发展趋势，国家、区域、行业和用人单位等利益相关群体的现实需求。

（2）评价内容。包括培养目标的合理性、毕业要求的合理性和课程体系的合理性。

（3）评价责任人和参与人员。培养方案合理性评价的责任人为专业负责人（或系主任），组织本专业教师、单位教学管理人员、毕业生代表、学生代表、用人单位代表等利益相关方代表参与评价。

(4)评价时间。各专业应建立相应的评价机制，固定评价时间，建议借校庆的契机，邀请利益相关方代表返校，开展培养方案的合理性评价。

(5)评价结果。评价结果包括培养方案存在的问题、需调整的内容及原因等，评价结果由培养单位专人保管，并作为下一轮培养方案修订的依据，对于结果中急需修订的内容，经学校同意后可提前修订。

2.达成度评价

培养方案达成度评价是指专业应依据《国标》和相应专业认证标准（无认证标准的专业除外）的要求，制订符合本专业的人才培养质量达成度评价办法，专人负责，定期对培养目标和毕业要求的达成度进行评价并形成评价报告，评价结果及时公示并做好存档，各专业根据评价结果提出改进措施。通过人才培养质量达成度评价和持续改进，引导和推动专业人才培养质量提升，具体要求如下：

(1)评价依据。人才培养目标达成度评价以党和国家教育方针政策、《国标》和专业认证标准为根本依据，学校及专业办学定位为内部依据，国内外专业发展趋势、国家战略及区域经济发展需求为外部依据。

(2)评价主体和评价责任人。培养方案达成度评价主体涵盖广泛的利益相关群体，包括本专业学生、教师、本单位教学督导、本单位教学管理人员、学校相关职能部门、各级教育行政部门、毕业生、用人单位和学生实习实践单位、校外专家、学生家长等利益相关方。

培养单位主要领导为专业人才培养目标和毕业要求达成度评价责任人，主管教学领导和专业负责人（或系主任）负责组织培养方案达成度评价的具体实施。

(3)评价方法。培养目标达成度评价。为全面、有效地进行人才培养目标达成度评价，应综合采用直接和间接评价结合、定性与定量评价结合、内部评价与外部评价结合的多样化评价方式及评价策略。评价前需确认各项培养目标采用的评价方法的合理性。具体评价方式包括但不仅限于：自纠自查、调研分析、咨询研讨、交流研讨、国际交流、问卷调查、访谈调查、座谈会等。

毕业要求达成度评价。各专业毕业要求达成度评价小组对本专业所制订的毕业要求进行合理的分解，形成能反映毕业要求的本质、更为具体和更易评价的指标点。根据各指标点适用的评价方法，使用适宜的评价方式进行评价。毕业要求达成度评价可结合多种评价方式进行，一般应包括定量的课程考核成绩分析法。

(4)评价周期。专业人才培养目标和毕业要求达成度评价一般每年进行一次，形成"人才培养目标达成度评价"和"毕业要求达成度评价"记录文档，包括评价内容、评价依据、评价方式、评价主体、评价工具、评价结果等。要求评价记录完整、可追踪，为专业培养目标的修订提供证据支撑。

(5)评价结果及运用。各专业对评价结果进行综合分析，形成评价报告，评价记录和评价报告由培养单位存档，评价结果作为专业人才培养目标修订的重要依据，在培养方案完全修订前将一直留存。

第五节
一流专业建设

党的十九大报告明确提出，加快一流大学和一流学科建设，实现高等教育内涵式发展。办出世界一流大学，建设世界一流学科，全面提高人才培养能力是核心点，归根结底，是培养一流人才。因此，培养一流人才是新时代实现高等教育内涵式发展的最核心标准。培养一流人才，基础和核心是一流本科，要办好一流本科，必须有一流专业做支撑。

一、基本内涵

教育部于2018年10月发布的《教育部关于加快建设高水平本科教育全面提高人才培养能力的意见》中明确提出“实施一流专业建设‘双万计划’”，为深入落实相关政策文件要求，加快一流本科专业建设。2019年4月，教育部办公厅发布了《教育部办公厅关于实施一流本科专业建设“双万计划”的通知》（以下简称《通知》），正式启动一流本科专业建设“双万计划”（见附件5）。

何谓一流本科专业？简单来说，一流本科专业就是指能够达到面向未来、适应需求、引领发展、理念先进、保障有力建设目标的高水平本科专业。根据教育《通知》文件精神，一流本科专业一般具有以下五个特征：

（1）专业定位明确。服务面向清晰，适应国家和区域经济社会发展需要，符合学校发展定位和办学方向。

（2）专业管理规范。切实落实本科专业国家标准要求，人才培养方案科学合理，教育教学管理规范有序，近三年未出现重大安全责任事故。

（3）改革成效突出。持续深化教育教学改革，教育理念先进，教学内容更新及时，方法手段不断创新，以新理念、新形态、新方法引领带动新工科、新医科、新农科、新文科建设。

（4）师资力量雄厚。不断加强师资队伍和基层教学组织建设，教育教学研究活动广泛开展，专业教学团队结构合理、整体素质水平高。

(5)培养质量一流。坚持以学生为中心,促进学生全面发展,有效激发学生学习兴趣和潜能,增强创新精神、实践能力和社会责任感,毕业生行业认可度高、社会整体评价好。

二、建设内容

一流本科专业是实现高等教育内涵式发展的基石,建设一流本科专业,就是要坚持"以本为本",推进"四个回归",紧扣国家发展需求,以服务区域经济社会发展为导向,以学科专业发展为基础,以培养一流人才为目标,以创新人才培养机制为主旨,以深化教育教学改革为动力,以完善条件和政策保障为支撑,从培养方案、课程体系、实践教学、师资队伍、协同育人、教育教学改革等方面着手,深化人才培养模式改革,完善人才培养方案,推进课堂教学革命,提升实践教学水平,建设高水平教师团队,构建持续改进保障机制,分类培育国家级一流专业和省级一流专业。

1.深化人才培养模式改革

更新教育教学理念,以学生发展为中心,探索更为丰富的人才培养模式,满足人才的个性化发展需求。按照"拓宽专业基础,整合教学资源,注重交叉融汇"的原则,统筹实施大类招生和大类培养,完善大类培养课程体系。强化创新人才培养,实施卓越人才培养计划。深化国际合作育人,拓展学生互换、学分互认等国际交流项目,探索与高水平大学开展的联合培养模式,积极开设国际化课程和全英文课程。深化协同育人重点领域的改革,健全校企融合、农科教结合、科教结合等协同育人机制,探索构建课程、专业、学科联动和产(科)教融合等具有专业特色的协同育人模式。

2.完善人才培养方案

树立"学生中心、产出导向、持续改进"的人才培养理念,明确专业定位,挖掘专业特色,彰显专业优势。以专业认证质量标准和《普通高等学校本科专业教学质量国家标准》为基准,以"学科、专业、课程一体化"建设为导向,科学论证人才培养方案、人才培养目标和毕业要求,系统构建通识与专业相衔接、学科与专业相联通、理论与实践相结合、知识与育人相融合的课程体系,不断提升课程体系对毕业要求的支撑度、人才培养的目标达成度和社会满意度。

3.推进课堂教学革命

坚持以核心课程建设为重点,以价值教育为导向,以信息技术为手段,优化教学内容,丰富教学资源,优化教学方法,创新考核方式,建设具有"高阶性、创新性、挑战度"的课程,全面提升课程质量,全力打造"线上、线下、线上加线下混合、虚拟仿真、社会实践""金课"。加快推进教学方法改革,深入推广启发式、探究式、讨论式、参与式、案例式等新的教学方法，积极探索小班化教学、翻转课堂、混合式教学模式，激发学生学习志趣，提高学生的课堂参与度，引发学生深度思考，培养学生解决复杂问题的综合能力和高级思维。科学设计课程考核内容和方式，健全能力与知识考核并重的多元化学业考核评价体系。

4.提升实践教学水平

综合运用校内外资源，建设数量充足的实验、实习、实训平台。加强实验教学资源建设，以现代教育技术为支撑，以虚拟仿真项目为重点，以创新机制为保障，建设综合性、智能化、开放性的实验教学平台。优化实验教学内容，打造“基础实验、专业实验、综合实验和创新实验”分层递进的实验教学体系。健全实践教学机制，规范实验教学管理，创造条件推进学生进课题、进实验室、进团队，切实加强实习过程管理，形成合作共赢、开放共享的实践育人机制。拓展协同育人实践平台，加强与相关政府部门、行业企业、科研院所的合作办学、合作育人、合作就业、合作发展，共建实践育人基地。

5.建设高水平教师团队

坚持对标质量认证标准和《普通高等学校本科专业教学质量国家标准》，有计划地引进高水平教师，充分发挥名师、团队“传帮带”作用，建设一支师德良好、数量充足、结构合理的教师队伍。强化教师教书育人的身份定位和根本职责，严格落实教授为本科生上课制度，实现教授全员为本科生上课。加强基层教学组织建设，健全助教、教学研讨等教学管理制度，构建专业负责人、课程负责人、青年教师等定期培训机制，提升教师教书育人能力。强化师德监督，引导教师以德立身、以德立学、以德施教。

6.构建持续改进保障机制

强化培养单位办学主体意识，建立健全自查自纠质量保障机制，将对质量的追求内化为全体师生的共同价值追求和行为自觉。对照《普通高等学校本科专业类教学质量国家标准》和有关行业标准，根据办学实际和发展目标，进行专业自我评估。积极开展专业认证，促进专业办出特色、办出水平。构建用人单位、行业等利益相关方参与的社会评价机制，对培养目标的达成度进行定期评价，并有持续改进的相关机制，推进专业的持续发展和提高。

三、实施程序

根据《教育部办公厅关于实施一流本科专业建设“双万计划”通知》的规定，一流本科专业按照“两步走”实施，报送的专业第一步被确定为国家级一流本科专业建设点，教育部组织开展专业认证，通过后再确定为国家级一流本科专业。高校实施一流本科专业建设，其根本目的在于优化学科专业布局，推动专业建设质量不断提高，因此一般采取“自愿申报、择优遴选、重点培育”的方式来进行，其实施流程如下：

1. 制订方案

教务管理部门按照国家教育方针、高等教育发展趋势、《国标》要求、专业认证质量标准、教育部近期相关文件通知精神等，立足学校办学定位及本科教学质量（包括国家战略需求、区域经济发展需求、专业建设基础、办学条件、学科评估情况、本科教学评估情况等）制订适合本校的一流本科专业建设实施方案，方案内容主要包括建设目标、建设内容、项目实施、预期成效、组织保障等。

2. 设置标准

科学合理设置专业点遴选标准和验收指标，遴选标准主要依据学校本身的本科教学质量、专业建设情况及所属“赛道”（中央部门所属高校或地方高校）水平，验收指标主要参考学校办学定位、人才培养目标、国家及省级教育行政部门一流本科专业验收指标等。

3. 启动实施

（1）发布通知

一流本科专业建设一般以立项的形式开展，教务管理部门在发布立项通知时应明确一流本科专业申报条件、申报时间、申报程序、申报材料、选题指南等事项。

（2）单位申报

培养单位根据通知要求，对照一流本科专业的遴选标准、建设内容和验收指标等，客观评估本单位专业建设基础，确定参与遴选的专业点，组织填写并提交相关申报材料。

（3）资格审查

教务管理部门根据一流本科专业的遴选标准、建设内容和验收指标等要求，对申报材料进行资格审查，审查内容包括规范审查、内容审查及形式审查等。

（4）组织评审

组建由学校本科教学指导委员会（或其他代行相关职能的组织）、企事业单位、相关职能部门组成的遴选专家团队，对申报材料进行评审，评审方式包括但不限于网络评审、会议评审及专家评审等，形成候选名单报校长办公会审议。

（5）建设实施

校长办公会审议通过后，立项单位与学校签订建设任务书，并按照建设内容组织实施一流本科专业建设，学校核拨专项经费进行支持。

（6）过程监管

学校定期组织专家团队对专业点建设情况进行检查，检查形式包括问卷调查、师生访谈、实地考察等形式，严格把控建设质量。

（7）达标验收

建设期满后，学校组织专家团队按照验收标准对专业建设情况进行验收，符合验收标准的专业点继续给予其他相关建设支持，对未通过的专业点责令整改，对出现严重质量问题的专业点予以撤销相关支助。

具体的建设流程可参见下列流程图：

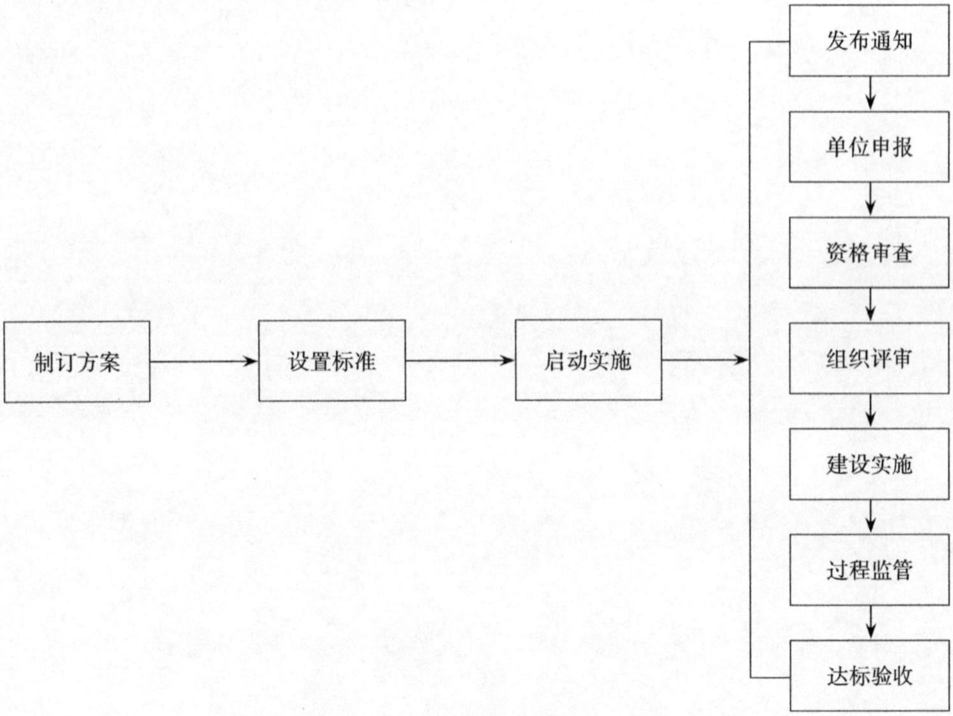

图3.6　一流本科专业建设实施流程

第四章
课程建设与教材建设

KECHENG
JIANSHE
YU
JIAOCAI
JIANSHE

课程是高校人才培养体系中的最基本单元,是高校立德树人的重要载体,是专业建设的核心要素,支撑人才培养目标的达成,直接影响人才培养的质量。课程建设是高校提高整体教学水平和人才培养质量的重要举措,是一项整体性教学改革和建设的系统工程。而教材是体现教学内容和教学方法的知识载体,是教育教学的基本依据,同样直接影响人才培养质量;教材建设是基础性、战略性工程,其建设成效是专业综合改革成效的显性指标,更是一流课程建设、一流专业建设和一流人才培养的重要抓手。在新时代落实这两项工作任务,需要从课程体系优化、课程大纲管理、推进课堂革命、一流课程建设、教材建设等方面着手,筑牢一流本科教育的建设根基。

第一节 课程体系优化

课程体系是构建人才培养方案的核心内容,课程体系是否科学、合理,对高等学校高质量实现人才培养目标有决定性的意义。课程体系的优化是通过重新调整、改造各门课程之间所建立的组织关系,使课程各要素相互配合,整体功能达到最佳状态。在新时代,高校教务部门要结合高等教育新的发展趋势,既要注重课程体系的整体优化,还要把握课程体系优化的重点领域。

一、概述

课程体系的优化对实现人才培养目标具有重要意义,高校教务工作者应把握课程体系的内涵,并以新时代专业认证的核心理念作为指导,在课程体系的优化中遵守学生中心、产出导向和持续改进的原则,才能促进课程体系与人才培养目标相对接。

1.课程体系的内涵

课程体系是特定的课程观、课程目标、课程内容、课程结构和课程教学方式的综合,它直接反映育人活动的指导思想,是实现学生全面发展目标的载体,是保障和提高教育质量的关键。课程体系在很大程度上决定了学生的专业知识结构和知识体系,直接关系学生能力结构的形成与全面素质的提升。课程体系和教学内容及教学方式是大学教学得以发生的基础，也是专业人才培养目标得以实现的重要保证和必要载体。[①]

2.课程体系优化的原则

第一，学生中心。以促进学生的发展为中心，将培养全体学生的知识、能力和素质作为核心追求，从以“教”为中心向以“学”为中心转变。课程体系的设计与教学安排要围绕人才培养目标和全体学生毕业要求的达成进行，学校要设计科学合理的课程体系；学院(部)要提供数量适宜、结构合理的课程菜单；教师要开展合适的教学活动引导学生进行学习，并通过科学合理的教学评价实时掌握学生的学习成效。

第二，目标牵引。把实现立德树人根本任务的价值目标贯穿到课程体系的优化过程中，把社会主义核心价值观教育融入教育教学全过程各环节，全面落实到课程结构、课程设置、课程管理、课程资源、课堂教学、实践活动和课程评价中。开足、开齐国家规定的思政课程，着力推动课程思政建设，做好整体设计，根据不同专业人才培养特点和专业能力素质要求，科学合理设计思想政治教育内容。帮助学生正确认识历史规律、准确把握基本国情，掌握科学的世界观、方法论。

第三，产业导向。树立产业导向的培养观，建立基于“产业导向”的课程体系。对接行业发展需求设计人才培养目标，对接职业岗位需求设计毕业要求，对接毕业要求设计课程体系与教学环节，对接课程目标促使学生应知应会，对接毕业要求强化学生学习成果，对接培养目标培养适应产业发展的专业人才，构建“产业导向”的专业课程体系。

第四，未来发展。坚持课程体系的持续优化和改进，提高学生适应未来发展的能力。定期评价课程体系的优化度和课程目标的达成度，对学生的学习效果、实践表现和能力体现进行有效评价。跟踪国际、国内、区域和行业改革的新发展、新要求，更新培养目标；跟踪职业岗位的新需求，更新毕业要求；跟踪知识能力素质的新规格，优化课程体系与课堂教学，推动课程建设质量和人才培养质量的持续提升。

二、课程体系优化的主要内容

课程体系和教学内容的优化一直被高校视为人才培养模式改革的重点与难点。其中，课程体系优化包括三个层面：一是课程结构的优化，二是课程类型的优化，三是课程学分、学时比例的优化。

1.课程结构优化

课程体系的结构优化不但要考虑学科知识体系的纵向结构关系，也要考虑各课程要素之间的横向结构关系，并且体系设计要具有柔性和多样性，保持一定张力，以体现“厚基础、

①张大良.优化课程体系　加强课程建设[J].中国大学教学，2018(12)：10-23.

宽口径、强能力、高素质”的目标。目前，高校多实施“按学科大类招生、宽口径分流培养”模式的一体化课程结构模式，将公共基础课程、学科基础课程、专业教育课程融为一体，见表4.1。

表4.1 一体化课程结构模式

知识结构	教学模块	
	理论教学	实践教学
公共基础课	人文社会科学基础课程（含“思政课”）	社会调查
	自然科学基础课程	实验、实习
	工具性学科基础	上机训练、听力训练
	军事与体育学科基础	体育训练、军事训练
学科基础课	一级学科基础课	综合设计
	二级学科基础课	实验、实习课程设计
	相关学科基础课（跨学科课程）	
专业教育课	专业必修课程群	专业实习、毕业论文（设计）
	专业选修课程群	实验、实训课程设计

高校的教务工作者还可在上述课程结构基础上创造性地增加个性化选修课程、自主创新创业活动等课程模块，通过优化课程结构，创新人才培养模式。通过课程结构的优化整合，把思想政治工作体系融入课程体系，使得各类课程要素的配置更加科学，课程设置的逻辑结构得到进一步优化。

2.课程类型优化

课程类型优化是指对课程体系内各类型的课程数量和课程内容进行组合、精选与凝练，在保持课程类型和课程内容基本方向具有一定稳定性的基础上，突出各类型课程的先进性、适应性、科学性，拓宽知识性，把广度和深度更好地相结合。第一，德育类课程要精而新。马克思主义理论课和思想政治教育课是高校的两类德育课程，属公共必修的人文社会科学课程，应致力于课程内容和教学方法的优化，提高德育的针对性和时效性，及时充实时政新观点和新知识，跟上时代发展步伐。第二，基础类课程要宽而实。基础类课程包含公共基础课（即公共外语、计算机、高等数学等）和专业基础课（即各专业类的学科基础课）。基础课的专业面要宽，可按照一级学科专业或宽口径二级学科专业设置；同时，基础课提供的理论、知识和技能要坚实，课程内容要保持相对的稳定性，体现相当的深度。高校要着重加强公共外语类课程、计算机类课程以及各专业主干课程建设，理、工、财经类专业，还应加强高等数学课程建设。第三，方向类课程要多而活。在当前大类招生培养的趋势下，高校要推进各专业在专业内增加多方向的选修课程，将专业方向课列为限定选修课，并采用模块结构，每一个模块由若干体现某一个专门方向的课程组成，每一位学生可根据自己的条件、意向从中选修一个模块，即某一个方向，以便专业人才培养能够灵活而主动地适应社会需要。

3.课程学分、学时比例优化

课程体系的优化还应对各类课程学分和课时的比例结构进行优化，包括各类课程和各教学环节，如公共基础课、学科基础课与专业基础课，自然科学基础课与人文社会科学基础课，理论教学与实践教学，必修课与选修课，课内与课外等课程的教学课时数、学分值，使各部分教学环节的学分、学时比例合理、适度，配置达到最佳时序。目前，多数高校要求学生毕业修读的总学分偏高，且必修课学分过高，课程体系设置缺乏灵活性，不能对社会需求的变化做出灵敏的反应，学生选课受到很大限制，压抑了学生的主动性、创造性发展。对于办学水平高、综合实力强的高校，学生自主发展能力强，应适当降低课内学时数，留给学生更多的自主发展空间。因此，高校教务工作者在优化各类课程学分和课时比例结构时，不应该局限在执行国家有关文件规定的内容，机械地压缩各类课程的学时和比例，而应结合本校的办学特点和专业的具体特点合理制订各类课程的学时比例，真正把“拓宽基础、拓宽专业口径”的思想落到实处，使课程设置能够满足人才知识、能力素质结构的要求。

三、课程体系优化的重点领域

课程体系的优化不仅可以改善学生的知识与能力结构，还可从整体上提高教学质量和人才培养水平。当前，高校教务工作者应着重从公共课、专业课、实践教学和自主发展课程四个方面优化课程体系。

1.深化公共课程改革

公共课程是完善学生知识结构、培养学生综合能力的重要渠道，有的高校也称为通识教育课程，包括必修课程和选修课程两种类型。新时期，应从以下两个方面深化公共课程改革。

(1)推进公共必修课分层、分类、分级教学改革

公共必修课按照国家相关要求开足开齐，同时，根据不同培养目标、学科性质、学生的学习能力，重新设计课程结构模块，推进公共课程的分层、分类、分级教学。思想政治理论课程改革在保证学时学分不变的基础上，实现由教材体系向教学体系转变，强化实践教学环节、改革教学方法和教学手段、加强教师队伍建设、提升教师教学水平，采取灵活多样的教学形式和考核方式，提高教学的针对性和实效性。大学英语、大学计算机等工具类课程根据学生的学习能力实行分级教学；大学体育、大学生职业规划、就业指导与创业教育等素养类课程根据学生学科类别实行分类教学；大学语文、大学数学、大学化学、大学物理、大学生物、工程训练、教师教育课程等基础类课程应根据学生学习能力和学科类别实行分级、分类教学。学科分类按照师范类、农科类、人文社科类、理科类、工科类、艺体类等进行分类。

(2)推进公共选修课的模块化建设

公共选修课是将一些相关领域的重要基本论题予以重新组合的一种课程安排和设计，目的是为学生提供一个共同的学识背景。不是特意确定知识广度，或划定特定数量的知识信息，而是力求向学生传授获取知识的主要方法。因此，在推进公共选修课改革时应注重强化选修课的课程模块建设，注重从整体上进行顶层设计，根据学校的人才培养目标设置公共选修课的教育理念，围绕教育理念设置课程目标，根据教育理念和课程目标确定核心课程模块和课程体系，培养学生的跨学科知识整合能力和综合素养。

2. 加强专业课程建设

专业课程是学生获取专业知识，培养学生专业能力，实现专业人才培养目标的重要载体，包括学科基础课程、专业主干课程(专业必修课程)和专业选修课程。新时期，应重点从以下两个方面加强专业课程建设。

(1)增强专业课程对培养目标的支撑度

新时期，专业课程体系的优化要杜绝“因人设课”和“因条件设课”现象的发生，贯彻产出导向理念，从细化课程的形成机制及决策流程入手，明确每一门专业课程在培养方案中的地位和作用，确保每一门课程特别是学科基础课程和专业主干课程的设置理据充分。构建能够覆盖和有效支撑专业核心素养的课程体系，加强课程设置的综合性和整体性，提高课程结构设置的合理性，保证各类专业课程学分比例恰当，以课程矩阵的形式将专业课程体系对毕业要求的关系清晰明确地呈现出来，使每个毕业要求的指标点均有课程和相应的教学环节支撑，并且对支撑关系能够进行合理的解释。

(2)加强专业核心课程的高品质建设

专业核心课程是指充分体现该专业的专业属性，鲜明体现该专业的学科特点，集中显示该专业的存在价值的课程。专业核心课程所需传授的知识属于专业必须具备的基础性核心知识，体现着专业培养的基本素养与要求，是形成人才知识、能力和素质结构的重要因素，其水平与质量直接决定着专业人才培养的水平与质量。①因此，新时期高校要实现专业核心课程的精品化，提高核心课程的“含金量”，重新制订课程大纲，更新课程资源与教学内容，提高课程高阶性、创新性和挑战性。高校教务工作者将学科研究新进展、实践发展新经验、社会需求新变化及时纳入教材、融入课堂、进入实验室，加强课程的过程性考核，关注学生学习效果，注重课程体系建设的系统性和综合性、课程建设的衔接性和交叉性。确保学生掌握专业核心理论知识与专业技能，为学生成长成才奠定扎实的专业基础。

3. 强化实践教学环节

实践教学是我国高等学校教学体系的重要组成部分，在培养学生创新精神和综合素

① 郭三党，李晔，等. 我国普通本科教育专业核心课程建设研究[J]. 中国管理信息化，2013，16(13)：108-109.

质，提高学生实践能力和创造能力等方面是理论教学不可替代的。新时期，应注重从以下两个方面强化实践教学。

（1）健全实践教学内容体系

高校要遵循高等教育教学规律，根据专业培养目标、学科特点及社会人才需求，将培养既有系统的专业知识，又具有较强实践能力、创新精神和创业潜能的高层次创新型人才作为出发点，构建科学的、系统的、灵活的创新创业实践教学体系。实践教学内容体系按照基础实践、专业实践、综合性与创新性实践三个层次组建，实行“分层培养、层次递进、逐步提高”，培养学生的基本技能与方法、专业素质与应用能力、综合能力与创新创造精神。基础实践层次通过学科基础课及专业课实践教学，进行专业实践技能训练，目的是使学生掌握实践基本技能和方法、基本工艺操作技能等，强化学生独立实践操作能力；专业实践层次通过实习、实训、工程训练、课程设计、毕业论文（设计）等环节，进行专业技能的学习和训练，目的是培养学生的专业技术应用能力和专业素质；综合与创新实践层次是实践教学中最高层次的实践，强调学生在学习基本实践知识和技能后，进一步培养学生的综合应用能力。

（2）推进创新创业教育改革

在“大众创业、万众创新”的时代背景下，高校推进创新创业教育，培养学生的创新精神和实践能力，是贯彻落实国家“创新驱动”发展战略，培养创新型人才，提高人才培养质量的重要任务。高校要进一步深化创新创业教育改革，理顺管理的体制机制，加强创新创业教育统筹，明确各级人才培养单位权责，强化协同育人，建立和完善创新创业课程体系、实践平台、竞赛项目、孵化培育平台、政策制度，深化教学方法、实践训练、队伍建设等关键领域改革。推动创新创业教育与专业教育、思想政治教育紧密结合，将创新创业教育全方位深层次融入人才培养全过程。推进科教融合，让学生尽早参与教师科研项目，早进实验室、早进团队，开放国家重点实验室、省部级重点实验室、工程训练中心，支持国家大学生创新创业训练计划、本科生创新创业基金项目，设立“一对一”导师帮扶机制，提高学生科研实践能力和创新创业能力。

4. 创新自主发展课程

自主发展课程是促进学生个性化发展，增强学生综合素质与能力的拓展渠道，也是高校创新教育教学方式和人才培养模式，尊重学生自主创造性的重要途径。新时期，高校可通过设立自主发展课程模块，设置个性化选修课、自主创新创业活动等课程模块和学分，破除人才培养在学科知识单一、专业能力受限方面的瓶颈。其中，个性化选修课程为学生拓宽知识面、潜能开发、多元发展与个性培养的需要而设置。各专业所有课程对全校本科学生开放，学生可以根据自己的兴趣爱好和发展需要，在全校范围内跨专业、跨年级选修任何课程作为个性化选修课程，且课程学分可替换通识教育选修课程或专业发展选修课程学分。高校还应鼓励学生参加自主创新创业活动，并计入自主创新创业学分，如将自主创新创业学分分为科研学分、技能学分、实践学分、创业学分，科研学分可替代专业发展选修课程学分，技能学分、实践学分、创业学分可替代通识教育选修课程学分。学校通过课程模块和课程学分的设置，丰富学生个性化发展的资源，拓展学生综合发展的渠道，增强学生自主发展的主动性和积极性，提升学生综合素质，培养全面的思维模式，实现综合型、复合型人才培养目标。

第二节

课程大纲管理

伴随着以教师为中心的“以教定学”到以学生为中心的“以学定教”的教学模式的转变，“教学大纲”被“课程大纲”所取代，使教学真正从关注教师“如何教”逐渐转变到关注学生“如何学”。这一转变对新时期课程大纲的管理提出了新的要求，在课程大纲内容，课程大纲的制(修)订、执行和评价等管理上面都应突出“以学生为中心”的发展理念。

一、概述

课程大纲是高校教师开展教学实践的指导性文件。无论是教材和教学参考书的选编、授课计划的制订，还是成绩考核、教学检查及课程评估都要以课程大纲为依据。高校教务工作者要明确课程大纲的内涵和原则，才能在教务管理中做好课程大纲的管理工作。

1.课程大纲的内涵

课程大纲是指高校每门课程的教学纲要，即根据教学计划，以纲要形式规定一门课程的教学内容及要求的文件，是教学顺序、教学工作的指南，以及对该课程掌握程度的反映。课程大纲明确规定本门课程在专业教学计划中的地位和作用，确定本门课程教学的基本任务和教学目标，依据学科的知识系统与有关先行课、后继课之间的联系，确定各章、节的教学内容、重点和难点，拟采用的教学方法和手段，复习题或思考题等，并能反映出本学科的新成就和学科发展的方向；提出本门课程教学组织实施的原则和学时数，并分列讲授课、习题课、实验课及其他实践性教学环节等的教学时数的分配；确定本门课程的选用教材、参考书目、教学资源、教学设备等方面的信息；同时，还要提出本门课程的考核方式及成绩评定依据等。课程大纲是教科书编写和教师教学的主要依据，也是检查、评定学生学业成绩和衡量教师教学质量的重要标准，还是指导学生自学和培养学生能力的纲要。

2.课程大纲管理的原则

第一，规范性。课程大纲是教师组织课程教学、选用和编写教材、开展课堂教学质量评价的重要依据，也是教务部门组织教学管理、课程建设和课程评估的指导纲要，其制订与管理必须按照严格的规范和程序进行，才能保证教学管理的规范与稳定。

第二，稳定性。课程大纲要保持相对的稳定性，才能保证稳定的教学质量。一般来说，课程大纲应与培养方案的制订（修订）保持同步，新版培养方案修订后，要使课程大纲与培养方案相衔接，才能通过课程教学实现人才培养目标。原则上，全校性统一的课程大纲修订工作应保持四年一次。

第三，先进性。课程大纲在保持相对稳定的前提下，也要保证先进性。教务部门要组织教师定期开展课程大纲的合理性评价，允许教师根据现代科学技术的最新成就和当代科技发展的最新水平及时更新教学内容和教学手段，实现教学内容和手段的现代化。

二、课程大纲的主要内容

1.课程大纲的内容构成

不同类型的课程，其课程大纲的内容构成不尽相同，应根据各专业培养方案，按照课程类型，分类编制理论课、实验课、实习实训类实践课程大纲。原则上，这三类课程大纲都应包括以下内容：

（1）课程信息

课程信息应包括课程中英文名称、课程代码、课程类别（各学校的课程分类不同，西南大学分为通识教育课程、学科基础课程、专业发展课程、教师教育课程、综合实践课程等，同时标注是必修课还是选修课）、适用专业、课程学时、课程学分、先修课程、选用教材、主要参考书目等。

（2）课程目标

课程目标内涵表述应体现学生的学习成果，说明通过本课程学习，学生的知识、能力、思想情感及素质等方面所要达到的预期效果。同时，为了表明本课程在整个人才培养中的地位和作用，应建立课程目标与毕业要求关系的矩阵图，说明本课程可支撑培养方案中的哪些毕业要求。

（3）课程内容

课程内容应依据课程目标设置，建立课程目标与课程内容、教学方法关系的矩阵图，表明课程内容和教学方法能够支撑课程目标的实现。每个章节的内容应包括学习目标、学习重难点、课程内容、教学方法、复习思考等。

(4)考核方式

考核方式即说明本课程的考核形式，如：课程考核方式分为过程性考核（平时考核）和课终考核（期末考核）。过程性考核（平时考核）方式包括课堂表现、平时作业、阶段性测试、调研报告等；课终考核（期末考核）采用闭卷考试。如果课程论文或作品设计是课程考核的唯一方式，也必须明确课程论文或作品设计的内容与课程目标的达成度，明确评分标准。同时，建立考核方式与课程目标关系的矩阵图，表明通过考核能够支撑课程目标的达成。

(5)成绩评定

课程成绩的评定应更多关注过程性评价，课终成绩应由期末成绩和多维度的平时成绩构成。

总成绩评定。总成绩=过程成绩（平时成绩）×x%+课终成绩（期末成绩）×x%（具体的比例结构应结合学校实际情况规定）。

平时成绩评定，应设置合理的、多维度的过程性考核方式，如：

课堂表现（××分）：通过学生在课堂上的表现情况、发言与提问情况来评价学生相关的能力。

作业完成情况（××分）：围绕课程的学习目标进行作业设计。如让学生简述对知识的认识，考核学生对概念的理解情况，帮助学生将定义转化为自己的理解。

阶段性测验（××分）：考核学生在平时测试、测验中课程掌握的情况。

课程论文（××分）：考核学生收集资料能力、研究设计能力、解决实际问题能力和合作研究能力。

实践教学（××分）：如通过课堂教案设计、课堂片段展示与汇报，训练学生的课堂实践能力，使学生真正明确教学技能在实际教学中的应用，形成自己适合的教学风格。

课堂考勤（××分）。

期末成绩评定。说明课终考核的范围、方式、要求等。如：课终考核主要考查学生对基本概念、操作程序和具体方法的理解与运用等。考核方式为闭卷考试，要求学生掌握基本概念、操作程序，运用具体方法解决相关问题。

(6)其他说明

包括课程资源、大纲执笔人、参与人、制订依据、执行对象等。

除了上述课程大纲的基本内容之外，实验课程大纲还应说明具体的实验要求，包括实验属性（如验证性实验、设计性实验、综合性实验……）、开出要求（如必做、选做等）、分组要求（如1人1组）、实验准备（包括①仪器设备、药品试剂等，②预习要求……）等。实习实训类实践课程大纲还应说明实践内容及要求、时间安排、工作流程（应参考学校相应的管理文件）、业务指导、成绩评定标准和方法等。

2.课程大纲的模板示例

本书以西南大学教师教育类课程“心理发展与教育”课程大纲为例（附件6），以供参考。

三、课程大纲管理的重点领域

课程大纲的管理是高校教务管理的重点工作，教务工作者应加强对课程大纲的制（修）订、执行与评价三个方面的管理。

1.课程大纲的制（修）订

（1）制（修）订要求

同步性。课程大纲原则上与培养方案同步制（修）订，并以教育部各专业教学指导委员会提出的课程教学基本要求为指导，以专业培养方案为基本依据。

导向性。课程大纲的制（修）订应将知识传授、能力培养与理想信念、价值理念、道德观念教育有机结合，强化课程育人导向，注重学生人格塑造，体现理想信念、价值理念和道德观念教育。

产出性。建立产出导向的课程大纲，使课程目标既能对接毕业要求又能体现课程特色，且课程内容和教学方法能够支撑课程目标的达成，课程考核与成绩评定方式能够证明课程目标的达成。

科学性。课程组在制（修）订课程大纲前，要加强研究、充分研讨，使课程大纲既符合教学规律，又反映学科最新科技成果，增强课程大纲的科学性。

规范性。课程大纲要求文字清楚、意义明确、名词术语和格式规范、定义正确。

（2）制（修）订程序

培养方案定稿后，学院（部）成立本科课程大纲编制领导小组，安排系主任（或部主任、教研室主任）组织制（修）订培养方案中所列课程的大纲，并按课程类型分类编制理论课程、实验课程和实习实训类实践课程大纲。

系主任（或部主任、教研室主任）组织本课程组教师（涉及跨教学单位的课程，应组织相关任课教师参与）负责编制所承担课程的大纲，经过课程组教师充分讨论后，由课程负责人执笔，并经过下列步骤。

第一步，明确专业毕业要求。明确培养方案中毕业要求分解的具体指标点，找寻本课程在培养方案中的地位。

第二步，科学确定课程目标。依据毕业要求确定课程目标，建立课程目标与毕业要求的联系。

第三步，精心设计课程内容。依据课程目标设计课程内容，确定合适的教学方法。

第四步，合理选取考核方式。依据课程目标和课程内容，选取能够实现课程目标的考核方式。

对适用于同一层次专业开设的同一门课程，课程目标和教学要求相同的，可编写一个大纲，并作说明；要求不同的，则应分别制订大纲。

课程大纲完成后，由系主任（或部主任、教研室主任）组织教师进行审核，经审核的大纲，由所在学院（部）组织专家进行论证审定，经学院（部）主管领导审核签字并加盖单位公章后报教务处审批执行。

2.课程大纲的执行

课程大纲是教师开展教学实践的指导性文件，一旦制订就应严格执行。高校教务工作者应结合自身的学校实际和教学特点制订课程大纲的执行要求，总的来说，课程大纲的执行应遵循下列要求。

第一，经审批后的课程大纲必须严格执行。学院（部）应严格按课程大纲的要求组织教学活动，教师在教学中应严格执行大纲，校院两级教学督导组应按大纲实施教学检查和评估活动。

第二，新开设的课程必须先制订出课程大纲，经系审核、所在教学单位审定、教务处审批后方可开课。

第三，经批准后的课程大纲是教师开展课堂教学的依据，教师在开课前须掌握、熟悉课程大纲的具体内容和要求，学生应该知悉课程大纲的具体内容和要求。

第四，在课程大纲执行过程中，可根据教育教学改革趋势和学科专业的发展需要，对课程大纲进行适当调整。原则上由课程负责人提出申请，经系（或部、教研室）论证，学院（部）主管领导审核签字并加盖单位公章后报教务处审批执行。

3.课程大纲的评价

高校应定期开展针对课程大纲的合理性评价，即对课程大纲中设置的课程目标、课程内容、教学方法、考核评价等的合理性进行评价，具体要求如下：

（1）评价依据

依据专业培养目标、毕业要求、课程建设要求，以及教育部颁发的《普通高等学校本科专业类教学质量国家标准》、各专业教学指导委员会提出的课程教学基本要求。

（2）评价内容

定期对课程大纲的合理性进行评价，包括课程目标对毕业要求指标点的支撑关系是否明确，课程内容、教学方法是否能支撑课程目标实现，考核方式和成绩评定是否能证明课程目标的达成。

（3）评价责任人和参与人员

课程大纲的评价责任人为系主任（或部主任、教研室主任），组织本课程组教师、学生、教学管理人员等利益相关方代表参与评价。

（4）评价时间

原则上与培养方案同步评价。

(5)评价结果应用

用文字说明利益相关方代表参与课程大纲合理性评价的结果,包括课程大纲存在的问题、需改动的内容、改动的原因等。评价结果由学院(部)专人保管,并作为下一次课程大纲修订的依据,对结果中急需修订的内容,经学院(部)同意后可提前修订。

第三节 推进课堂革命

2018年6月,教育部部长陈宝生同志在新时代全国高等学校本科教育工作会议上提出"要着力推动课堂革命……把沉默单向的课堂变成碰撞思想、启迪智慧的互动场所",吹响了全国高校课堂革命的号角。新时期,高校需要借助课堂教学改革的力量,点燃课堂革命的引擎,才能在轰轰烈烈的课堂革命运动中不被时代所抛弃,真正助力人才培养能力的提升。

一、概述

当前,课堂革命已经成为深化教育改革、落实立德树人的重要命题,课堂教学改革势在必行。高校教务工作者首先要搞清楚什么是课堂革命,为什么要课堂革命,才能知道怎样推动课堂革命。

1.课堂革命的背景

第一,适应全球课堂革命潮流。课堂革命是为了应对世界各国课堂改革浪潮提出的挑战。日本著名教育家佐藤学在《教师的挑战:宁静的课堂革命》一书中指出:"现在,全世界学校的课堂都在进行着'宁静的革命'。全世界的课堂都在由'教授的场所'转换为'学习的场所';从以'目标—达成—评价'为单位的程序型课程转变为以'主题—探究—表现'为单位的项目型课程;从班级授课的模式转向合作学习的模式……与日本相比,中国课堂中'宁静革命'发展更为迅猛,而且在教学改革中取得了丰硕成果。"由此可见,"课堂革命"已经成为世界潮流。与国际先进的课堂教学模式相比,国内大部分的传统课堂教学模式已经明显落伍,不"革命"就没有出路。

第二,适应国家战略发展需要。课堂革命是实现中华民族伟大复兴中国梦的需要。课堂是不见硝烟的战场，决定着一个国家高等教育的质量，甚至决定着一个民族的兴衰荣辱。为了应对日趋激烈的国际竞争，全面提升中国的综合国力，全面提高中国的国民素质，我们必须向教育要质量，向课堂要质量。但是，传统课堂根本无法培养学生的创新精神和实践能力，难以实现国家提出的人才强国战略。

第三，适应学生创新发展需要。在传统课堂中，教师是教学的主体，教师用“填鸭式”的教学方法使课堂成为单向传输的沉默场所，学生厌学，教师厌教现象普遍；只顾个别好学生，不顾全体学生的所谓精英式教育比比皆是。由此可见，传统课堂难以实现学生的个性化和创新性发展，逐渐被教师和学生唾弃，必须通过一场深刻的“课堂革命”整体推进教育革命、推进素质教育，进而培养出更多具有较高综合素质的创新人才。

2.课堂革命的内涵

新时代的“课堂革命”是理念、模式和方法的系统改革，聚焦于大学人才培养的主渠道，专注于改变传统课堂面貌，建设现代课堂，以达到培养新型人才、提高人才培养质量的目的。具体来讲，一是要充分发挥师生的主体性和能动性，使课堂焕发出生命活力，在知识授受的过程中激发出智慧、情感和信念，从而营造一种促进学生知识、能力和素质全面发展的场域。二是要求教师贯彻以学生为中心的教学思想，更多地发挥引领、指导、组织、激励作用，做到课内与课外相结合、讲授与学生自主学习相结合、教材知识与其他理论和实践知识相结合、校内教学环境与校外现场环境相结合，形成服务学生高质量、高效率自主学习的教学方式方法。三是要求学生转变角色，充分发挥主体性，以知识、能力和素质的全面发展为目的，转变学习方式，实现由被动学习向主动学习转变，由主要学习教材知识向以教材为基础的学科知识和实践知识学习转变，由一般性知识和能力发展的浅表性学习向融高级知识、智慧、情感和信仰于一体的深度学习转变，形成高质量学习范式，提高学习的自觉性、计划性和有效性。四是要建立深层互动，展开情感和灵魂的对话，形成教师关爱学生、学生亲近教师的师生关系。五是要根据教师教学范式和学生学习范式的变化，建设更加宽松自由、灵活机动，满足师生为达成新的教学目标而能采取多种教学方式的环境和条件。[①]

二、重视课程大纲修订

课堂革命的任务不是齐头并进、同步展开的，在不同阶段，要解决的问题是不同的，任务也各有差异。课堂革命的前端任务是做好课程大纲的修订，对课堂革命的开展进行整体设计，在这一阶段的工作重点主要有两个方面。

① 别敦荣.大学课堂革命的主要任务、重点、难点和突破口[J].中国高教研究，2019(6)：1-7.

1. 强化课程思政

高校要把课程大纲的修订作为课堂革命的“牛鼻子”，强化每一位教师的立德树人意识，把立德树人作为检验课程教学效果的根本标准，把社会主义核心价值观教育融入课程教育教学全过程的各环节，从源头上对课程育人定向和把关，确定各专业的每门课程应该学哪些内容。在课程大纲中挖掘、充实本门课程的思想政治教育资源、创新创业教育资源和素质教育资源，在传授专业知识过程中加强情感、态度和价值观教育，培养学生树立远大理想和崇高追求，形成正确的世界观、人生观和价值观，同时要求课程大纲中明确建立课程目标与相关毕业要求指标点的对应关系，课程内容与教学方式能够有效实现课程目标，考核结果能够证明课程目标的达成情况。

2. 优化课程内容

当前，新技术、新产业、新业态、新模式对新时代人才培养提出了新要求。因此，要着力优化课程教学内容，基于成果导向教育理念，遵循反向设计的原则，按照岗位要求、职业资格标准以及专业认证标准来科学设计课程目标选取课程内容，紧密对接经济社会发展需要、满足职业发展需要。致力于课程内容的“高阶性”、“创新性”和“挑战度”改革，提升学生学习课程的“获得感”。具备“高阶性”要求选取的教学内容将知识、能力和素质有机融合，以培养学生解决复杂问题的综合能力和高级思维；具备“创新性”要求课程教学内容反映前沿性和时代性；增加“挑战度”，要求课程教学内容具备一定的难度和深度，让学生感觉到学习富有挑战性。建立课程内容选择和更新制度，健全课程内容动态调整机制，注重将学科前沿知识、研究最新成果、行业实践经验和教改教研成果等有机融入课程教学内容。课程内容的改革不仅要注重知识的传授，更加要注重学生价值观的塑造、学术视野的拓展和实践能力的提升。

三、创新教学方式方法

课堂革命的中端是课堂教学，是按照课程大纲设定的教学目标，把选取的教学内容，按照一定的教学方法，将知识和能力传递给学生的过程，是课堂革命最重要的一个阶段。这个阶段最重要的任务就是教学方式方法的创新，主要包括两个方面的改革任务。

1. 改变教学形态

在现代信息技术快速发展的新阶段以及全球化背景下，教育领域正在发生一场广泛而深刻的变革，互联网、云计算、大数据、人工智能等新兴的信息化技术驱动高等教育创新发展，尤其是近些年来慕课的兴起、虚拟仿真和人工智能在教学中的应用，促使教学方式发生了重大变化，引发了教育观念、教学方法、学习方式等方面的深刻变革。高校要大力推进智慧教室建设，构建线上线下相结合的教学模式；大力推进慕课等在线课程资源开发应用，加大慕课建设与应用力度，引导各教师结合专业课程体系的特点和需要，有选择地引入已建的优质慕课，不断丰富优质课程资源。增强教师信息技术应用能力，使教师同步提升专业智能、教学水平与信息素养；引导教师推进现代信息技术与教育教学深度融合，积极探索互联网+、云教学等新的教学途径，广泛应用雨课堂、学习通、蓝墨云等新兴教学平台，推动传统课堂“以教为主”的教学形态向“以学为主”转变。

2. 增进教学互动

当代大学生是互联网的“原住民”，他们获取知识的渠道和途径多元且广泛，传统的“一言堂”“灌输式”教学已经无法满足，也难以适应学生的需求。如果教师还固守知识灌输式的教学理念与教学方式，就会被越来越多的学生所“吐槽”，导致课堂上出现更多的“埋头族”和“手机控”。为此，教师的角色定位要从过去知识的“供给者”转变为学习的“引导者”，要以学生发展为中心，通过教学改革促进学习革命。教师要深入开展启发式、探究式、讨论式、参与式、案例式等新的教学方法，增强师生互动，激发学生学习志趣，提高学生的课堂参与度，形成对话、研讨的课堂氛围，引发学生深度思考，在互动与讨论中激励学生主动参与、自我反思和团队合作学习。借力新媒体新技术改革课堂教学方法，通过引入新型学习平台和移动终端，探索即时“指尖互动模式”，实现教学时空拓展、“零距离沟通”和“第一时间引领”，在师生即时互动中引导学生自我管理、主动学习，激发求知欲，提高学习效率，提升自主学习能力。

四、改革课程考核评价

课程考核评价是课堂革命的末端，是对课堂教学效果和教学质量的评价。课程考核评价方式的改革是实现课堂革命取得成效的重要保证，应重点加强两个方面的改革。

1. 改革评价方式

课堂革命应致力于教学评价改革，从“教得怎么样”向“学得怎么样”转变，开展“成果导向”评价。“成果导向”评价指向学生的学，遵循“以学论教”原则，以促进学生发展为宗旨。促进学生发展的教学评价（即发展性评价）具有如下四个特征：重视学习者高阶思维能力的发展，注重学习过程的评价，注重评价主体的多元化和评价方式的多样化，以及更加重视质性评价方式。以学为中心的教学特别强调形成性评价，评价的主体是学生，主张通过评价来激励学生主动参与；同时，强调学生通过对自我学习的适当监控和反思，掌握并调整适合自己的学习策略，提高自主学习能力，强调师生之间、学生之间的合作，促进教学与评价的良性循环。形成性评价强调评价内容的多元化，注重考查学生综合素质的发展，关注学生创新精神和实践能力的发展，对学生在学习过程中所表现出来的情感、学习策略、合作精神等因素进行全面的综合评价，而不仅仅是关注学生的学业成绩。因此，一流课程建设要实现教学评价从“教得怎么样”向“学得怎么样”转变，立足于发展性评价特别是形成性评价，对教学评价进行改革。①

2. 加强学习过程管理

课堂革命应科学设计课程考核内容和方式，加强考试管理，严格过程考核，加大过程成绩在总成绩中的比重。健全能力与知识考核并重的多元化学业考核评价体系，完善学生学习过程监测、评估与反馈机制。综合运用笔试、口试、非标准答案考试等多种形式，强化对学生的学习态度、课堂纪律、学术诚信、知识掌握及应用的考查，以考辅教、以考促学，激励学生主动学习、刻苦学习。

五、注重教师学习培训

教师培训能将现代课堂理念、技术、方法和要求等大范围地传播给教师，使教师转变教学思想观念，改善教学方法，完善教学活动组织，优化学生学习过程，从而提高课堂教学水平和质量。因此，高校教务工作者要将教师培训作为课堂革命的重要突破口，加强以下几个方面的培训。

1. 现代教学理念与方法的应用培训

目前，很多高校限于师资力量，教师培训往往只能提供一些常规的教学内容，缺少现代大学教学理念和方法的内容。常规的培训往往主要涉及教师如何备课、讲课，如何制作课件，如何注意师德师风等。推进课堂革命，教师培训应当加入更多的现代高等教育原理与思想、现代大学教学理论、现代大学课程原理、现代大学教学组织形式与设计以及现代大学教学方法及其应用等方面的内容，使教师理解和掌握现代大学教学基本理论与方法，从而自觉地在自己的课堂上扎实地开展教学改革，主动致力于建构现代课堂。

2. 提高教师指导学生自主学习的能力

在高校教师培训中，大多比较重视训练教师教的能力，包括教学基本功训练、教案编写、试讲、教学技能大赛、微课比赛等。这些对提高教师教学能力是有一定帮助，但由于基本不涉及教师指导和组织学生自主学习的方法与技术，所以，教师培训对于课堂革命的影响是非常有限的。课堂革命必须解决学生被动学习的问题，教师培训应当增加相关内容和要求，包括如何指导学生查找和阅读文献、如何发现问题和设计解决问题的方案、如何开展小组学习、如何在学习中锻炼心理素质以及如何管理时间和提高学习效率等等。通过这些

①李志义.“水课”与“金课”之我见[J].中国大学教学，2018(12)：24–29.

培训，使教师具备指导学生自主学习的能力，将教与学的改革结合起来，二者相互促进、相得益彰。

3.提升信息化素养与智慧教学能力

现代信息科学技术的不断发展给教育带来了巨大变革，依托物联网、云计算、大数据、移动互联网等新一代信息技术的支持，高校的课堂教学正在逐步走向智慧化，教育形式和内容、教学方法和手段都发生了重大变革。面对席卷而来的信息化浪潮，高校课堂革命对教师提出了提升信息化素养与智慧教学能力的诉求，教师须主动思考如何利用信息技术和设备，改进学习环境，提高学习效果，让学习者有目的、有策略、有计划地学习。因此，高校要加强教师信息化素养和智慧教学能力培训，让教师了解信息化教学的内涵和意义，强化教师的信息化教学意识，能主动把信息化教学手段运用到实际教学过程中。通过培训，让教师了解混合教学模式的理论依据，熟练地掌握和运用慕课、微课、翻转课堂等在线课程的教学方法和策略，增强熟练操作信息系统和学习平台的能力。使教师在信息化实践教学中不断总结教学经验，发现不足，及时对教学方法和策略进行调整，提升信息化教学能力和技巧。

4.重视教学研究

很多高校开展教师培训单纯地依靠邀请相关学科教师和校外专家承担培训任务。这就使教师培训不可避免地存在两个主要问题。一是培训的针对性不强。培训内容和重点失之于宽泛，抓不住本校课堂存在的主要问题。二是培训质量难以保证。培训者缺乏专业而深入的研究，理论修养不足，个人教学能力本身的现代性不高，应付或走过场的情况常见。高校要利用校内外专业力量，组织开展现代大学教学、教师发展、教学与学生学业指导等方面的研究，只有将教师培训建立在专门研究的基础之上，用研究成果反哺培训，才能提高培训的针对性和质量，促进课堂革命向纵深发展。①

①别敦荣.大学课堂革命的主要任务、重点、难点和突破口[J].中国高教研究，2019(6):1-7.

第四节 一流课程建设

一流课程建设即当前教育部倡导的“金课”建设，由教育部部长陈宝生同志在新时代全国高等学校本科教育工作会上提出：要坚持以本为本，推进“四个回归”，提升大学生的学业挑战度，合理增加课程难度，拓展课程深度，扩大课程的可选择性，激发学生的学习动力和专业志趣，真正把“水课”变成有深度、有难度、有挑战度的“金课”。“金课”建设成为与“课堂革命”相辅相成的两个课程建设与改革的“动力源”。新时期，高校需要以“金课”建设作为课程建设的“牛鼻子”，牵动高校课程质量的整体提升。

一、一流课程建设的内涵

2018年11月，教育部高等教育司吴岩司长在第十一届“中国大学教学论坛”上提出“金课”建设的“两性一度”标准，即高阶性、创新性、挑战度。所谓“高阶性”，就是知识能力素质的有机融合，是要培养学生解决复杂问题的综合能力和高级思维。所谓“创新性”，是指课程内容要反映前沿性和时代性，教学形式呈现先进性和互动性，学习结果具有探究性和个性化。所谓“挑战度”，是指课程有一定难度，需要跳一跳才能够得着，对老师备课和学生课下学习、交流、作业、考试等有较高要求。

“金课”建设的“两性一度”标准为新时代高校的课程建设指明了方向，并赋予课程建设新的时代内涵。在教学方式上，倡导“课堂革命”，重视师生互动交流，师生问答、质疑、辩论等深入开展，培养学生的探究精神和解决问题能力；在教学过程上，“金课”实行课前、课中和课后的精细化、规范化管理，对学生高标准、严要求，逐步加大课程难度和深度，倡导学术性探究和创新；在教学效果上，“金课”强调学生获得感和满意度，通过高质量的课堂教学，使学生收获知识、提高能力、陶冶情操，为培养未来的社会主义建设者和接班人打下坚实基础。

二、一流课程建设的类型

吴岩司长在第十一届“中国大学教学论坛”上同时提出新时代高校要下大力气建设线下“金课”、线上“金课”、线上线下混合式“金课”、虚拟仿真“金课”和社会实践“金课”五大“金课”类型，推进高校的一流课程建设。

1.线下“金课”

课堂教学是“金课”的主阵地、主渠道、主战场。大学课堂教学有五重境界。第一重境界叫silence,课堂上很安静,老师拼命讲,学生拼命睡、拼命玩,互不干扰,一片祥和,就是没有拼命跟老师学习。第二重境界叫answer,老师提一些非常简单的问题让学生回答:对不对?好不好?是不是?等。这种互动跟没有互动差不多。第三重境界叫dialogue,有情感和内容的交流,这种课是好课。第四重境界叫critical,有批评质疑的味道在其中,学生不仅和老师有互动,还能针对老师的观点提出自己的看法,可能跟老师还有点小争论。最高一重境界是debate,有争论、争辩,甚至还有争吵,老师讲的学生可以不同意,学生可以讲自己的看法。美国加州大学洛杉矶分校(UCLA)的校长说,如果把资质相同的学生一分为二,一部分在 silence 的课堂上,一部分在critical 或者debate 的课堂上,四年过去后,前一部分可能是被动的只会循规蹈矩的只掌握已有知识的人,后一部分则会成为独立思考、敢于批评、敢于质疑,有创新能力、创新思维的社会需要的时代新人。新时代,高校要舍得花时间、花精力、花情感、花钱,加快dialogue、critical、debate类型的课程建设,才能建成世界一流的“金课”。

2.线上“金课”

“互联网+ 教育”催生的一种新课——慕课(MOOC),是有生命力、有前途、有未来的课,是有可能通过网络改变教育的课。教育部计划推出 3000 门国家级线上“金课”。大力推动在线开放课程建、用、学,是实现中国高等教育质量特别是人才培养质量“变轨超车”的关键举措。变轨超车不是弯道超车,是另辟蹊径实现超车。截至2018年底,我国上线慕课数量达到 8000 余门,高校学生和社会学习者选用人数突破1.4 亿人次,获得慕课学分的大学生已经超过4300万人次,可供西部高校选用的慕课超过65000门次。我国不仅在建设学习型社会,还在建设学习型国家。为此,专门开设了100门线上“金课”供军队的现役军官和士兵学习;中宣部供全国党政干部学习的“学习强国”平台专门设立“学习慕课”专栏,也从大学慕课中精选了170余门课程。在建设学习型社会、学习型政党、学习国家的过程中,中国的大学慕课发挥了重要作用。因此,新时代高校要加快建设线上“金课”,充分利用自身师资队伍和平台优势建设线上“金课”,基础薄弱的大学要多引进优质线上“金课”,促进优质资源开放共享。

3.线上线下混合式“金课”

线上的课和线下的课,发展到一定程度,就是模糊了分界的混合课。如翻转课堂就是线上线下混合式教学的有效策略和方式,它颠覆了传统课堂教学中老师讲学生听的模式,体现的是以学生为中心的学习和教学方式的革命性转变。线上线下混合式“金课”主要是指基于慕课、专属在线课程(SPOC)或其他在线课程,运用适当的数字化教学工具,结合本校实际对校内课程进行改造,安排20%—50%的教学时间实施学生线上自主学习,与线下面授有机结合开展翻转课堂、混合式教学,打造在线课程与本校课堂教学相融合的混合式“金课”。高校要大力推广线上线下混合式的“金课”，每个学校都可以建、可以用、可以学，充分应用线上“金课”进行本地化改造，探索线上“金课”的多种应用模式，打造适合本校学生特点和培养需要的“金课”。高校要鼓励教师充分利用线上“金课”，结合自身教学实际和教学特色，打造越来越多的翻转课堂、混合式教学的“金课”，如此，才能促使中国高等教育的人才培养质量实现质的飞跃。

4.虚拟仿真“金课”

虚拟仿真是“互联网+教育”之后的“智能+教育”。如果说“互联网+教育”的课深刻地影响了今天，那么“智能+教育”有可能开启教育的未来。新时代大学一方面要做“互联网+教育”，另一方面要紧紧跟踪、探索创新“智能+教育”。未来“互联网+教育”“智能+教育”，将有可能成为新的教育形态。信息技术、智能技术与实验教学的深度融合破解了高等学校实验、实习、实训中的问题，解决了原先“做不到”“做不好”“做不了”“做不上”的问题。如部分实验项目，实境教学不可能让油田发生真正井喷，也不可能让原子弹发生真正爆炸，更不可能让学生坐火箭上天坐潜艇入海，但是虚拟仿真可以解决。因此，高校要加快建设虚拟仿真“金课”，培养学生创新精神和实践能力。

5.社会实践“金课”

“互联网+”大学生创新创业教育大赛推出了两堂中国最大的课。一堂课是“青年红色筑梦之旅”，学生走进中国边远的山村，走进革命老区、贫困地区，了解国情民情，助力乡村振兴和精准扶贫。另一堂课是中国“互联网+”大学生创新创业大赛，一年有265万人同上这门课，产生64万个项目，成为全球最大最好的双创路演平台，中国最大的创新创业课。中国“互联网+”大学创新创业大赛，已经成为深化创新创业教育改革的载体，成为促进学生全面发展的重要平台和推动产学研用结合的关键纽带。社会实践“金课”不是相关活动的参赛获奖项目，必须是纳入人才培养方案的非实习、实训课程，配备理论指导教师，具有稳定的实践基地，学生70%以上学时深入基层，具有相应的学分。这类课程是以培养学生综合能力为目标，实现了专业教育与思想政治教育、社会服务的紧密结合，产生了“青年红色筑梦之旅”“互联网＋”大学生创新创业大赛、学生创新创业的成果。这类课程也可以是思想政治教育理论课社会实践课程，着力推动思想政治理论教育入脑、入心、入行，通过实践环节培养学生认识社会、研究社会、理解社会、服务社会的意识和能力。高校要不断探索社会实践类课程与创新创业大赛、德育、专业教育、体育、美育、劳动教育相结合，打造德育大平台、智育大平台、体育大平台、美育大平台、劳动教育大平台，充分发挥社会实践的“金课”作用，使学生在大学学习生活中，有惊艳非凡的体验，有海阔天空的未来。

三、一流课程建设的重点

对于不同类型的“金课”而言，教育部提出了不同的建设重点。高校教务管理部门应当严格对照上位要求开展建设。但对于不同类型的“金课”，也应当有共通之处，这是不同类型“金课”建设的共同遵循。

1. 全面推进课程思政建设

不论是哪种类型的“金课”，都应当把立德树人作为检验课程教学效果的根本标准，把社会主义核心价值观教育融入课程教育教学全过程各环节，全面落实到大纲修订、课堂教学、实践教育中，挖掘、充实本门课程的思想政治教育资源、创新创业教育资源和素质教育资源。在传授专业知识过程中加强情感、态度和价值观教育，培养学生树立远大理想和崇高追求，形成正确的世界观、人生观和价值观，成为专业知识与价值观引领融通，人文关怀与品格养成并重，家国情怀与专业使命教育兼备的一流课程。

2. 聚力开发新型高水平课程

不论是哪种类型的“金课”，都应当应新一轮科技革命和产业变革需求。按照“四新”专业发展的要求，将最新科研成果及时引入课程教学，体现多学科思维融合、产业技术与学科理论融合、跨专业能力融合、多学科项目实现融合。通过不断建设，形成一批站位高、立意远，开阔学生视野、支撑专业建设的新型高水平课程，提高创新型、复合型、应用型人才的培养质量。

3. 全面深化信息技术与教育教学融合创新

不论是哪种类型的“金课”，都应当着力推动“互联网+”“智能+”时代的教育教学理念变革，遵循教学规律，以提升课程内涵和教学质量为目标，深入实施新技术融入的教学与学习模式创新、教学管理模式创新，促进自主性、互动性、创新性学习。对于线上“金课”、线上线下混合式“金课”、虚拟仿真“金课”三种类型的“金课”而言，深化信息技术与教育教学融合创新是此类“金课”建设的题中应有之义。对于线下“金课”、社会实践“金课”两类课程而言，也应当积极探索互联网、大数据、人工智能等现代技术在教学和管理中的应用，探索实施网络化、数字化、智能化、个性化的教育，以现代信息技术推动这两类课程质量的提升。

4. 着力提升课程改革的针对性和有效性

不论是哪种类型的“金课”，建设的根本目的还在于提升课程改革的针对性和有效性，这也是高等学校课程建设改革应当长期遵循的原则。“金课”建设归根结底还在于推进课程改革。推进改革就必须有效果，要有针对性地解决问题，特别是高校当中长期存在的课程和教学问题。因此，“金课”建设要特别注重产出导向与持续改进，来切实扭转课程内容陈旧、教学模式单一、教学水平不高、学生思维训练与创新性培养不足等问题，来提升课程教学质量。

5. 完善课程改革常态化发展机制

不论是哪种类型的“金课”，都应当着力于完善课程改革常态化发展机制。“金课”建设只是三年的短期项目，但对于高校人才培养质量提升而言则是一个长期的话题。“金课”建设仅仅将推选两万余门课程（预计可能根据实际情况有所增加），但对于全国高校而言开设的课程仅仅是沧海一粟。因此，教育部推动实施一流课程“双万计划”，根本目的还在于通过改革探索，实现高校课程改革发展机制的常态化。只有实现了课程改革发展的常态化，打造“金课”和淘汰“水课”才能够有根本保证。其中，既包括师资队伍建设的机制，提高教师教书育人的能力，也包括课程建设、运行、评价等课程建设管理机制，还包括课程理念创新、内容创新和模式创新的相关机制。

第五节 教材建设与管理

教材作为教学内容和教学方法的知识载体，是进行教学的基本工具，是教学改革与教学研究成果的固化，被认为是最基本的、权威的知识体系，在大学课程教学过程中发挥核心作用。没有高水平的教材，就培养不出高水平的人才。因此，新时期的高校教务工作者一定要将教材的建设与管理作为一项重要的教务工作，促进教材的高水平建设和规范性管理。

一、概述

教材作为高校课程建设的重要资源、课堂教学的基本工具，对人才培养具有重要意义。高校教务工作者需要了解教材的基本内涵，明确教材建设与管理的重要性和基本要求，才能从根本上做好教材建设与管理工作。

1. 教材的基本内涵

教材是教学中传递“知识”的DNA，是高等教育人才培养的直接媒介，是高等教育“如何保障人的培养”的核心教学资源，是按照一定的教育目标，遵循相应的教学规律，通过优化设计而组织起来的科学、文化知识系统。[1]在不同时期，由于认识的局限，人们对于教材的理解不尽相同。本书所讨论的教材，是指在教育教学过程中，围绕学生的成长成才规律及需求，根据人才培养目标和教学实践需要，依据教学计划和课程大纲专门编选、著述、加工而成的，让学生掌握的知识、技能、技术、观念等教学科研成果，用规定的符号，通过一定的技术手段和生产过程记录在有形或无形的媒介上，供师生在教与学过程中使用的培养人才、提高学生素质的材料。

2. 教材建设与管理的重要性

党的十九大强调要"牢牢掌握意识形态工作领导权""培育和践行社会主义核心价值观""落实立德树人根本任务""让中华文化展现出永久魅力和时代风采"。教材便是体现国家意志、传承民族文化的重要载体。我们要更加全面深入地理解和看待新时代教材建设与管理的重要性。

第一，关系国家意志的体现。习近平总书记强调教材建设是一项战略工程、基础工程，要以高度的政治责任感和历史使命感抓紧抓实抓好。教材是解决培养什么人、怎样培养人这一根本问题的重要载体。加强教材建设，首先要培养青少年一代对党、对社会主义的感情，进而再从感性上升到理性，引导他们从理性层面认同中国共产党的领导和社会主义道路，最终树立坚定的理想信念。教材要担负起这样的重任，帮助广大青少年从小植入红色基因，使中国特色社会主义事业后继有人。

第二，关系国家和民族的长远发展。重视文化传承关系一个国家和民族的根基，绝不可动摇。教材是传承中华民族优秀传统文化，坚定文化自信，保持自己的话语权的重要载体。通过教材的建设，体现中华文化的主体性、系统性和丰富性，让学生认识和理解中华优秀传统文化蕴含着丰富的思想观念、人文精神、道德规范，从小植根于中华民族精神沃土、打好中国底色，做堂堂正正的中国人。

第三，关系人民群众的现实需要。随着高等教育大众化，人民群众对"有质量的教育"的需求日益强烈，对教育提出了新的更高的要求。在校园之外，受社会多元文化和不同价值观的影响，青少年一代的教育面临前所未有的冲击和挑战。广大家长寄希望于学校教育，寄希望于在教材中凸显主流价值观，搭配好精神食粮，提供更多正能量，让孩子能健康成长成才。从近年来网络媒体、社会公众对教材问题高度关注就可以看出，教材问题影响教育问题，继而还会影响社会问题，高校必须在教材上花心血、下功夫，让教材经得起实践和人民的检验。

第四，关系教育质量的提高。提高质量和水平是教育永恒的主题。教材是学校教育教学的基本依据，提高教育质量必须抓教材质量。我国教育已经处在新的历史阶段，过去主

---

① 李辉.我国高校教材建设的历史回顾[J].江苏高教，2019(1)：93-96.

要是重硬件建设、集中力量推普及，现在转向了提高质量、发展内涵的新阶段。实现教育现代化，建设教育强国，必然对内涵发展看得更重。我们迫切需要高校加强教材建设和教材管理，以更好地实施和推进教育教学改革，提高教育质量。

3. 教材建设和管理的新要求

全面贯彻落实党的十九大精神，抓好新时代大中小学教材建设工作，必须加强高校的教材建设与管理，明确教材建设与管理的新要求。

第一，突出思想性，牢牢把握德育主线。坚持正确政治方向和价值导向，坚守马克思主义在教材编写中的指导地位，把习近平新时代中国特色社会主义思想落实到教材中，加强中华优秀传统文化、革命传统、法治意识和国家安全、民族团结以及生态文明教育，全面推进社会主义核心价值观进教材，充分体现社会主义办学方向。

第二，坚持规律性，提高科学化水平。立足于服务学生全面发展，遵循学生身心发展规律、教育教学规律和人才成长规律，贴近不同年龄段学生思想、学习、生活实际，将知识、能力、情感、价值观培养有机结合，增强教材的实效性和感染力，全面提升教材质量。

第三，注重系统性，提升整体育人功能。教材建设要整体规划、统筹考虑，合理确定各级各类教材建设的目标与任务，做好各学科教材的横向配合，解决交叉、重复、分割问题，实现教材整体育人功能提升。

第四，体现时代性，在继承中改革与创新。汲取教材建设已有的成功经验，适应新时代新要求，推进理念、机制、方法改革创新，把握好改革节奏和力度，凝聚共识，既要使经典世代相传，又要及时反映思想文化建设特别是马克思主义中国化、经济社会发展和科技进步最新成果。①

二、教材建设

高校教务工作者要根据当前高等教育教学改革和发展的新形势，结合学校人才培养目标和学科优势，把握教材建设的原则、重点和建设流程，为进一步打造高水平优质教材，做好教材建设工作打下基础。

1. 教材建设的原则

新时期，教材建设呈现出新的特点，教务工作者应注重从以下几个方面开展教材建设工作。

第一，精品化。以名师领衔教材、国家级和省部级规划教材、优秀再版教材、高水平外文原版教材的建设和修订为重点，打造系列精品教材，促进高质量的教学体系向教材体系转化，助力一流专业和“四新”专业建设。

---

① 郑富芝. 坚持正确方向 全面提升教材质量[J]. 人民教育，2017(22)：11-13.

第二，协同化。吸纳其他高校教师和行业一线精英参与教材编写，通过编写组协同发力，将学科前沿新进展、行业发展新经验、实践改革新举措融入教材内容，促进教材内容与行业发展相对接。

第三，前沿化。以“六卓越一拔尖”计划2.0为牵引，对标“四新”专业建设要求，改变原有的固化知识体系，融入大数据、人工智能、信息技术等相关内容，围绕新农科、新文科、新工科突出教材内容的交叉融合。

第四，特色化。突出学科专业的特色与优势，鼓励有优势、有特色和有历史传统的学科专业编写教材，将学科优势和专业优势转化为教材优势，引领国内外的学科和专业发展。

2. 教材建设的重点

高校要深入实施《普通高等学校本科专业类教学质量国家标准》，根据标准打造一批落实立德树人根本任务、充分反映学科发展最新成果的精品教材。

第一，加强中国特色哲学社会科学教材建设。高校要结合“双一流”建设等重大工程的实施，着力提升哲学社会科学教材建设的质量，重点围绕经济、政治、文化、社会和生态文明等领域的中国理论创新和实践成果，开展学科体系、学术体系、话语体系和教材体系研究，研究借鉴国际认可度高的哲学社会科学经典教材、前沿教材，注重批判性吸收和创造性转化，修订、新编一批体现中国立场、中国智慧、中国价值的哲学社会科学教材。

第二，加快反映世界先进水平自然科学教材建设。高校要适应新一轮世界科技革命和产业变革发展趋势，瞄准国家战略需求，促进教材的协同化建设，开展校企合作、校所合作编写教材。重点围绕人工智能、大数据、云计算、物联网、区块链、智能制造、机器人、网络空间安全、集成电路等新兴学科领域；计算机科学、环境科学、海洋科学、材料科学、能源科学、医疗健康等应用科学领域；数学、物理学、化学、天文学、地学、生物学等基础学科领域编写一批优质教材。根据人才培养需要，有组织地引进或翻译出版一批反映学科专业或行业发展前沿的自然科学、工程与技术等境外优质教材，鼓励吸收世界知名学者合作编写反映国际先进水平的教材。

第三，注重新兴交叉学科相关教材编写。有实力的高校要组织力量，瞄准国家重大战略和学科前沿发展方向，以跨学科人才培养为导向，以科研联合攻关为牵引，重点围绕由基础学科、前沿学科、应用学科融合形成的新兴学科；由哲学社会科学、自然科学、工程技术之间产生的交叉学科编写相关教材。

第四，增强教材的适用性和多样性。适应以学生为中心的教育教学改革，满足创新型、复合型、应用型人才培养需要，编写适应不同人才培养类型的教材。适应提升学生实践能力、创新创业能力的需要，加强实验、实践性教材和创新创业教育教材的编写。适应现代信息技术与教育教学深度融合的需要，满足互联网+时代学习特性的需求，建设信息技术与教育教学深度融合、多种介质综合应用、表现形式丰富多样的新形态教材。

三、教材建设的方式

一般来说，高校可通过规划教材立项和自编教材申报两种方式开展教材建设工作。

1.规划教材

（1）申报重点。高校的规划教材主要面向受益面广的基础课、专业基础课、特色专业课和通识教育课教材。重点包括反映教学内容和课程体系改革成果，体现学校学科优势和特色，解决教学急需和填补学科空白的教材。院系要根据学校教材建设规划，结合优势学科、特色学科及精品课程建设情况，组织申报国家、省部级规划教材，以及各级各类教材建设项目。

（2）申报程序。一般按照教师申报、学院（部）推荐、专家评审、教材建设管理领导小组审核及学校审批的程序，组织各级各类规划教材申报。

（3）主编要求。立项教材实行主编负责制，主编负责全书的统稿和书稿质量。主编原则上为本校在职教师，具有副教授以上职称、丰富的教学经验和较高的学术造诣，在本学科有所建树，并讲授本门课程两遍以上。

（4）其他事项。通过学校教材建设立项的项目由主编与学校签订任务书。学校统一联系出版事宜，由编者、出版社、学校三方面签订教材出版合同，各方须严格遵守合同中有关条款，以确保教材按时保质出版。

2.自编教材

（1）申报要求。校内自编教材是指教研室、课程组或课程负责人，根据教学计划和教学需要编写的课程讲义、实验（实习）指导书等。申报自编教材必须符合《内部资料性出版物管理办法》（国家新闻出版广电总局令2015第2号）的相关要求。对应课程已有公开出版且适合学校实际的优秀教材，一般不再组织教师进行自编。

（2）申报程序。经教师申报、学院（部）审核、教材建设管理领导小组审批后，学院（部）组织统一具体编印工作。

（3）其他事项。校内自编教材应有一年的试用期，如试用评价不理想，应及时更换。经过试用和修订，对师生反映好的自编教材，经主编申请和学院（部）审核同意，学校将择优列为规划教材，并积极向出版社推荐正式出版。

四、教材管理

教材管理是高校教学管理的常态化工作，教务工作者应重点把握教材选用和教材监管两项工作。

1. 教材选用

教材选用是高校教材管理工作的主要内容，高校应成立教材选用机构，并充分发挥学校有关职能部门和院（部）在教材选用使用中的重要作用，按照一定的原则和程序选用、征订和发放教材。

(1)基本原则

第一，思想性原则。选用的教材思想导向正确，能够把传承知识与培养学生正确的世界观、人生观、价值观结合起来，落实立德树人根本任务，全面有机融入社会主义核心价值观、中华优秀传统文化、革命传统、社会主义先进文化、教育和国家安全教育等内容。哲学社会科学课程、思想政治理论课等类课程必须统一选用“马克思主义理论研究和建设工程”重点教材；外文原版教材和国外引进教材应按照有关规定严格审核。

第二，适切性原则。选用的教材须符合本专业人才培养目标及课程教学的要求，取材合适，深度适宜，分量恰当，符合认知规律，富有启发性，有利于激发学生学习兴趣，有利于学生知识、能力和素质的培养。

第三，优质性原则。优先选用国家、部、省级获奖教材，国家、部、省级规划教材，全国统编教材，教育主管部门或教学指导委员会推荐教材，学校批准立项的规划教材，先进的、能反映学科发展前沿的国外原版引进教材等优秀教材。

第四，更新性原则。原则上应使用最新出版的教材，优先使用近三年出版的教材，并适时采用新的版本。

第五，稳定性原则。教材选用应保持相对稳定性，一经选订、购入，必须按计划使用，不得因更换任课教师等原因而拒用。若确因教学计划和课程调整需要更换教材，须提前报教材建设管理领导小组办公室审批、备案。

(2)选用程序

第一，一般教材。一般教材是指除哲学社会科学领域外文原版教材、“马克思主义理论研究和建设工程”教材以外的教材。承担课程建设任务的教研室在对现有教材进行比较的基础上，将课程教材选用计划和样书提交学院（部）学术分委员会审查，审查合格后报学院（部）党委（或党政联席会）审查。学院（部）党委（或党政联席会）对教材思想性进行审查后由党政一把手签署明确意见，报教材建设管理领导小组办公室备案后，方可用于教学。

第二，哲学社会科学领域外文原版教材。原则上，由学院（部）选用国（境）外出版的哲学社会科学领域外文原版教材，需提前一学期将选用外文原版教材申请表及样书提交学院（部）学术分委员会审查，审查合格后报学院（部）党委（或党政联席会）审查。学院（部）党委（或党政联席会）对教材政治性进行审查后由党政一把手签署明确意见，报送至教材建设管理领导小组办公室。教材建设管理领导小组会同学校党委宣传部和有关职能部门、相关学科和由语种专家组成的专家组对有关教材内容进行审查，经审定后，方可用于教学。

第三，马克思主义理论研究和建设工程教材。学院(部)根据“马克思主义理论研究和建设工程”教材的出版目录，结合课程设置情况，必须选用目录内的教材，经教材建设管理领导小组审核备案后，方可用于教学。

(3)征订与发放程序

第一，报送教材选用计划。由学院(部)、公共教学部根据学校制订的教材选用原则和程序，论证、制订下学期教材选用计划，并将教材选用计划报送至教材建设管理领导小组办公室。

第二，发布教材选用信息。每学期期末，教材建设管理领导小组公布审定的教材选用计划及相关信息。在教学信息化的进程中，高校应积极建设教材信息系统，将按照选用程序选定后的教材由学院(部)或教师及时录入系统，与下学期的课程计划一起，及时公布给全校师生。

第三，征订、发放教材。由于高校教材需求量大，可由学校委托有资质的专业机构，通过教材信息系统，组织学生及时预订下学期教材，并在开学初按照教材订单及时发放教材。

2. 教材监管

高校应加大对教材选用及使用情况的监管力度，在学校教材建设管理领导小组的领导下，教材建设管理领导小组办公室建立教材审核、备案、定期检查的长效性、常态化监管机制，确保教材使用规范，保证课堂教学质量。

(1)教材审核

第一，审核重点。高校要严把教材的政治关、学术关。政治把关要重点审核教材的政治方向和价值导向，政治上有错误的教材不能选用；选文篇目内容消极、导向不正确的以及选文作者历史评价或社会形象负面的、有重大争议的不能选用；教材编写人员政治立场、价值观和品德作风有问题的不能选用。学术把关要重点审核教材内容的科学性、先进性和适用性。

第二，审核人员。教材审核人员应包括相关学科专业领域专家和一线教师等，还应包含一定比例的校外专家。审核人员必须具有较高的政策理论水平、较强的政治敏锐性和政治鉴别力，客观公正，作风严谨，经所在单位党组织审核同意。

第三，审核方式。教材审核采用个人审读与会议审核相结合的方式，经过集体充分讨论，形成书面审核意见，得出审核结论。自然科学类教材可适当简化审核程序。

(2)教材备案

二级单位选定的教材，经所在单位党委(或党政联席会)对教材政治性进行审查后由党政一把手签署明确意见，及时报送至教材建设管理领导小组办公室备案。

(3)教材定期检查

高校要完善教材质量监控和评价机制，加强对本校教材工作的检查监督。可结合学校的各项教学检查和评估工作，采取听课、文案检查等方式，定期对二级单位选用的教材进行检查。凡是出现以下情形的，教材必须立即停止使用，并追究二级单位和相关人员的责任：

①未有效履行审核责任、造成严重后果的。

②选用未经审核或审核未通过的。

③未按规定程序选用，造成严重后果的。

④抽查发现选用的教材质量明显低劣的。

第五章

教学运行管理(上)

JIAOXUE
YUNXING
GUANLI(SHANG)

教学运行管理是教学工作的重要组成部分。高校教学运行管理的主要内容基本包含校历编制、课程安排、学生选课、调停课程、课室管理、课程考试、社会考试等。在当今信息化背景下,教学运行管理不是运用传统思维将基本工作推进、完成,而是需要面临更高的要求。需要借助信息化手段,逐步梳理管理流程、优化管理模式、提升管理质量。因此,将信息化手段引入现代教学运行管理显得尤为重要。

第一节 校历编制

校历管理是高校日常教务管理工作当中一个重要环节,科学地编制校历有助于教学工作的顺利进行,对于高校教学工作正常运行具有十分重要的作用。

一、编制原则

目前,各高校对每学年的学期设置略有不同,居多的设置是春、秋两个学期加寒、暑两个假期,也有春、秋、夏季学期三个学期加寒、暑两个假期这种模式。

无论何种模式,为使校历编制时间排布更为科学,建议在编制过程中将编制时限拉长,即一次性可为未来三年的教学工作编制校历,有条件的学校可编制未来五年的校历,因为在五年校历制作中能更好地统筹开学、放假等重要时间节点。在校历编制中都应遵循以下三个原则:

其一,保证春节在寒假中间,这样放寒假后学生能如期归家过年,同时节后能有足够时间返校。

其二,秋期开学避开最热月份,一般以9月初为佳。

其三,基于以上两个原则,可前后调整时间,做到教学周总计40周,寒暑假总计12周为宜。

二、编制流程

教务管理部门按照相关规则拟订校历初稿(未来五年),形成报告。

将报告初稿在学校相关部门及各学院(部)范围内征求意见。

综合意见,梳理后进行初稿修改。

教务管理部门审核该修改稿后报校长办公会审定。

教务管理部门将定稿校历公布在教务管理部门网页首页以便全校师生查询,有条件的学校可广而告之,例如采用微信公众号、电子显示屏等。图5.1为校历制订工作流程。

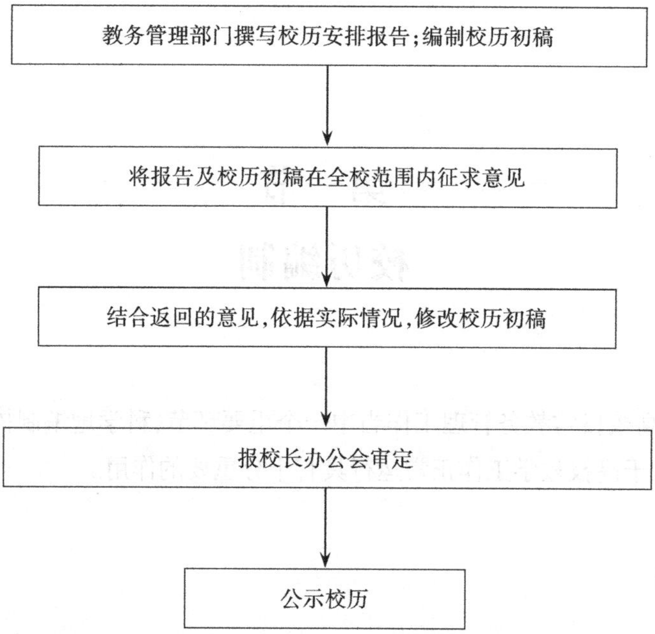

图5.1　校历制订工作流程

第二节
教学执行计划

学生培养方案安排的课程计划,是指导学生完成学业的学习路径,也是学校安排教学活动的依据。为保证学校教学活动的正常进行,学校一般采用相应教务管理软件进行教学管理,制订教学执行计划是进行教学管理的重要环节。教学执行计划管理,一般包括课程库管理、专业执行计划目录管理、教学执行计划管理、板块(分级教学)管理、教学任务管理等,具体根据学校使用的教务管理信息系统确定。

一、课程库管理

课程库管理是指将培养方案规定的课程计划中将要开设的课程，在教学管理系统中进行存储，为后续制订教学执行计划做好准备，课程信息一般有课程代码、课程名称、学分、学时、考核方式、课程类别等信息。课程库是学校制订执行计划，排课选课，保证教学秩序的重要基础。

二、教学执行计划入库

教学执行计划入库是指根据培养方案的规定开设的课程，按专业、年级、课程类别从课程库中选择对应课程进行编排。学校课程运行均按教学计划进行安排，看似简单却是学校教育教学活动有序进行的关键。

三、教学执行计划变更

因培养方案课程计划发生改变，对应专业、年级的教学执行计划也应做出相应改变。教学执行计划主要有：修改课程信息、增开课程、删除课程。教学执行计划变更一般包括培养单位申请、征求学生意见、征求培养单位学术委员会意见、上报教务管理部门审核、校级学术委员会复审等流程。

第三节 课程安排

课程安排主要是指依据学生培养方案中需要修读的课程及修读学期进行排课。落脚点就是教务管理人员从事的排课工作。排课工作是一项重要的基础性工作，排课工作流程优化程度直接影响教学工作。排课工作应借助信息化手段将课室资源、教师及学生三方面有序、有组织地进行协调、统一，最终建立良好的运行机制，提升排课工作的效率与质量。

一、排课概述

为加强教学管理,使教学运行有序、高效,教务管理部门负责统筹全校本科各类课程安排及运行。

现高校排课工作大体分为两种管理方式。

其一,教务管理部门统筹并负责各类课程排课且具体实施排课工作,即由教务管理部门的业务老师负责排课统筹并具体落实各个学院(部)的排课工作。

其二,教务管理部门统筹全校各学院(部)排课。在教务管理部门排课业务老师具体统筹下,排课各项工作(在教务管理部门系统中落实任务、人机交互排课、系统自动机排)由各学院(部)排课业务老师(一般为教学秘书)完成,实行两级管理。

因第二种方式较第一种更为复杂,现以第二种管理方式,校院(部)两级管理进行介绍(具体排课总流程如图5.2)。

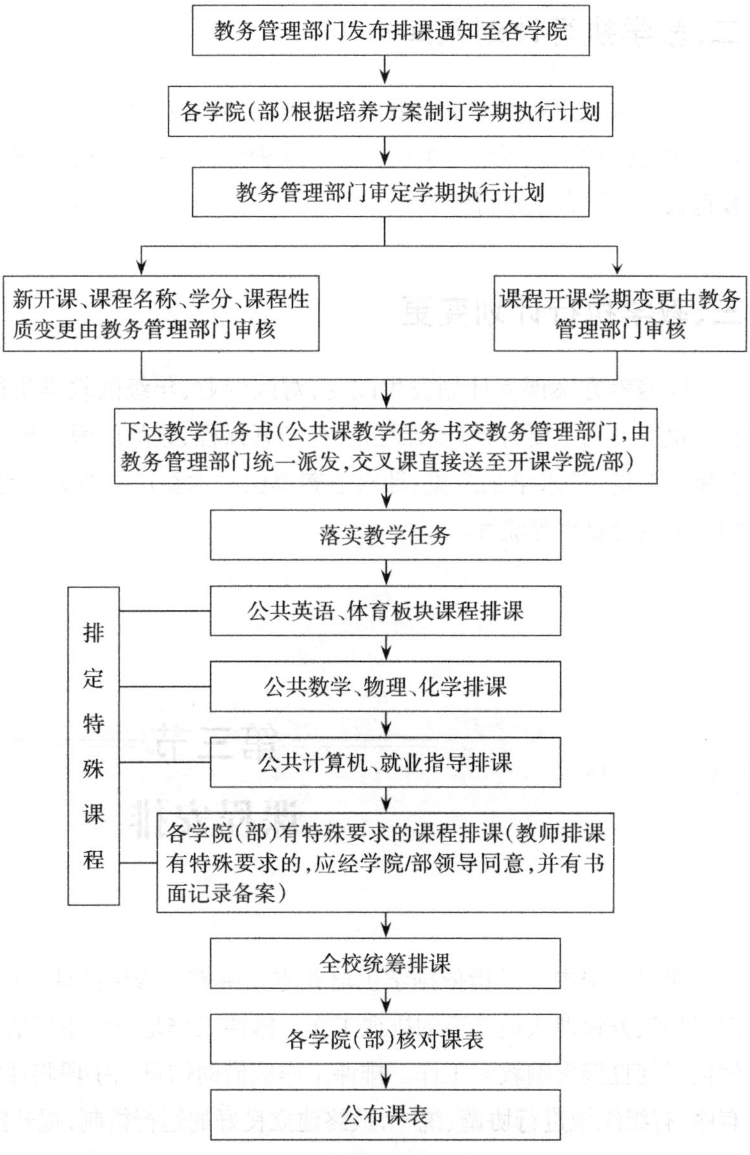

图5.2　各类型课程排课顺序

需排课课程类别:公共课统筹安排,课程包含思想政治类、物理类、化学类、数学类、军事理论、大学生创业基础、就业指导等;基于分级教学的板块课统筹安排,课程包含"大学英语""体育",两类板块课实行分级教学,全校学生按板块选课；专业课统筹安排，由教务管理部门统筹规划，学院（部）具体实施；通识选修课统筹安排，由任课教师自主申报，教务管理部门统一落实排课；在线开放课程统筹安排，教务管理部门确定开课信息，并负责与在线开放课程学习平台的具体对接工作。

二、流程分工

为使排课工作统筹有序，在常年的排课工作中，为提升效率，科学排课，逐步形成了按照各类课程管理归属部门不同及课程类别不同的现有排课管理模式。由于不同类别的课程排课流程及管理模式会略有不同，现按照课程分类将排课工作具体介绍如下。

1.公共课排课（如图5.3）

每学期第5—6周，由教务管理部门在教务系统中完成教学场地维护工作，为下一学期排课“地点”字段做好准备，维护好的教学场地一定是系统中排课可用地点，基于新教务管理系统“时盒”的概念，能每学期单独列一张场地信息表，若有新增或减少的场地，只需在系统内维护即可。因此，教务系统的功能实用度也是排课工作的基础要求，建议各学校在教务系统建设中，务必针对排选课工作业务做仔细梳理，提出具体功能要求，进行开发。

第9周，由教务管理部门向各学院（部）发布课程编排计划表，在计划表中明确排课工作推进的时间段，每个时间节点需要完成的工作内容及工作中需重点注意的事项，用该时间进度表指导并监督二级学院（部）的工作开展情况。为方便开展工作，该时间进度表上各个时间节点最好相对固化。

第10周，由教务管理部门统筹相关学院完成大类分流相关工作及转专业工作，为后期排课工作做好准备。这是一个关键的前期工作，若相关信息未更新，之后的排课完成后，手动处理信息量很大。

第11周，由需要开设公共课的学院（部）将教学计划提交给教务管理部门。

第12周，由教务管理部门组织承担公共课的相关学院（部）在教务系统内落实教学任务。

第13周，由学院（部）教学秘书或排课教师在系统中完成个别课程特殊时间和地点安排（特殊时间、地点安排一般由课程性质、任课教师等特有需求形成）。

第14周，由教务管理部门负责排课的工作人员在教务系统中完成课程统筹机排。

第15—16周，由学院（部）教学秘书或排课教师在教务系统中对初排的课表进行核查，主要是看是否有多排、漏排、错排的情况，如有则立即联系教务管理部门进行调整。在此基础上依据实际情况单独调整个别课程。

第17周，由教务管理部门在教务系统中公布课表，任课教师和学生通过教务系统进行课表查询。

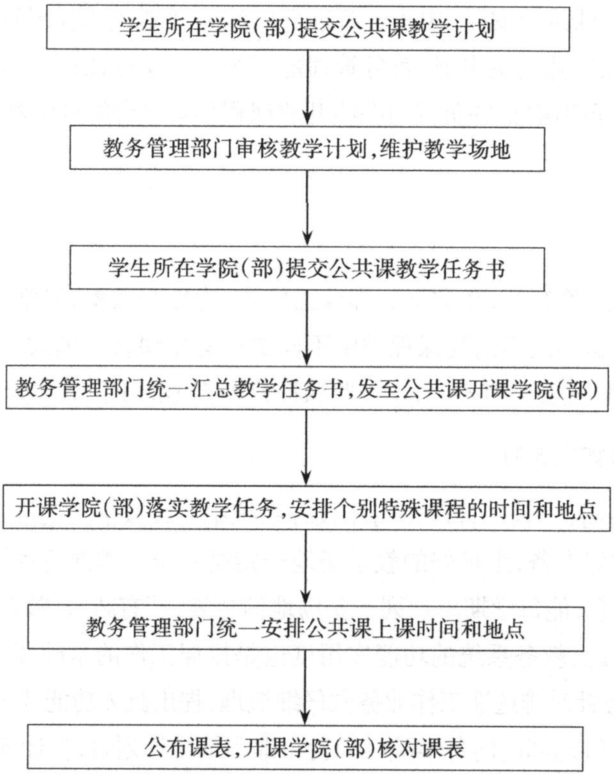

图5.3　公共课排课流程

2.板块课排课(如图5.4)

板块课是以其排课方式而命名的,将开同一门课程的学院(部)按照时间板块进行分类,目的是使分级教学下资源最大化合理利用。

目前,主流的教务管理系统在排课模块下处理分级分类排课的方式皆是采用板块课排法。先按照课程教学班归类,按照时间划分板块,然后在同一板块内划分级别,进行排课。以西南大学为例,现大学英语、体育都是按照板块排法进行,现按照流程进行介绍。

每学期第5—6周,由教务管理部门工作人员在教务系统中完成教学场地维护工作,为下一学期排课“地点”字段做好准备,维护好的教学场地一定是系统中排课可用地点。

第7—9周,由教务管理部门牵头联系有板块课安排的相关学院/部(如马克思主义学院、外国语学院、体育学院等)完成板块课时间确定,并在教务系统中维护时间板块字段,进行首次时间占位。

第10周,由教务管理部门统筹相关学院(部)完成大类分流相关工作及转专业工作,为后期排课工作做好准备。

第11周,教务管理部门根据有板块课安排的学院(部)要求,落实板块课班级信息,将相关教学班维护纳入所归属的时间板块中。

第12周,由有板块课安排的学院(部)教学秘书在教务系统中落实教学任务,按照学院

(部)教学主任提交的开课教师信息进行任务相关字段维护,包含任课教师、周学时、起止周等。

第13周,由教务管理部门统筹有板块课安排的相关学院(部)教学秘书完成板块课教学地点安排。

第14周,教务管理部门和有板块课安排的相关学院(部)教学秘书协作完成板块课课表错误信息更正。

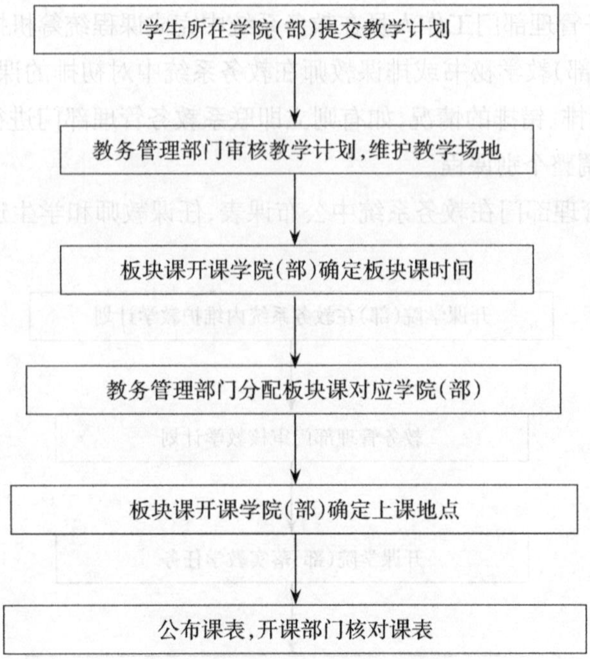

图5.4 板块课统筹安排流程

3. 专业课排课(如图5.5)

每学期第5—6周,由教务管理部门工作人员及学院(部)排课教师在教务系统中完成教学场地维护工作,学院(部)教学秘书主要维护的是学院(部)相关专业课实验室、实训室等信息。为后期排课地点字段做好准备,维护好的教学场地一定是系统中排课可用地点。

第9周,由教务管理部门向各学院(部)发布课程编排计划表,在计划表中明确排课工作推进的时间段,每个时间节点需要完成的工作内容及工作中需重点注意的事项。

第10周,由教务管理部门统筹相关学院(部)完成大类分流相关工作及转专业工作,为后期排课工作做好准备。

第11周,由需要开设公共课的学院(部)将教学计划提交给教务管理部门。

第12周,学院(部)落实专业课教学任务,教学秘书在教务系统中落实教学任务,按照学院(部)系主任提交的开课教师信息进行任务相关字段维护,包含任课教师、周学时、起止周等信息。

第13周,由学院(部)教学秘书或排课教师在系统中完成个别课程特殊时间和地点安排(特殊时间、地点安排一般根据课程性质、任课教师等特有需求而定)。

需要特别指出的是，这一环节对于专业课排课而言十分重要，若完全依靠教务系统进行排课，即便在排课前设置各种规则，系统排课最后的结果也并不理想，会有不少教师需要再次调整。为使工作流程优化，建议高校教务管理部门在系统自动排课前，可由二级学院（部）具体了解相应教师的特殊要求，人为干预进行排课，将特殊要求处理到位。剩余的待排任务交由系统自动完成。

第14周，由教务管理部门工作人员在教务系统中完成课程统筹机排。

第15周，学院（部）教学秘书或排课教师在教务系统中对初排的课表进行核查，主要是确认是否有多排、漏排、错排的情况，如有则立即联系教务管理部门进行调整。在此基础上依据实际情况单独调整个别课程。

第17周，教务管理部门在教务系统中公布课表，任课教师和学生通过教务系统进行课表查询。

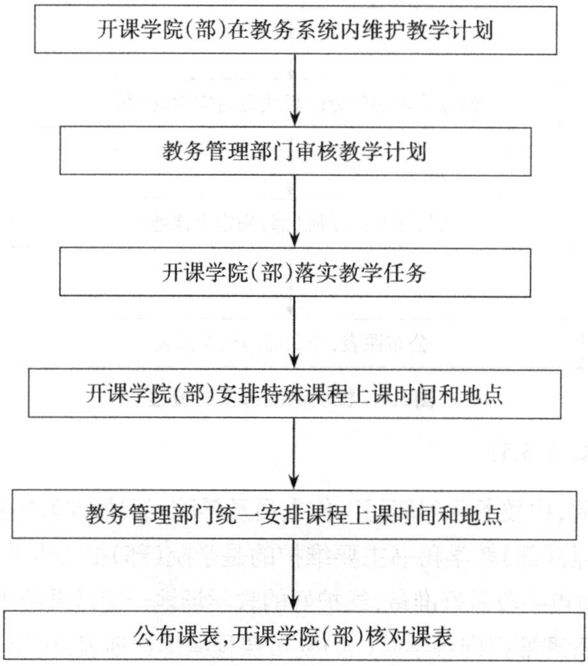

图5.5　专业课统筹安排流程

4.通识选修课排课

通识选修课开课教师分布在全校各学院（部），因此通识选修课程的管理有别于其他课程，应当由教务管理部门直接管理。通识选修课排课时间段及流程也具特殊性，具体情况如下。

在每学期末（第18周前后），教务管理部门工作人员在教务系统中进行课程组维护，同时各学院（部）有开课需求的任课教师在教务系统内提交通识选修课开课计划。需要特别指出的是，必须具有通识选修课开课资格的教师才能在教务系统中提交开课计划。因此，在每学期固定时间段，教务管理部门应当开展通识选修课任课教师开课资格和入库课程审查等工作。为便于通识选修课排课工作顺利进行，相关审查工作须提前完成。

在寒暑假中任课教师可按照自己的实际需求在教务系统中提交开课申请，在提交开课申请时须同时准确提交相应信息（上课班次、上课时间、可选课学生人数等信息以及其他特殊需求），否则会直接影响后期排课的准确性。

开学前一周，教务管理部门关闭教务系统中开课申请通道，申报结束，并进行排课数据统筹预处理。

数据预处理之后由教务管理部门工作人员负责安排具体的上课地点。在安排时间地点时尽量符合任课教师的要求（任课教师提交开课申请时应同时提交拟上课时间及楼栋号），若该时段没有课室，必须与任课教师进行联系，经同意后再进行更换，最大限度地满足任课教师上课时间及地点要求。

由教务管理部门公布课表，同时组织各学院（部）学生在教务系统中选课。学生选课结束后，应及时在教务系统中向任课教师、选课学生公布开课课程和课表（如图5.6）。

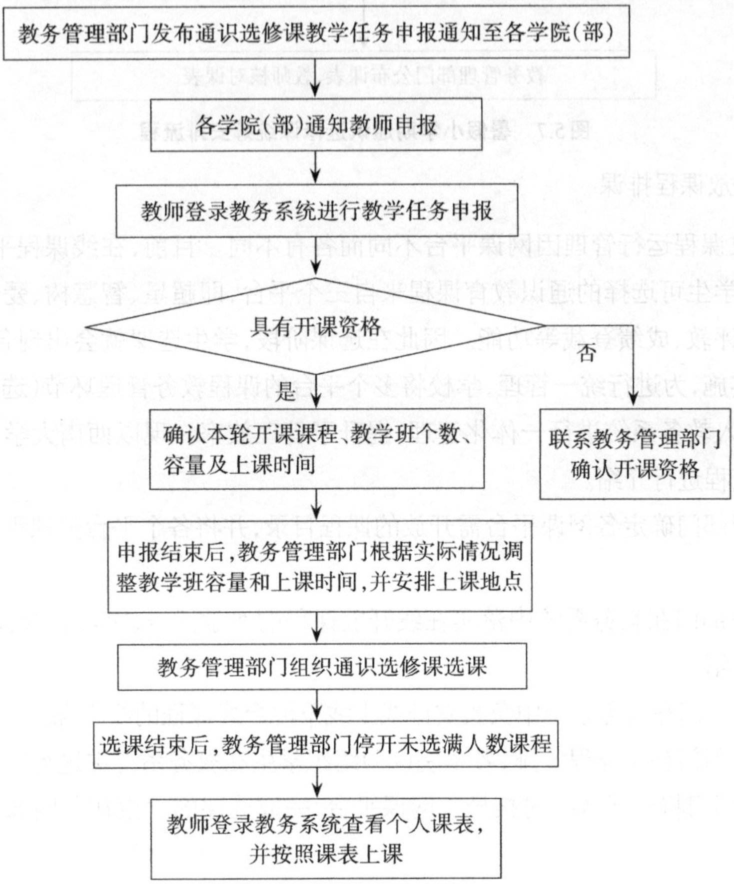

图5.6　通识选修课教学任务申报流程

暑假小学期（暑假第三学期）的通识选修课排课流程基本一致，只是时间节点根据实际情况有所不同（如图5.7）。

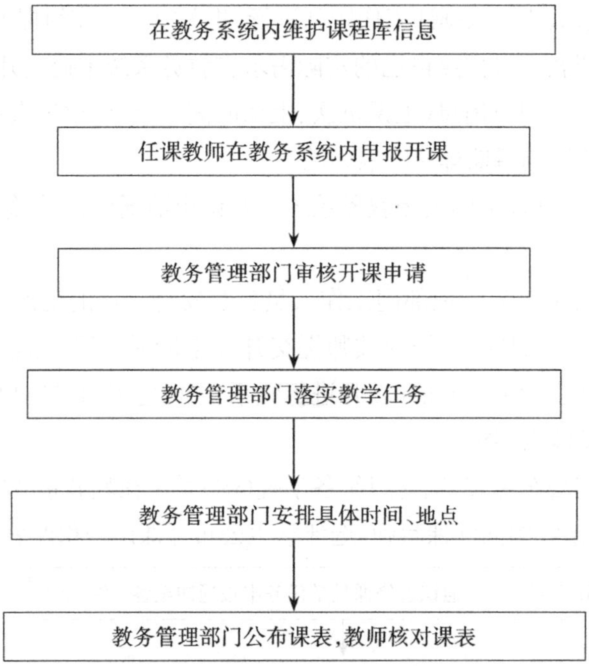

图 5.7　暑假小学期通识选修课统筹安排流程

5. 在线开放课程排课

在线开放课程运行管理因网课平台不同而各有不同。目前,在线课程平台众多,以西南大学为例,学生可选择的通识教育课程来自三个平台,即超星、智慧树、爱课程。每个平台都有选课、评教、成绩登载等功能。因此在选课阶段,学生选课就会出现各种平台,教务管理不容易实施,为进行统一管理,学校将多个平台的课程教务管理环节(选课、评教、成绩登载)全部纳入教务系统进行一体化管理,提升了管理效率。现以西南大学为例就在线开放课程排课流程进行介绍。

教务管理部门确定各网课平台需开放的课程目录,并将各个平台的课程全部纳入教务系统。

教务管理部门在教务系统中落实在线开放课程的教学任务,字段包含课程名称、任课教师及课程介绍。

教务管理部门在教务系统中负责安排线上线下混合式课程的线下课上课时间和地点。

教务管理部门公布课程安排,各学院(部)组织学生在教务系统中进行选课。选课完成后,教务管理部门将选课数据对接导入网课平台,完成选课的学生在各网课平台中进行网络课程学习。

需要指出的是,网课平台和教务系统数据的对接工作需要提前落实。为确保数据实现有效对接,建议各兄弟高校在建设网络平台或者教务系统时提出免费、无条件开发各种接口的需求,方便后期运行中的数据共享、交互使用。

三、常见问题及解决办法

由于排课工作涉及工作人员多、工作步骤复杂。在具体实施课程安排工作中会产生很多具体问题，为保证排课工作顺利进行，以下将探讨几个排课工作中常见的易发问题及处理方法。

问题一：排课时间节点由于其他工作而被耽搁，导致工作滞后。

办法：严格注意时间节点，保证全校排课工作顺利开展。在排课开始之前，发布课程编排计划表，要求各学院（部）严格按照该工作计划表开展排课工作。在实际工作中，如有特殊情况影响排课，如当年新生的培养方案最终落实时间滞后、转专业学生在系统中信息更新滞后、学生大类分流工作滞后等，为保证排课工作顺利进行，上述工作也应严格按照相应工作时间表，在排课工作任务下达前全部完成，否则会导致排课及选课工作无法按照时间表顺利推进。

问题二：由于排课工作涉及人员多，导致最终排课结果冲突。

办法：注意课表五大类即时间、课表、课室、座位数、跨校区冲突。利用信息化的手段，通过教务系统进行冲突检测，有效避免冲突问题的出现。同时，在系统冲突检测完成后，组织各学院（部）教学秘书对信息进行抽查，抽查重点落在排课准确性和科学性两点。

问题三：由于课程类别多，各类课程排课顺序优化不够，导致资源浪费、课表不科学等问题。

办法：由于课程种类太多，上位文件要求也多，诸如思想政治课程原则上不排晚上时间段和周末时间段等。排课虽然涉及多个部门以及校、院（部）两级，但必须由教务管理部门统筹，分时间段及各类课程先后顺序进行排课，否则就会造成各类资源浪费，排课工作效率低下。

问题四：由于每学期排课资源（课室）是否可用没有及时更新，导致课表最终不准确的问题。

办法：由于教学场地存在更新和维修，因此每次排课之前需要采用信息化管理手段，对教学场地进行核实，通过教务系统和教学楼集中控制系统实时监控教学场地使用情况，若有变动应及时更新。

第四节
教学日志

教学日志是教师组织教学的具体计划表，是开展教学、质量监控的重要依据，为确保教学的顺利进行，教学日志的管理工作必须严格、规范。

一、教学日志概述

教学日志是教学工作的重要一环，在每学期课程安排完成后，任课教师应按照课程安排的具体要求在开课前编写好教学日志，在编写时应严格依据该门课程的教学大纲编制课程教学进度和教学内容。

二、教学日志具体要求

1.教学日志上教学内容必须与教学大纲一致，教学日志中的学时安排总数必须与课程安排的总学时一致，安排的周学时也必须与课表安排的周学时一致。

2.任课教师在编写教学日志时内容要尽量详细，课堂教学学时、实验学时、实践学时、上机学时等要分类填写。

3.一门课程如由两个及以上的教师承担，每个教师在教务系统中填写各自承担的教学周任务。

4.教学日志在教务系统中一经提交不得修改。

三、常见问题及解决办法

问题：没有引入信息化系统管理，管理效率低。有部分高校教务系统中的教学日志管理模块没有启用或者没有该功能模块。

办法：建议升级教务系统，按照管理实际开发相应功能。任课教师可全程在线提交教学日志，多个教师承担同一门课程可在各自权限下提交同一门课程不同教学周的教学日志；同时，引入信息化教学日志管理工作，任课教师可在编写日志时，就上一学年的同门课程教学日志进行修改，节约任课教师工作时间，使管理更规范、更高效、更科学。

第五节
学生选课

选课作为学分制的核心，是保障学分制顺利实施的关键环节，是高校教学管理的重要部分。只有完善选课工作，才能在真正意义上推进学分制改革，才能将教学改革向纵深推进，不断提高教学质量。

一、选课概述

尽管各高校教务管理部门负责的选课工作差异较大，但选课组织工作都有一个共同点，就是极其依赖教务信息化，落实到具体对象上，即教务系统。因为各类课程选课必须经信息化进行统筹管理，各类课程选课策略不一，必须由信息化系统深度参与，才能使选课工作管理科学、运转高效，才会让各项教育教学改革下的选课措施落地。

西南大学为配合选课工作，升级改造了教务系统，在教务管理上取得了明显成效，现以此为例，介绍选课管理相关工作。

西南大学教务管理部门统筹全校课程选课工作，以教务系统作为选课载体，各学院(部)在教务管理部门统筹下开展各类课程选课工作，实现信息化选课管理机制。在教务系统升级改造时，将各类课程选课策略分模块管理，做到管理精细化、管理操作便捷化。相较于旧版教务系统，新版系统的各类课程都有自己的选课规则调整模块，能在教务系统功能支持下，精细地调整每一类课程的选课规则，做到精细管理、准确管理、按课程类别分部门管理，不仅提升了管理效率，也提高了管理质量。

二、选课流程及分工

选课管理将基于课程类别进行分类介绍。目前，各高校所管理的选课类别一般包含公共课选课、板块课选课、专业课选课、通识选修课选课、在线开放课程选课、跨专业选课等。

1.公共课选课

教务管理部门完成期末排课后，应当在教务系统中直接生成各课程必修课选课名单，即直接通过教务系统进行配课，无须学生进入教务系统手动选课。

以上配课也有例外，在实际工作中这些例外情况或将导致一部分学生的必修课名单无法生成，如在开学后新增的交换生、借读学生、开学后产生的留降级学生等。该类学生的必修课选课名单需要在学期期末配课完成后，在新学期开学初手动添加。

配课完成后，学生在开学前须核实个人课表，有差误的联系所在学院(部)教学秘书进行个别调整。

2.板块课选课

(1)大学外语分级选课

教务管理部门根据新生入学英语分级考试(本校分级考试时间定在新生入学后的军训期间)结果，生成学生英语等级和小语种类型，将相应字段在教务系统学生类别处进行维护。

教务管理部门工作人员统一在系统中生成板块时间、板块专业、班级等信息。

在第1学期开学后第4周之前(军训中)开放系统选课,对于其他学期,选课系统将在期末进行开放,学生在学期末选择下一学期的英语分级课程。

学生根据自身的英语等级和小语种类型在不同的板块区域内选课。选课过程中,外国语学院排课教师根据实际情况及班级容量调整各个板块的上限,保证每个学生都能在所在等级中选中应当修读的课程。选课结束后,学生在教务系统中核实自己课表,有差误的联系所在学院(部)教学秘书进行个别调整(如图5.8)。

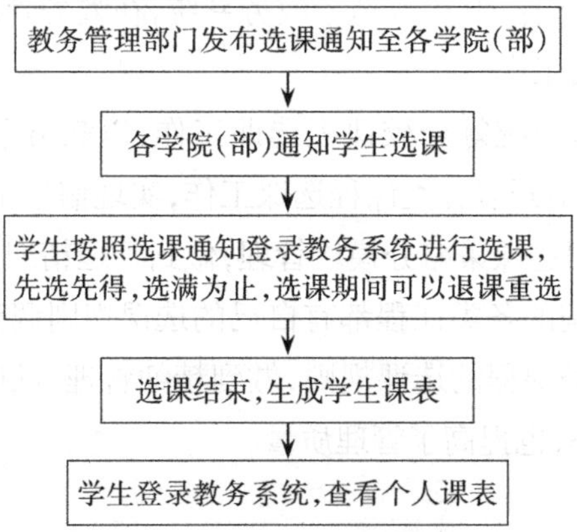

图5.8　大学英语课选课流程

(2)大学体育分项目选课

教务管理部门工作人员根据学生年级不同,确定学生需要选择的具体体育课类型。

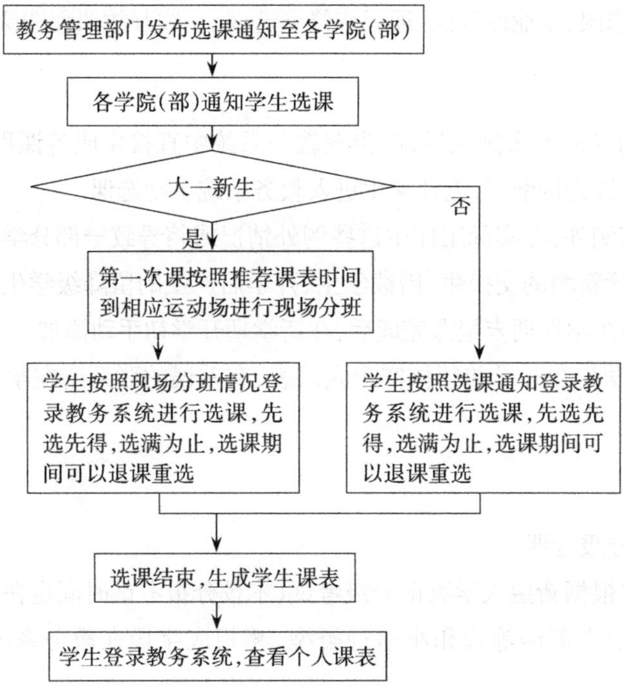

图5.9　大学体育课选课流程

教务管理部门工作人员在教务系统中生成板块时间、专业、班级信息，并发布选课通知，统筹各学院(部)组织学生进行选课。

在第1学期开学后第4周之前(军训中)开放系统选课，对于其他学期，选课系统将在期末进行开放，学生在学期末选择下一学期的体育课程。学生根据自己的体育课类型在教务系统不同板块内自主选课、选项目。选课结束后，学生在教务系统中核实自己课表，有差误的联系所在学院(部)教学秘书进行个别调整(如图5.9)。

3. 专业课选课

对于专业必修课而言，教务管理部门在期末排课完成后生成必修课名单，按照各学院(部)开设课程情况，直接通过教务系统进行配课。教务管理部门工作人员和各学院(部)教学秘书协同检查、处理配课中的问题。各学院(部)学生核实自己的课表。

对于专业选修课而言，教务管理部门联系各学院(部)，确定需要开放选课的学院(部)。教务管理部门按照需要选课的学院(部)课程清单在教务系统中进行选课相关字段维护，生成选课规则，确定需要开放选课的年级、专业。教务管理部门统一发布选专业选修课通知，告知学生，开放系统后统筹各学院(部)学生进行选课。各学院(部)学生核实自己的课表(如图5.10)。

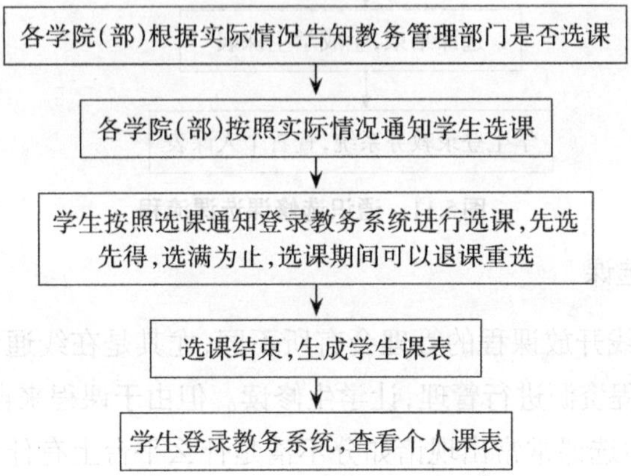

图5.10　专业选修课选课流程

4. 通识选修课选课

在学期末教务管理部门在教务系统中开通教师开课申请通道，任课教师在系统中提交下学期开课申请。

在新学期，教务管理部门关闭开课申请通道，统筹申请数据并完成排课。

第2周，教务管理部门排课完成后维护选课规则，并发布选课通知，统筹各学院(部)组织学生选课。

各学院(部)学生核实自己的选课课表(如图5.11)。

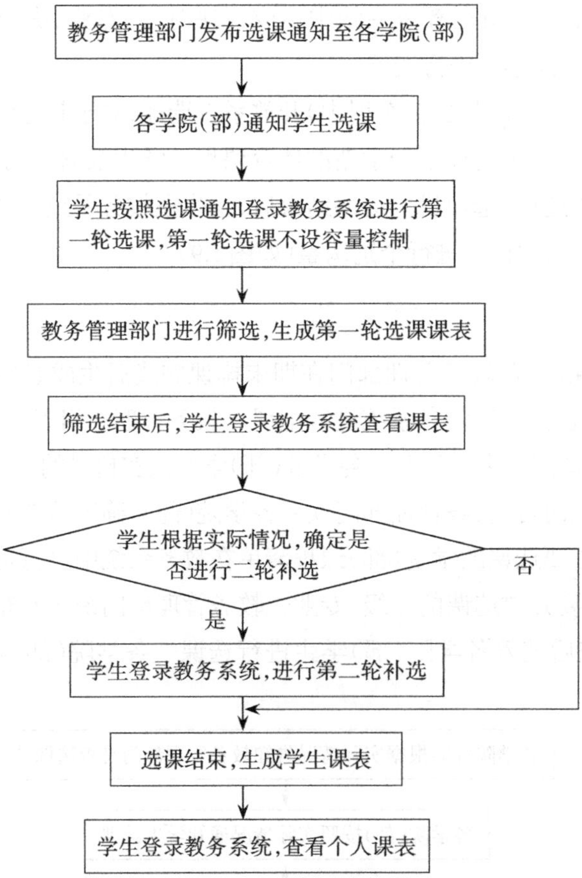

图5.11　通识选修课选课流程

5. 在线开放课程选课

不同高校针对在线开放课程的管理会有所不同,尤其是在线通识课程,各高校会选择各大平台上的优势课程资源进行管理,让学生修读。但由于课程来自不同平台(如超星、智慧树、爱课程等),学生选课常常出现诸如分不清楚什么平台上有什么课程,不能在所有平台上将备选课程进行统一了解后再选课等问题。教务管理环节复杂,现以西南大学的管理模式为例进行介绍。

学校将各大平台上的课程全部纳入学校教务管理系统,由一个系统管理所有在线课程,这样会有诸多优势,如学生从统一平台选课,选课流程简单;课程进入教务系统管理,校内SPOC任课教师的评教数据能在教务系统中进行统计;成绩登载也统一在教务系统中完成;翻转课程工作量也可在教务系统中得到体现。在教务系统中管理在线课程选课流程具体如下。

教务管理部门工作人员在教务系统中维护在线课程的各项字段,如课程名称、任课教师、选课人数;教务管理部门工作人员在教务系统中进行在线课程选课设置;组织学生在统一平台选课;将教务系统中选课结果推送至各在线平台,并通知学生在相关平台行课。

各学院(部)学生选课结束后在相关网络课程平台中进行网课学习(如图5.12)。

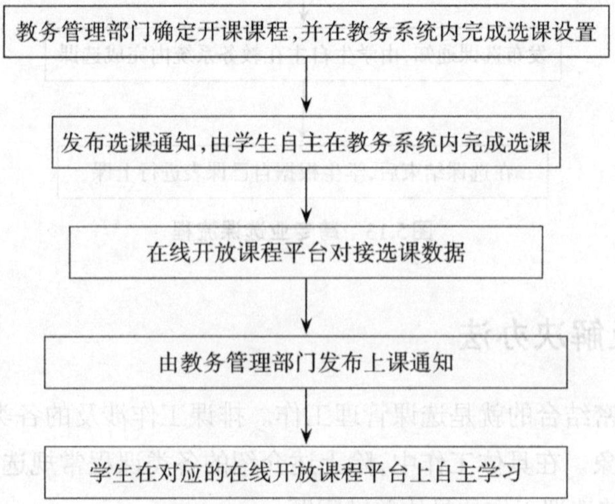

图5.12 在线开放课程选课流程

6.跨专业选课

为不断深化学分制改革,部分高校在不断推进核心课程和跨专业选课。要真正在业务管理中做到跨专业选课,对教务管理系统功能设计要求很高。

在教务系统选课模块开发时就必须做到选课策略精细化。能在功能模块下做各种选课策略设置,否则跨专业选课管理会由于教务系统的技术瓶颈而无法实现。

现以西南大学为例,介绍跨专业选课管理流程。

教务系统开发中,结合跨专业选课具体要求,开发精细化的管控模块。

教务管理部门工作人员在教务系统中维护需要选课的学生名单及相关字段。

教务管理部门工作人员在教务系统中维护课程信息,确定选课名额。

教务管理部门工作人员向各个学院(部)依次落实各自在跨专业选课中能够开放用于选课的课程目录及每门课程可以开放选课的人数及相关选课规则。

教务管理部门工作人员在教务系统中生成选课规则并开放选课系统。

统筹各学院(部)组织学生核实自己的课表,在上课时间不冲突的情况下进行跨专业选课(如图5.13)。

选课成功并试听1~2周后,学生可申请退课重选。退课重选环节结束后,正式进行跨专业课程修读。

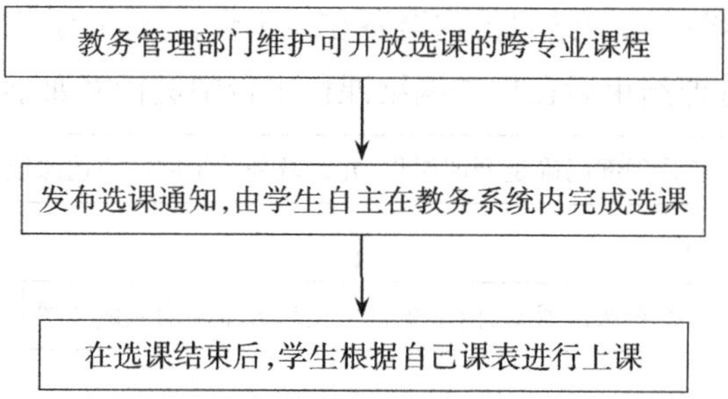

图5.13　跨专业选课流程

三、常见问题及解决办法

和排课工作紧密结合的就是选课管理工作。排课工作涉及的各类课程势必成为选课工作的重点管理对象。在具体工作中，除上述介绍的各类课程常规选课管理外，在实践中还存在其他一些影响选课工作的具体关键问题。

1.选课时间节点统筹

学生往往出现在选课时间结束后，才发现自己没有选课或课程漏选的问题。通过教学秘书、教务管理部门网页等，多渠道、多方式告知学生相关信息。同时，也可引入信息化手段对选课进行全程关注。目前，西南大学已经能做到借助信息系统，针对没有选课的学生进行一对一精准提醒。

2.各类课程选课顺序

对于教务管理部门而言，学校涉及学生专业繁多、数量大。目前采用的选课策略是根据面向对象数量来决定的，顺序是板块课、通识选修课、在线开放课程、跨专业选修课等。

3.各类课程选课策略

不同课程面向对象不一样，不同类别的学生需要选择不同类型的课程。利用教务系统对学生类别和所属学院(部)的数据信息进行维护，实现不同学生可以面向不同课程进行选课，做到精细化管理。

4.教务系统承载能力

由于学校学生人数较多，且选课时间相对集中，常常造成教务系统过载。对于部分必修课，采用统一配课的方式，减轻教务系统负载量，同时也减轻学生和教师的选课工作量。在技术上可以在集中选课阶段增加教务系统的应用服务器或者部署硬件负载均衡来处理选课难的问题。

5.跨专业选课统筹

由于跨专业选课涉及理论和实验相结合的课程，理论和实验教学班人数、时间不一致。

通过信息化管理手段，升级改造教务管理系统，将理论课和实验课时间、地点、人数结合考虑，有效避免课表冲突的出现。关于升级改造教务系统来解决具体的业务问题将在“教务信息化”章节中具体介绍。

第六节 调停课程

为进一步规范教学管理工作，保证课表执行的严肃性，严格调停课的审批程序，以此确保教学秩序的正常运行和人才培养方案的顺利实施。

一、调停课程概述

各高校调停课管理模式趋于统一，且颇为相似，都是基于教务管理系统实行全流程线上管理。调停课工作一般分为停课、调课、补课。

二、调停课程流程及分工

1.停课

任课教师在教务系统中提交停课申请。
学院(部)主管领导在教务系统中进行初审。
教务管理部门在教务系统中进行在线复核。
由任课教师和学院(部)通知学生上课时间、地点的变化。

2.调课

任课教师在教务系统内提交更换教师、时间、地点申请。
学院(部)主管领导在教务系统中进行初审。
教务管理部门在教务系统中进行复核。

由任课教师和学院(部)通知学生上课时间、地点的变化。

3.补课

任课教师在教务系统内提交补课时间、地点申请。

学院(部)主管领导在教务系统中进行初审。

教务管理部门在教务系统中进行复核。

由任课教师和学院(部)通知学生补课的时间、地点。图5.14为课程异动管理流程。

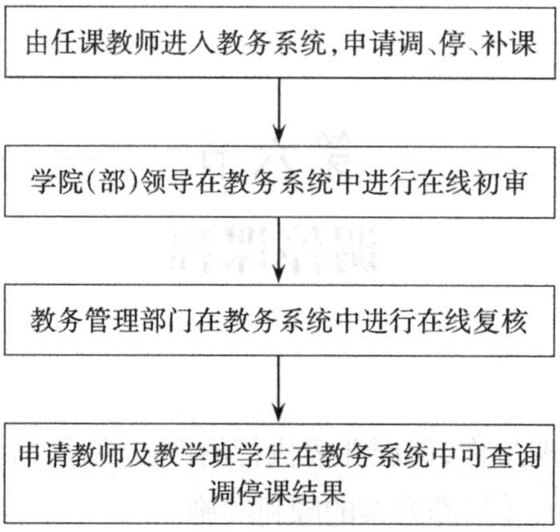

图5.14　课程异动管理流程

三、常见问题及解决办法

在具体调停课管理中,因为涉及全校任课教师,且调停课依赖教务系统进行信息化管理,因此会出现一些常见的由于管理制度不完善或者信息化程度不高所引发的问题。教务管理工作者在常规管理工作中也不断研究其解决办法。

1.课室资源使用调配的问题

问题:由于学校课室数量多,教学班学生可能涉及不同的课程,在调课和补课的时间、地点上存在冲突。

办法:目前,采用教务系统调课和补课申请,通过信息化的手段来解决调课和补课的时间、地点上的冲突问题,在管理制度上必须要求所有调停课行为在教务系统中进行。

2.流程管理问题

问题:调停课需要流程记录,纸质材料不便于查询、分析。

办法:采用信息化的手段,通过教务系统申请,以及纸质材料的提交,留存课程调整的详细信息,其调停课数据可做后期分析。在管理规范的前提下,可尝试全程线上管理,不需再提交纸质打印件。

3. 各种不可抗力等导致的特殊情况

问题：突发情况，如疾病等，任课教师暂时不能提前办理网上调停课。

办法：任课教师先打电话给学院（部）办公室备案，学院（部）告知教务管理部门，任课教师通知学生，之后再补齐手续。

4. 国家法定假日所导致的调停课问题

问题：在日常的教学管理中，常常出现节假日调休，课程资源重复占用的问题。

办法：利用信息化技术，通过教务系统进行教学资源释放和平移，合理分配教学资源，同时更新教师和学生的课表信息，便于教学管理的顺利开展。

第七节 课室管理

课室管理工作涉及课室借用、调度及课室内教学设备建设、运维两大块。本节将重点介绍课室的调度及课室的教学设备建设。

一、课室管理概述

课室管理主要分为课室借用、调度和课室设备建设、运维管理两项主要工作。

1. 课室借用、调度管理

公共课室是学校的公共资源，公共课室的调度、使用应由教务管理部门统一管理。

为提高课室资源利用率，维护学校教学秩序，规范公共课室管理，学校应制订有针对性的、易执行的相关管理文件，并严格按照文件进行管理。任何单位和个人不得私自占用或未完成相关手续就进行使用。

为使管理流程更为科学，借用人借用更为方便，公共课室管理也应尽量借助信息化手段。

2. 课室设备建设、运维管理

现各高校针对课室设备的管理模式各有不同，依据管理的归属部门不同，大致分为两大类。

第一类，由学校成立处级建制的现代教育技术中心等部门，该部门一般负责校园网络及网站建设维护，网上教学平台建设、运维，在线课程资源建设，公共课室多媒体设备等建设及运维工作。

第二类，在教务管理部门下设立科室，负责公共课室多媒体设备建设及运维。

两种管理方式各有优点，无论哪种管理方式，针对课室的多媒体设备建设及运行维护工作都是相通的。

二、课室借用管理

课室借用的原因一般包含教学活动使用、学生活动使用。

以西南大学为例，为优化课室借用管理流程，现课室借用全程实现线上线下结合管理，具体流程如图5.15。

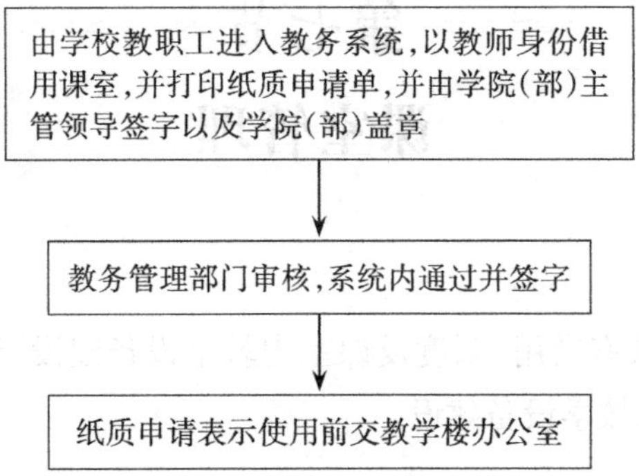

图5.15　公共课室借用流程

1. 教学活动使用

由负责该项教学活动的教职工在教务系统中按照自己所需要的时间段预约所需要的课室，在预约单上须填写相关内容。

由负责该项教学活动的教职工填写申请单，学院(部)主管领导签字，学院(部)盖章。主管领导签字、学院(部)盖章缺一不可。

由负责该项教学活动的教职工将申请单送交教务管理部门进行审核、系统内通过，并签字。

由负责该项教学活动的教职工将申请单提前一天送教学楼备查、预约。

在使用时间段，公共课室设备会读取教务系统中的预约记录，实现自动开关机。若没有建设网络集中控制的学校，可由教师领取钥匙开启设备使用。

2. 学生活动使用

由负责该项学生活动的教职工在教务系统中按照自己所需要的时间段预约所需要的

课室。以西南大学为例，由于严格管理课室使用，只允许学生查询课室情况，不允许直接借用，必须由负责学生工作的辅导员、团委书记或者班主任借用。

由负责该项学生活动的教职工打印申请单，学院（部）主管领导签字，学院（部）盖章。

由负责该项学生活动的教职工将申请单送交教务管理部门进行审核、系统内通过，并签字。

由负责该项学生活动的教职工将申请单提前一天送至教学楼备查、预约。

三、课室设备管理

1.工作内容

公共课室所需要建设和日常运维的相关设备一般包含投影机、教师用的PC电脑、网络中控设备、音箱、多媒体控制桌等。

围绕课室设备所做的工作主要有建设和运维两块。

其一，建设包含调研、标书制作、公开招标、施工、验收、入固等；

其二，运行维护包含建成后的日常运维，开学前、行课中、放假后的日常运行维护检查，以此保证运行良好。

当然，课室设备建设及运维的内容远不止以上所提及的这些。课室发展轨迹经历传统课室、电子课室、多媒体课室三阶段，在大数据、物联网等技术爆发的当下，在MOOC、SPOC等新兴教学方式迅猛发展的今天，如何有针对性地借助硬软件及信息技术来解决教学中出现的问题？如何更好、更有效地辅助教学活动？如何用技术手段做到教学质量精准监控？这一系列的问题成为当今智慧课室建设的新课题。因此，课室的多媒体设备建设内容又有新的诠释，即智慧课室建设及研究。因智慧课室该部分内容具有特殊性，将单独介绍。

2.工作原则

在课室多媒体设备建设及运维的过程中应把握如下四个原则：

第一，科学调研，结合实际需求进行建设，所建设备一定能最大限度满足教学活动需要，服务教学。

第二，建设过程依法依规，按照各级管理部门要求，进行设备采购公开招投标，标书制作合法合规，按需采购。

第三，建设把握好时间节点，施工按时完成，不能影响正常教学活动开展。

第四，所建成的各类设备必须按照其特点定时、定期维护（寒暑假放假后、开学前和五一、十一长假等时间节点），保证其发挥最大功用，少出甚至不出故障。

3.案例介绍

常规的多媒体课室设备和管理软件包含如下五大类：

管理平台类：设备集控平台、设备运维平台、广播设备及管理平台等。

显示类：激光工程投影机、激光短焦投影机、商用投影机、交互式白板等。

扩声类：蓝牙话筒、吊麦、鹅颈式话筒、音箱等。

中控类：网络中控、数位讲台等。

PC机类：台式电脑、一体机等。

基于以上分类，较常见、较普遍的是PC机类、扩声类。由于这两类产品技术成熟且普遍，因此不在此赘述。

以西南大学为例，2017年公共课室多媒体设备改造，重点主要是升级改造了显示类和中控类相应设备，同时引入了设备集控平台软件，由于这两类以及平台软件在建设后期使用效果好，师生反馈佳，极大地提升了教学活动体验，这种建设模式也属国内高校的先行军，因此在这里做详细介绍。

第一，显示类设备改造。

公共多媒体课室在各高校都有一共同特点，即使用频率高，尤其是投影机一项，由于使用频率高，常常在报废年限期满前就故障频频，亮度衰减严重。

经调研发现，各高校使用的投影机以商务机为主，近几年随着激光技术逐渐被引入投影机生产中，出现了以半导体激光器作为光源的投影机，即激光投影机。各高校也逐渐采购了一批激光短焦投影机。激光作为投影机光源有一明显优势，即光源寿命长，运行稳定，不易发生故障。换言之，在短时间内不需要更换投影机光源灯泡，且光源亮度将明显优于传统光源投影机。这在教学活动中、在日常管理中体现出明显优势。

2017年7月，西南大学采购了一批激光工程投影机作为教学用，激光工程投影机不仅具有激光投影机的光源优势(高亮度、高色彩还原度、高文字显示对比度等)。同时，由于其工程机特性，长时间在恶劣环境下运行(高温、高粉尘)不停机、不易发生故障，这大大提升了教学体验效果。

在具体建设过程中校方详细了解了最新激光工程投影机的两种显示技术，即3LCD技术和DLP技术的优缺点。综合了解各种因素及教学中的实际要求(如图片还原度展示、文字对比度展示、教学视频展示等)，以此来进行标书制作。

在标书制作中对激光工程投影机的各项参数进行分析，将诸如白色亮度、红色亮度、对比度、灰度、256级灰度、呼吸效应、几何形状、会聚、色彩、交错、纯色等十几项参数写进标书，在投标现场按照标书要求将十几类标准进行逐一展示、比较、测试，最终采购回性价比高、产品特性好的激光工程投影机用于教学。该标书作为投影机采购范本将持续指引后期建设。

第二，中控类设备改造。

基于调研我们发现，现各高校公共多媒体课室的运行管理一般有两种方式。

其一，任课教师在上课前到楼管处领取设备控制桌钥匙，在课室用钥匙打开设备进行教学。一般一栋楼最多有两处楼管，因此上课前会出现排长队领钥匙的现象，耽搁了任课教师大量的时间，体验很差。

其二，校方采购网络中控设备，有别于传统中控，它能在网络条件下，读取教务系统中课表信息，让任课教师通过一卡通在讲台处刷卡就可开启设备进行教学。由于中控读取课表的管控，只有当节课有教学任务的教师才能通过刷卡开启设备。这样虽然节约了教师排队领钥匙的时间，但任课教师必须带上一卡通去上课，常常会出现教师忘记带卡的尴尬局面，体验也不好。

西南大学在2017年建设公共多媒体课室时没有参照以上两种做法。为最大限度地服务任课教师的教学活动，减少麻烦，校方通过网络集控平台的采购结合新教务系统升级改造打通两个平台课表数据，实时读取，使课表中有课程任务的课室按照学校的策略自动开启课室内所有教学设备。任课教师只需到达课室直接上课，无须排队领用设备钥匙，无须携带一卡通，极大提升了教学体验。具体做法如下：

经详细调研及产品对比制作标书，通过公开招标程序采购设备集控平台，集中管理全校多媒体课室各项设备（电脑、投影机、功放及音箱等），同时对接新教务系统课表数据设置开关机策略，在开课前20分钟所有对应课表有课程任务的课室内教学设备自动开机，下课后10分钟检测无鼠标运行自动关机。这样极大提升了任课教师的使用体验度，避免了教师上课前排长队领设备钥匙的尴尬。

同时，通过移动终端能实时监控课室各项设备使用状况，提升运维监测效果，引入预警机制，使管理更加有序、管理效率大大提升。

该集控平台在后期使用中逐渐完善管理策略，依据学校实际，同时能满足实时读取教务系统中的调停课数据以及课室借用数据字段，解决了课程变动及课室借用所导致的设备自动开关机的问题。

4.智慧课室

现今智慧课室还没有统一的行业建设标准，对“什么叫作智慧课室”也没有清晰的界定。智慧课室有多种称呼，如“智慧课室”“研讨性课室”“未来课室”“互动课室”等，网上对“智慧课室”的界定在物联网课室范畴。由于缺乏统一标准，因此各高校在建设智慧课室时一般按照学校教学实际需要、经费情况及其他情况而制订具体建设方案。从实际情况来看，目前投入使用的智慧课室一般包含如下功能：

教师讲台改造；

学生活动课桌椅改造；

师生各类移动终端无障碍接入；

多墙面辅助书写；

智慧班牌建设；

课室外延扩展空间改造；

物联网改造；

显示设备主、辅屏互动投屏，分组投屏，指定人员投屏等；

拾音扩声设备改造；

课堂互动设备(含管理平台)；

课程资源录播管理；

课堂督导巡查系统；

网络改造(无线网络)；

桌面可视化集控；

学生机桌面虚拟化。

以西南大学为例，结合智慧课室的主要功能和学校实际，我们认为开发建设智慧课室应解决三个方面的问题。

第一，如何用现有设备及技术解决学生和老师的教学问题，满足互动式教学、研讨式教学、小班化教学、线上线下混合式教学等情况，能结合学校的SPOC平台，综合利用好已有的网络课程资源，做到所建设的智慧课室设备先进、适用、可用？

第二，如何更好地服务教学质量监控人员做到精准教学质量监控？

第三，如何更好地维护我们的课室软硬件设备，使其状态最优？

以解决这三方面问题为抓手，建设智慧课室才能有着力点，才不会走入"为了建设而建设、别人建设我建设"的误区。

为保证建设方案能尽量全面、科学，且以问题驱动建设的课室能更有效地解决相关实际问题且满足教学互动需要，变"单向灌输式教育"为"强互动的研讨式教学"。西南大学在调研相关高校在此方面建设情况的基础上，根据学校的实际需求，最后确定智慧课室的建设原则，即"按角色分功能区，功能区下设模块，模块划分核心模块和可选模块"。

"按角色分功能区"即基于空间的"环境改造功能区"、基于师生的"教学活动功能区"、基于管理督导人员的"质量管理功能区"、基于运维人员的"设备运维功能区"。

"功能区下设模块，模块划分核心模块和可选模块"即核心模块为必建功能点，该功能点代表智慧课室的特性。可选模块可根据学校实际情况进行选建，选建时可按照建设进度、需求缓急、经费到位等情况进行各功能点建设推进。建设功能区、模块分解见表5.1。

表5.1　智慧课室建设功能区、模块分解

模块	环境改造 功能区	教学活动功能区 （核心功能区）	质量管理 功能区	设备运维 功能区
核心模块	1.教师讲台、讲桌 2.教师高脚椅 3.学生移动课桌椅(可按课程需要拼接、组合) 4.学生PC一体化课桌(移动终端也可充当) 5.墙面辅助书写(无障碍书写板) 6.墙面时钟	1.显示设备(主、辅显示屏)(含管理平台) 2.显示设备(小组显示屏)(含管理平台) 3.拾音扩声设备 4.课堂互动交互平台 5.录播功能模块(含精品课录播、常态化录播)课程资源积累(含管理平台)	课堂教学行为督导巡查系统	1.有线网络 2.无线网络 3.桌面可视化集控(含管理平台) 4.运维集控系统对接(含管理平台)
可选模块	1.智慧班牌系统(含管理平台) 2.课室外公共空间改造延展、提升 3.物联网改造(含管理平台)	录播平台与学校现有慕课平台对接解决方案	—	1.大数据AI模块 2.可视化地图模块

以西南大学为例，为更好地建设智慧课室，我们将以上核心模块和可选模块的各功能点进行了进一步的细化梳理，形成了两个建设支撑材料，即"智慧课室建设功能区下功能点及支撑设备介绍"与"智慧课室建设功能区下功能点各项设备明细清单"。

"智慧课室建设功能区下功能点及支撑设备介绍"将每个功能区下核心模块和可选模块的各个功能点所应实现的功能进行描述，同时提出了实现该功能所需的参考设备名称及详细图片，直观地展示了建成后的该功能点所需设备情况。

"智慧课室建设功能区下功能点各项设备明细清单"将每个功能区下核心模块和可选模块的各个功能点所应实现的功能进一步详细描述，同时细化了实现该功能需要的参考设备名称及型号、数量、参考报价。

第八节
教务信息化

在"互联网+"背景下，教务管理工作应紧密结合现代信息技术，才能更好地提升管理水平、优化服务流程，以期提高为师生服务的质量。目前，各高校教务管理部门涉及的教务管理信息化工作主要包含本科教学管理平台(即教务系统)建设及运维、教务管理部门网站建设及运维等相关管理工作。

一、本科教学管理平台建设

本科教学管理平台(教务系统)是日常教学管理的强有力辅助手段,教学管理平台使用的深入度是教学管理信息化的一个重要体现。教务管理部门将各类教务管理业务流程重组、优化并将其调整至系统中运行,以期提高管理效率。

本科教学管理平台主要工作包含“平台建设”“平台运维”。

“平台建设”主要是基于各高校的教务系统实际建设情况,在已有的教务系统基础之上升级或是改造,甚至是更换。

“平台运维”是为了保障系统软硬件日常运行有序所必须做的日常运行、维护。

现各高校都有教务管理平台,2005年前后建设的教务管理平台在教育教学改革的不断推进中,逐渐凸显出不能应对的状况。主要是因为旧的技术架构不能灵活地依据实际业务管理做出及时的升级、优化。

因此2015年后,各高校都逐步在原有教务系统上进行升级、改造工作。在具体教务系统管理工作中,我们一般应把握住以下几个关键环节。

系统建设顶层设计及总体规划:学校应仔细分析现有教务管理系统在历年的使用中存在的体验问题、功能模块缺乏问题。针对此类问题进行逐个梳理、归类。将各类需解决的问题作为后期建设的一个指引。

同时在规划建设新系统之前,需考虑建成的系统与学校其他业务部门管理系统(如人事系统、财务系统、校园统一门户认证等)进行数据对接,避免出现信息孤岛。

系统调研、采购:建设新系统,除了分析自身系统存在的问题外,还需要对产品选型做仔细调研。目前,市场上从事本科教务管理系统开发的公司太多,如没有充分地进行前期调研,在标书制作中就无法明确对公司的要求。

调研各兄弟高校主流品牌开发的教务系统建设情况。在调研过程中教务管理部门主要将目标放在有实力的软件开发商及软件使用效果好的兄弟高校。

以2015年西南大学新教务系统改造升级为例,教务管理部门就实地考察了正方软件股份有限公司、湖南青果软件有限公司、湖南强智科技发展有限公司等。同时,调研走访浙江大学、中南大学及重庆市内各兄弟高校等,了解其教务系统使用情况,为后期建设打下坚实基础。

需求分析、整理:成立需求分析审核小组,小组成员建议一般由分管信息化工作的处长、分管信息化建设的科长、系统管理员、排课教师、公司开发小组成员组成。审核小组成员紧紧围绕流程再造的思想,基于需求分析指导标书制作。

按照三级需求汇总，科长负责本科室大模块梳理、岗位教师负责具体业务描述，最后汇总至系统管理员统筹需求，提交公司开发，在整个开发过程中的需求增加、删除、修改都须经校方教务系统需求分析审核工作组确定。即便系统开发完成后，为保障教育教学改革的持续信息化建设，建议该小组工作常态化，主要负责之后各项业务信息化需求建设统筹。

功能测试、业务流测试：以教师代表、教学秘书代表、教务管理部门具体岗位教师对每个业务进行逐项测试。从不同维度，在不同功能模块下无死角测试，测试主要关注流程是否能进行数据顺利流转、业务使用是否科学、交互体验是否良好等。

基于任课教师及学生使用的几个主要功能点，如成绩登载、教学日志填写、调停课申请、课室借用申请、学生选课、成绩查询等功能逐个进行以交互体验为基础的细致测试。以上所提及的功能点使用频次最高，测试结果表现的交互性越好，系统上线正式使用后就越能更好地服务广大师生。

系统使用培训：教务系统相较高校内其他业务管理系统具有三大特点，使用人数最多、管理模块最多、复杂程度最大。因此建设完成的教务系统在正式上线前，需要对使用人员进行培训。

由于使用人员最多，因此把学生和教师组织起来面对面培训不大可行，也会增加师生负担。以西南大学为例，为避免耽搁教师和学生的时间，同时使培训效果最好，在培训工作中一直贯彻"零关注"的原则，即提升系统操作体验度本身，尽量不浪费教师的时间进行培训。

具体做法是：系统上线前，已经充分测试使用交互体验度，同时教务管理部门将主流业务（包含任课教师、学生）的主要功能，如调停课、借课室、教学进度表查询、课表查询、成绩登载、选课等依次制作成操作视频（每个功能一个视频，每个视频的时长不超过90秒），挂在教务管理部门网页，方便教师、学生查看，帮助其在较短时间内掌握使用方法，避免了大量的咨询导致的时间浪费，同时更方便任课教师的操作。而在具体操作过程中，使用该办法的效果明显，在新系统上线后，咨询使用方法的教师不到20人次。

系统正式上线后：虽然教务管理部门在系统上线前做了充分测试、培训视频制作等工作，但在最终上线时，为保证系统使用无障碍，可公布使用操作服务电话专线，对师生使用过程中遇到的问题予以使用辅助、问题解答。

二、本科教学管理平台运维

本科教学管理平台系统建设完成上线之后，是否就不需要持续建设了？日常运维又如何更好地进行关注？

1. 日常运维

系统日常运行、维护，包含重要时间节点前后的数据清理，如选课前后、开学、放假前后、成绩登载前后。只有把握好这些时间节点，完成维护工作，系统才会更顺畅、更好地为教学管理服务。

2. 持续开发

为将教务管理平台深入应用，将教育教学改革业务流程化管理，进一步提高管理水平及管理效率，系统后续功能需依据实际持续开发。

具体需要做两项工作：

其一，升级系统中已有业务功能，将操作更加精细化，按照管理流程的优化及发展，及时更新系统内管理业务流程。

其二，同时，针对平台持续建设，将线下管理效率低的业务做流程梳理，往线上管理推进，从功能层面在系统平台中做横向增加。

为保证以上两项工作的顺利开展，可以和开发公司签订战略合作协议，让公司参与教学管理平台后期功能改进、升级的持续建设工作。以西南大学为例，在2015年新系统正式上线之后，在2018年与开发公司签订战略合作协议，让公司深度参与学校教务管理信息化建设，贴合学校教学管理业务实际开发相应功能，为学校教育教学改革信息化建设保驾护航。

3. 管理规范

教务系统建设无论是在旧系统基础上做升级改造，还是新建一个管理系统，其系统内的数据管理必须规范。

在具体管理工作中，类似课程库、培养方案等数据管理必须严格按照教务系统中所规定的字段格式进行维护，如课程代码、课程名称、课程性质、课程类别、学分等，一定要按照教务系统所要求的编码规则进行编码维护，否则后期业务管理会出现诸多问题。由于各读者所在的高校不一，所使用的教务系统各异，笔者在此提出上述建议的原因是希望业务管理部门重视该项工作，使数据管理规范化、常态化。

三、教务管理部门网页建设及管理

教务管理部门网页作为教务管理部门工作展示、发布通知和师生交互的一个重要媒介，还应包含为师生提供服务的功能，其运行、维护工作重要且复杂。因此，教务管理部门的网页建设和改造必须以方便用户查询信息、下载资料为重要目的。

1. 网站开发

网站建设规划。结合学校实际情况规划网站建设的模块、服务对象、展示内容等。

网站功能模块调研。在开发前教务管理部门的调研应不局限于国内高校官网，应将服务师生的理念贯彻到网站功能开发中，可以引入“what's hot”概念，将各科室事务办理事项以最简短文字表达，让需办理事务的师生能最快检索，且能关联到具体办理科室、办理负责人及其联系方式等信息，提升服务质量及提高师生员工使用、查询效率。

招标确定网站开发商。按照学校相应程序进行招标，确定开发公司进行网站开发。

网站建设。在网站建设的具体工作中应当首先进行需求分析,校方应梳理出需要网站实现的具体功能,如前台的板块划分、用户查询等功能;后台的发布权限、授权等功能。需求分析完成后交于公司进行开发。

校方在进行需求分析时,除这些常规的功能设计外,应结合自身管理实际提出个性化需求。以西南大学为例,网站升级改造时提出三个个性化需求且已实现。

第一,分对象建设查询模块,由于教务管理部门网页通知很多,主要面对学校三大角色,即教师、学生、教学秘书。网站改造后,可在主页部分分对象展示通知,将教师、学生、教学秘书三角色的通知分开展示。这样就解决了各角色快速获取通知的问题,避免了以往检索人在一堆通知里去找自己所需的信息等麻烦。

第二,为方便检索人快速锁定查询目标,在网站升级改造时,可引入"what's hot"概念。以一张简单列表展示教务管理部门各科室各办事人员所负责的服务项目,同时链接联系电话及办事地点,极大地方便检索人的查询。

第三,解决了网页检索人模糊查询的问题,能通过搜索引擎进行模糊字段查询。同时,引入数据统计处理概念,将教师查询通知次数及热度进行顺序展示。

2. 网站运维

网站运行得当必须依赖网站的日常运维管理。网站日常运维管理包括两方面内容,即权限管理、信息发布。

由于网站权限管理归属必须严谨且严格,因此应在网站日常管理中实行科室科长负责制。在网站使用中,每个科室科长才有权限进行网站信息发布、维护,且科长发布后由分管处长审核,最后才能正式发布于网站展示页面。

发布管理流程审核要做到后台操作日志能查询是谁何时发布的信息、谁审核的信息,以此做到所有信息发布、审核流程可追溯。

第六章

教学运行管理(下)

JIAOXUE
YUNXING
GUANLI(XIA)

第一节
课程考试

课程考试是检查教与学的主要手段,同时也是评价学校教育质量和办学水平的重要环节。课程考试的质量直接影响学校的教学质量,影响教风和学风。为使课程考试更加科学、规范,在课程考试的管理工作中应下大力气,将各项课程考试的管理工作做扎实、做到位。

一、课程考试概述

课程考试工作应包含各类课程考试的组织工作,课程考试的命题、评卷管理工作和考试违纪作弊处理工作。

1.课程考试组织

教务管理部门负责全校课程考试安排、运行及考试环节监督。为有效提高管理效率,提升管理水平,考试排考工作应如排课工作一般,尽量使全程业务流程在教务系统中进行,使考试安排数据能承接排课数据,同时能与之后成绩登载数据管理等统一。

2.课程考试命题、评卷管理

(1)命题

课程考试命题应当符合人才培养目标的要求。命题内容和范围应当以课程大纲规定的知识内容、能力培养以及相关的教学目标层次要求为依据。

在命题过程中要注意相关原则:每套试题满分为100分;同一课程本次考题与上次考题以及本次各套考题的题目重复率应有要求;试题题意应清晰明确,文字准确简练,不能出现错别字,提供的必要数据和资料应准确;试题覆盖面、分量和难易程度应适当,能区分不同水平的学生,力争使课程考核成绩分布合理;每套考题在知识单元、考题类型、题目数量、测试难度和分值上应相当,一般应有四个及以上的题型;每个大题题干后面应注明小题数量、小题分值和大题总分,试题下面应留出足够的答题空间;试题题量一般应以在110分钟考核时间内做完为标准;任课教师不得以各种形式告知或提示考核范围;试题中填空题、选择题、判断题等客观题的答案,须做到答题标准唯一;简答题、论述题、分析题等主观题的答案,提供的参考答案和评分标准应明确列出答题要点和关键采分点,不得以“略”等模糊字眼替代。

(2)评卷

为规范评卷工作,评卷应遵循相应原则:评卷一律使用红墨水笔或红色签字笔,记分数字必须书写工整,易于辨认;卷首登记总分,卷内每道大题和小题都应在题首处给出得分;阅卷时严格按照标准答案,做到客观公正,给分有据,杜绝人情分;分数一经判出,不得擅自改动,有改动的,阅卷人应在改动处附近署名生效;简答题、论述题等试题的评阅应依据评分标准,对答卷进行全面分析,根据答案要点或步骤给分,做到给分有据,扣分合理。

评卷完成后,要依据试卷卷面成绩进行试卷分析,主要包括如下内容:

第一,对试卷的总体评价。主要包括试题是否科学、严谨,试卷内容覆盖面的宽窄程度、试卷结构是否合理。

第二,按照各分数段统计学生得分人数及比例,统计学生的及格率、正态分布等情况。

第三,分析试卷反映出来的教学问题及其产生的原因。

第四,提出今后对教学内容、方法及手段的改进意见和建议。

3.课程考试违纪作弊处理

各高校考试违纪作弊处理由于管理部门归属不同,一般主要分为两大类:

第一类由学生工作部门,如学生处、学工部进行管理,且学生管理工作部门统一管理学生各类违纪情况,如打架斗殴、考试违纪作弊等。

第二类是由学生管理工作部门统一管理学生各类违纪情况,但教务管理部门针对考试违纪作弊单独进行管理。以西南大学为例,对教务管理部门单独管理考试违纪作弊处理工作进行介绍。

学校首先按照国家上位文件《中华人民共和国教育法》《普通高等学校学生管理规定》及其他相关法律规定,制定了《西南大学全日制本科学生课程考核违纪作弊处分办法》。

文件制定后,依据文件具体条款,学校编印了《西南大学本科学生考试诚信承诺书》。在承诺书中具体载明《西南大学全日制本科学生课程考核违纪作弊处分办法》重要条款,明确开除学籍的具体情况。

在每年9月新生入学时,结合新生入学教育,要求全校各学院(部)组织新生学习《西南大学全日制本科学生课程考核违纪作弊处分办法》《西南大学本科学生考试诚信承诺书》。并组织学生逐一签订承诺书,完成对学生诚信教育及告知义务。重点是通过诚信教育和承诺书签订活动让学生了解关于违纪作弊处理的各种规定。

二、课程考试流程及分工

1.课程考试组织工作流程及分工

考试种类:课程补考、缓考、期末考试。

第一，补考、缓考。

公共课由教务管理部门负责在开学前就进行提前安排，公共课补、缓考时间一般固定在第一周周末及第二周整周晚上时间段进行考试。

专业课由开课学院（部）负责在开学前完成安排，专业课补、缓考时间固化在第二周公共课考试完成之后进行。

以上公共课、专业课补、缓考安排皆在教务系统中完成，最后考试时间、地点一并在教务系统中进行公布。

第二，期末考试。

教务管理部门工作人员在教务系统中完成基本字段维护（基本字段包含学生信息、考场信息、考试时间段信息、考场座位数信息等）。

教务管理部门工作人员进行考试任务维护，确定考试科目等字段信息。

教务管理部门工作人员进行考试时间段信息维护。

公共课考试时间为第19周前半周。教务管理部门负责公共课课程考试安排。整个安排在教务系统中完成信息录入。

专业课考试时间为第19—20周。学院（部）负责专业课课程考试安排。整个安排在教务系统中完成信息录入。

教务管理部门公布考试具体安排：在校、院（部）两级专业课和公共课安排完成后，由教务管理部门在系统中打开查询通道，学生及监考教师、主考老师能查询考试时间及地点安排。

2.命题工作流程及分工

命题教师应当在课程考核前四周向学院（部）提交试题及其相应的参考答案和评分标准；学院（部）应在课程考核前三周完成试题的审核和审定工作。

3.课程考试违纪作弊处理工作流程及分工

第一，文件制订。

《违纪作弊处分办法》制订时，为使文件合法合规、易于执行，制订时须充分与学校法律事务部沟通。制订的文件须经法律事务部严格把关，使制订的文件能符合上位文件的相关规定，同时又能符合学校考务管理各种实际情况。

第二，处理流程（如图6.1）。

监、巡考教师发现违纪作弊情况及违纪、作弊当事人。

监、巡考教师立即停止该生考试并锁定违纪、作弊证据。在有条件的情况下，需要在违纪作弊证据上标注所属人，如夹带的字条，就需要在夹带的字条上让作弊学生签名，以表示该作弊证据所属人。

监、巡考教师在考场记录表中如实、详细、清楚地填写有关违纪、作弊情况，并由学生本人、2名现场监考人员签字确认。

违纪、作弊学生当场书写检讨书，并且在检讨书中详细说明违纪、作弊过程。

监考教师将上述材料收齐之后，附材料清单转交学生所在学院(部)教务办公室。

学生所在学院(部)获知违纪、作弊学生之后，辅导员须对其进行思想教育工作，同时跟进其他后续工作，如告知违纪、作弊学生家长。

学生所在学院(部)召开专题会议，依据违纪作弊材料信息、学生认识错误情况、考试违纪作弊实际情况等给出“建议处理意见”。

学生所在学院(部)将相应材料及“建议处理意见”上报教务管理部门。

正式处分前教务管理部门、学生所在学院(部)须听取学生陈述、申辩，并向学生本人送达拟处分意见书面通知书。

正式行文，向学生送达正式处分决定书。

送达处分决定书后10个工作日内听取学生申诉。

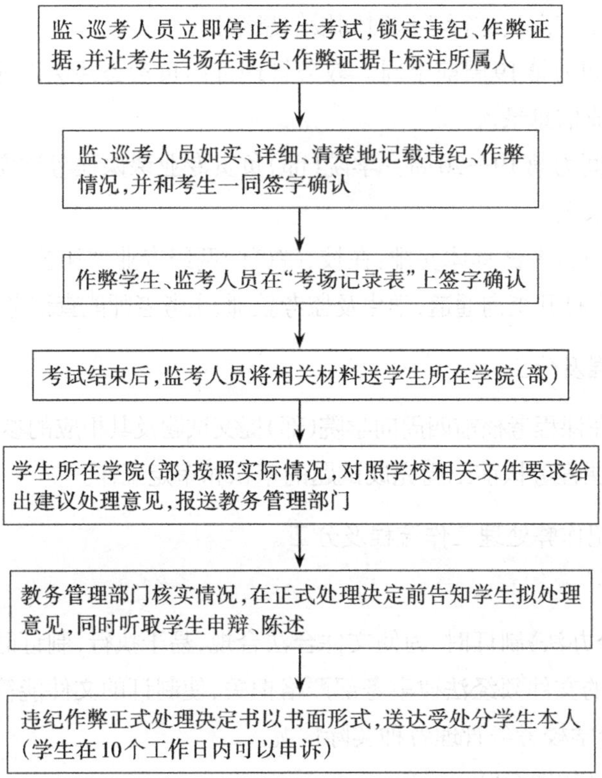

图6.1　考试违纪、作弊处理流程

三、常见问题及解决办法

如同排课管理工作一样，课程考试管理也需严谨、高效，在具体工作中应逐步优化管理过程，提升管理品质。现就课程考试管理中两个可以持续优化的工作内容进行介绍。

1.课程考试时间安排的持续优化

问题：由于考试科目多，考试时间段有限，有个别学院（部）监考安排在规定时间内无法完成。

办法：专业课课程较多的学院（部）可在教务管理部门第19周公共课考试安排完成后，或在第19周就进行插空安排专业课考试。为保证该项工作能准确完成，需依靠教务管理系统，因此在系统功能开发时，需将学校考试管理的业务流程梳理清楚，提出清楚且科学的需求进行开发，最终服务课程考试排考工作。

2.排课、排考一体化的持续优化

问题：跨专业选课政策实行后，由于各学院（部）专业课是自行安排，因此学生跨专业选课的课程考试容易与本学院（部）专业课考试时间冲突，目前解决的办法是学生办理缓考，但该种解决办法管理效率太低。

办法：为保证跨专业选课之后尽量减少由于考试时间冲突造成缓考，同时在选课的时候方便学生了解课程行课情况及考试情况，教务管理部门应加强教务系统建设，固化排考时间段，尽量做到排课、排考一体化。排课、排考一体化是在课程安排结束时同时完成相关课程的考试时间安排，学生在选课时即可判断考试时间是否冲突。

学生在进行跨专业选课的同时，由系统自动判断所选课程的考试时间是否冲突，再由学校采取策略，是否容许考试时间冲突的课程学生选课成功，由此来避免类似问题的发生。

第二节 社会考试

高校的教务管理部门在常规工作中也包含承接相应的社会考试组织工作。在本节中我们将介绍几个重点的由高校承接的社会考试，分析其组织的关键点、难点及应对办法。

一、社会考试组织概述

社会考试管理是高等学校管理工作中的一个非常重要的环节，各高校的教务管理部门都承接了相似的社会考试（如大学英语四、六级考试，英语应用能力A级考试等）。

教务管理部门始终秉承增强观念、完善体制、强化考风考纪教育、严格考试管理的宗旨，加强对各项社会考试的重视，完善评价体系，使考试起到服务教学的作用。

西南大学组织的社会考试一般有全国大学英语四、六级考试，全国高等学校英语应用能力（A级）考试，专业德语四、八级考试，专业英语四、八级考试，专业俄语四、八级考试，专业日语四、八级考试等。

二、社会考试组织流程及分工

1. 全国大学英语四、六级考试组织及流程（如图6.2）

以西南大学为例：

教务管理部门按照市考试院要求，严格把控时间节点，组织考务工作。

教务管理部门工作人员在考试报名系统中审查学生考试报名资格。

教务管理部门工作人员在考试报名系统中维护通过报名资格审查学生的学籍信息。

教务管理部门组织专门人员进行学生准考证、成绩单照片拍摄工作，在该时段学生可同时自主上传照片至报名系统，两种照片采集方式可同时进行。

教务管理部门工作人员将教务系统中课室信息导入四、六级排考系统，维护考场信息，确定可容纳参加考试的人数。

教务管理部门工作人员在教务管理部门网页发布考试报名通知，可多渠道通知，如在主教学楼电子显示屏同时公布通知，并在系统中开通考试报名通道。

教务管理部门工作人员在排考系统中生成报名考生流水号信息，落实试卷申报工作、完成考场编排、准考证信息编排工作。

落实监考、流动监考人员，完成监考、流动监考安排。

教务管理部门安排专人对四六级考试辅助设备，如听力设备、手机信号屏蔽仪设备等进行全面检测、排除故障。

教务管理部门按照上级部门要求，安排专人前往相关单位部门（重庆市考试院指定的试卷印刷点）领取试卷，按照文件要求，试卷领取除了学校工作人员外，还需警官参与。

发布准考证、监考及流动监考安排，准备监考资料。

联系保卫处在考试期间进行教学楼封闭管理。

开展监考及流动监考培训工作，培训工作非常重要，需要制作专门的培训PPT，且培训师也须进行资格考试，考试合格后方能上岗去培训监考教师。

组织正式考试。

教务管理部门安排专人（考试涉密考务组织人员、公安等）将试卷送回相关指定地点进行后期阅卷。

在考务系统中上报考试相关数据。

在考试后的第二个学期，领回并发放学生成绩单。

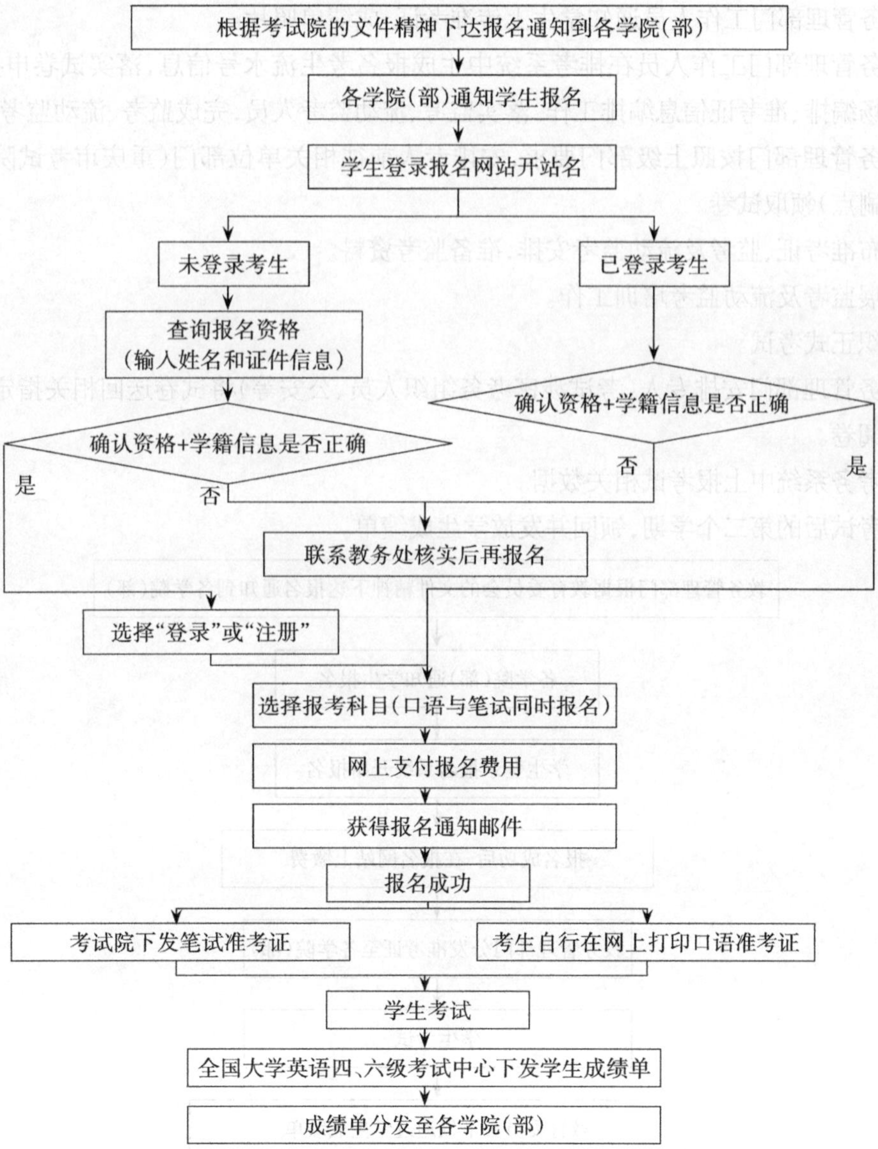

图6.2　全国大学英语四、六级考试组织及流程

2.全国高等学校英语应用能力(A级)考试组织及流程(如图6.3)

教务管理部门按照考试组织部门要求，严格把控时间节点，组织考务工作。

教务管理部门工作人员在考试报名系统中审查学生考试报名资格。

教务管理部门在考试报名系统中维护通过报名资格审查学生的学籍信息。

教务管理部门工作人员将教务系统中课室信息导入A级排考系统，维护考场信息，确定可容纳参加考试的人数。

教务管理部门工作人员在教务管理部门网页发布考试报名通知，可多渠道通知，如在主教学楼电子显示屏同时公布通知，并在系统中开通考试报名通道。

教务管理部门工作人员通知学生上传准考证、成绩单照片。

教务管理部门工作人员在排考系统中生成报名考生流水号信息，落实试卷申报工作，完成考场编排、准考证信息编排工作，落实监考、流动监考人员，完成监考、流动监考安排。

教务管理部门按照上级部门要求，安排专人前往相关单位部门（重庆市考试院指定的试卷印刷点）领取试卷。

发布准考证、监考及流动监考安排，准备监考资料。

开展监考及流动监考培训工作。

组织正式考试。

教务管理部门安排专人（考试涉密考务组织人员、公安等）将试卷送回相关指定地点进行后期阅卷。

在考务系统中上报考试相关数据。

在考试后的第二个学期，领回并发放学生成绩单。

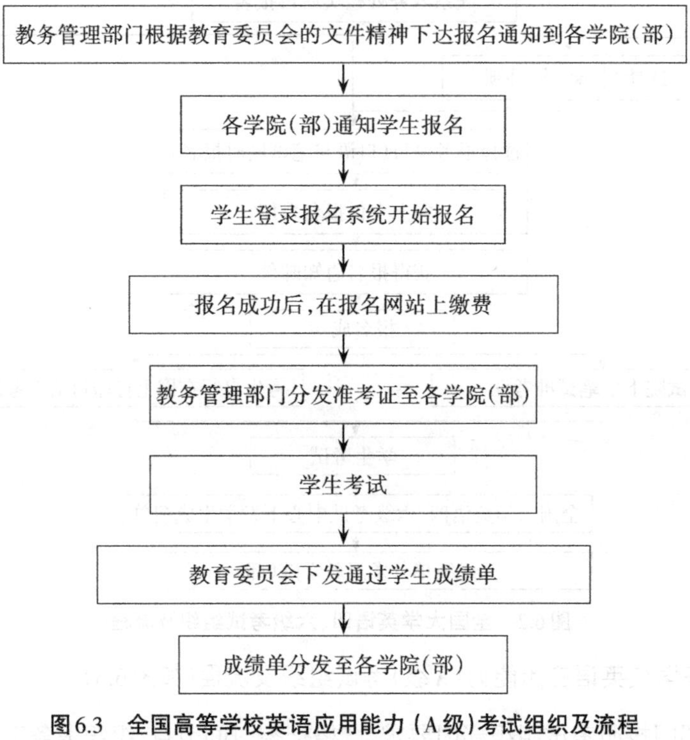

图6.3　全国高等学校英语应用能力（A级）考试组织及流程

3. 专业英语、德语、日语、俄语四级和八级考试组织及流程（如图6.4）

教务管理部门工作人员按照相关要求严格审查学生考试报名资格，审查资格主要包括是否是该语种专业学生等信息。按照相关文件要求，专业外语考试必须是本专业的本科学生才能报名参加考试。

教务管理部门工作人员在教务系统中维护考场信息，确定可容纳参加考试的人数。

教务管理部门工作人员联系外国语学院，发布考试报名通知，要求外国语学院组织学生报名并收集报名信息。

外国语学院上报考生信息，教务管理部门依据上报的考生信息进行排考，同时教务管理部门将上报的必要信息报送给上一级考试组织单位。

教务管理部门落实监考、流动监考人员，完成监考、流动监考安排。

外国语学院落实考试必要设备，如听力设备等，务必保证考试顺利进行。

考试组织单位通过机要将试卷寄往学校，学校教务管理部门通过机要邮寄接收试卷，学校机要文件接收部门在党办，教务管理部门在党办领取试卷，转入学校试卷专用保密室。在考前于保密室领取试卷进行考试。

发布准考证、监考及流动监考安排，准备监考资料。

教务管理部门开展监考及流动监考培训工作。

组织正式考试。

将试卷通过机要邮寄回考务组织单位，进行后期阅卷。

在考务系统中上报考试相关数据。

发布学生成绩单。

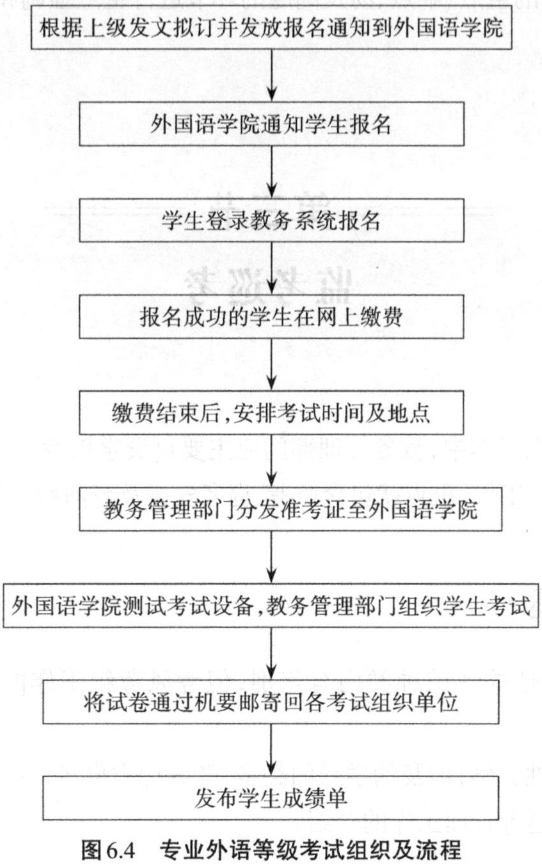

图6.4　专业外语等级考试组织及流程

三、常见问题及解决办法

社会考试组织工作中，除上述各项组织工作步骤外还应重点注意以下两点。

1. 保密工作

问题：社会考试要求保密程度高，相关保密工作容易出现问题。

办法：社会考试的保密工作主要是指试题的保密性，因此，教务管理部门应主动思考、严格做好保密工作，按相关要求建设保密室，专门用于试题的保管、保密工作。并在每次考试前后组织相关人员负责保密室监控录像的检查、回看。

在试题的运输过程中，联系当地公安机关协同前往相关部门领、送试题。

2. 监考培训

问题：由于学校每年参加考试的学生人数多，涉及考场数量多，监考教师培训工作容易疏忽。

办法：严格按照每项考试考务组织工作要求和考试具体情况，有针对性地组织一支监考队伍，人员相对固化。同时，应在每次考试前，进行有针对性的培训，针对本次考试的各种要求，对监考工作中的重点、难点、易发问题的环节进行重点强调和关注。

第三节

监考巡考

在具体的考务组织工作中，教务管理部门应主要负责学校考风、考纪建设，负责统筹全校各级各类考试的考务工作，重点就包含监考、巡考安排及考前培训等各项工作。

一、监考巡考概述

虽然各高校所管理的考试种类均有差别，但考风考纪工作的管理方法和流程基本类似。

西南大学为综合性大学，涉及的学科门类多，考试种类也多，现以西南大学涉及的考试科目为例，进行监考、巡考管理工作的介绍。

二、监考巡考内容

1.校内考试监考巡考

课程补、缓考,课程期末考试。

2.社会考试监考巡考

全国大学英语四、六级考试,英语应用能力考试(A级)考试,专业英语、德语、日语、俄语四级和八级考试等。

三、监考巡考流程及分工

1.校内考试流程及分工(如图6.5)

教务管理部门负责统筹各学院(部)监、巡考工作,制订相关文件《西南大学本科课程考核管理办法》,同时在该文件的指引下,编印《西南大学本科课程考核管理办法》文件下的配套考务管理材料,如"监考须知""巡考登记表"等。配套材料的编印是为了更好地落实文件精神,将文件对考务各环节的要求落到实处。

尤其是"监考须知"制作非常重要,它将复杂的文件制度简化为易于监考教师操作的监考工作流程指南。一个易执行的"监考须知"能以简短、精准的文字告知并指引监考教师从走进课室起如何开始开展监考工作。

以此类方法规范监、巡考工作,具体工作流程如下:

第15周期末考试前,教务管理部门向各学院(部)教务办公室下发"监考须知""巡考登记表"等考务材料,要求学院(部)组织本学院(部)监考教师进行专题业务学习。经监考学习、培训合格的监考教师方能上岗监考。

第16周,教务管理部门统筹安排巡考工作,巡考人员包含督导专家、教务管理部门工作人员;同时,学院(部)安排院(部)领导,包含学院(部)党委书记、院(部)长、党委副书记、副院(部)长等进行巡考。具体巡考教师安排由工作人员在教务系统中完成,在指定时间段上传相关安排内容;同时,学院(部)安排监考教师,也由工作人员在教务系统中进行所有课程的监考安排,在指定时间段上传相关安排。

第17周,教务管理部门在教务系统中公布所有监考、巡考安排,监考教师、巡考教师、学生可以在系统中查询,学生按时间安排参加考试,监、巡考教师按照安排进行监、巡考工作。

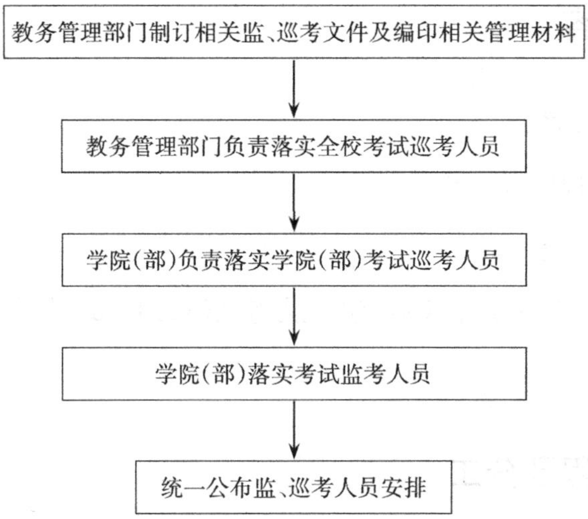

图6.5　校内考试监、巡考管理流程

2.社会考试流程及分工

教务管理部门承办的社会考试,全程由教务管理部门按照各类考试相关要求负责监、巡考安排。

教务管理部门按照每一个社会考试设立专门考务组,并按要求完成监考教师安排。

以全国大学英语四、六级考试为例,教务管理部门必须严格组织考务工作,仅考务组培训工作就应当开展三轮培训,分别为领导培训、考务组人员培训、监考人员培训,分轮次培训,严格落实考务组织各项工作。

第一轮,核心考务组领导人员培训。统一监、巡考及各项考务工作重要节点,统一认识,学习上级考务组织工作精神,务必经过培训在思想上引起高度重视。

第二轮,考务组全覆盖培训。组织考务组人员进行专题培训,明确考务工作流程、各个重要时间节点、易发问题、应急处理办法,形成统一认识,保证考务工作质量。

第三轮,监考人员培训,按照考试要求严格培训,依据监考人员数量,可分组培训。在培训中使用同样的培训PPT,且在之前须组织监考培训人员统一备课,保证要求统一、规范、到位。

四、常见问题及解决办法

问题:传统监考、巡考安排在线下进行,没有通过教务系统进行安排,人工安排的监考、巡考任务不利于校、院(部)两级信息沟通,也不利于监考、巡考教师及时查询,更不利于教师监考、巡考工作量统计、分析。

办法:在教务系统中进行监考安排及巡考安排,线上信息整合利于校、院(部)两级信息沟通,方便监考、巡考教师随时查询,且方便后期工作量统计、分析、核算。因此,监考、巡考工作需从业务流程上进行信息化管理。

第七章
实践教学

SHIJIAN
JIAOXUE

实践教学是人才培养的重要环节，对于提高学生的实践能力和综合素质，培养学生的创新精神具有十分重要的作用，直接关系高等学校人才培养质量。目前，高校教务管理部门负责的实践教学体系一般包括实验教学、实习实训、毕业论文（设计）等环节。

第一节 实验教学

实验教学是实践教学的一种重要形式，是培养学生实践能力和创新精神的主要渠道，主要由相关学科的演示性、验证性、综合性、设计性实验构成。

一、实验教学概述

我们常说实验教学是培养学生创新精神和实践能力的重要教学环节，这从根本上说没有错，因为实验教学服务于人才培养，服从于人才培养目标。然而，培养学生的创新精神和实践能力也是其他实践性教学环节的职能，实验教学独特的功能及定位仍然不清。实验教学目标不明确，实验教学活动就不能有效开展，如同大海中失去航向的船只找不到前进的方向。

从根本上讲，高校实验教学是为了实现专业人才培养目标，在学生掌握理论知识的基础上，有目的、有计划地指导学生完成一系列经过精心设计的实验项目，培养学生开展科学实验的意识、技能和严谨求是的科学精神的实践性教学环节。在实验教学中，学生通过实验来验证理论知识，或通过实验综合运用所学知识，都只是实验教学的内容，不是实验教学的根本目的。实验教学目标是为实现专业人才培养目标服务的，即培养学生开展科学实验的意识、技能和严谨求是的科学精神。①

实验教学从构成要素上主要包括实验教学大纲、实验教学队伍、实验教学课程、实验教学教材等。

①张相乐．关于高校实验教学建设的探讨[J]．西北医学教育，2007，15（3）：391-394.

1. 实验教学大纲

实验教学大纲是根据培养方案编制的实验教学指导性文件，确立了课程教学的基本任务和要求，包括课程基本信息、教学内容、实施计划、学时安排、教材（或实验指导书）选用、参考书以及考核等方面的信息，是实现教学目标、完成教学要求的基本保证，同时也是教学检查的根本依据。实验教学大纲是开展教学活动的法定文件，任何人不得擅自修改。

实验教学在培养学生的基本技能和创新能力方面有着突出作用。为了进一步强化实验教学的地位和作用，西南大学增加本科课程实验教学的学时，规定27实验学时为1学分，满足0.5个学分的实验课程须独立设课。独立设课和非独立设课的实验课程，均应有相应的实验教学大纲。

2. 实验教学队伍

实验教学队伍是高校实施实验教学最基本的力量，其整体素质的高低直接影响着高校人才培养目标的实现程度。

（1）实验教学中心主任职责

实验教学中心应实施主任负责制。明确实验教学中心主任的工作职责，充分调动中心主任工作的积极性和主动性，有助于实验教学中心的正常运行以及实验教学的顺利实施。一般来说，实验教学中心主任主要工作职责包括：①负责实验室全面管理工作，编写实验室建设规划和工作计划，并组织实施和检查执行情况。②根据培养方案和教学计划的要求，组织制订、修订实验教学大纲和实验教学计划，组织编写实验讲义或实验指导书等。③负责组织实验室建设项目、设备采购申报工作，注重提高设备的投资效益。④积极承担教学任务，认真完成实验教学工作。⑤积极组织并参与实验室建设与管理、实验教学研究与实验改革工作。⑥不断完善有关规章制度，搞好实验室的科学管理，不断提高实验设备的利用率和完好率，做好中心人员的任务安排和职责分工工作。⑦定期检查实验室，组织实验室安全教育活动及评优考核工作。⑧积极组织安排中心搞好对外服务工作。

（2）实验教学队伍工作职责

从工作职能的角度，可将实验教学队伍划分为实验教师队伍和实验技术队伍两类。学校应对相关工作人员定岗、定编、定职、定责，定期进行考核评价，保证各类人员的工作效率。可根据实际情况实行轮岗制度，以期培养工作中的多面手。实验教师可以为专任教师，也可以由理论教师兼任。无论何种形式，均须保质保量完成岗位职责。为了保证教学的稳定高效，建议实验技术人员和实验管理人员由专职人员担任。

（3）实验教学队伍绩效评价

在定编定岗、明确岗位职责的前提下，确定评价原则、标准、程序以及奖罚措施。由于学校各实验室工作量和工作性质的不统一，实验室工作人员岗位设置类型较多。各高校可以结合自身特点，按照不同的人员类别，设置不同的考核项目，公正合理、实事求是地反映被评价人员的工作状态和工作业绩。

(4)实验教学队伍培训制度

培训制度应包括学历提高、考察培训和项目研究等部分。其中学历提高部分要求学校通过各种途径,提高实验室工作人员的学历层次。为了保证队伍的稳定性,可以同时设定学历提高后必须在实验室工作的年限;考察培训部分要求学校定期组织有关校内培训,定期组织校内实验室工作经验交流会及研讨会,并积极鼓励实验室人员参加各类相关考察和校外培训,有条件的学校可以定期组织有实验室管理经验的专家举办讲座;项目研究部分要求学校在许可、鼓励实验室人员参加各类教学改革和科研项目的同时,积极申报实验教学研究课题,提高实验教师和实验工程技术人员进行实验教学研究及实验教学改革的能力。

(5)实验教学队伍激励制度

高素质的实验室工作人员队伍的建设离不开有效的激励机制,高校必须制订一套符合学校基本校情的、适合学校发展的、与教师队伍相符的职称评定、评奖和评优政策。在职称评定方面,已经有实验和工程系列的职称评定政策,需要注意的是在实验教师评定职称时,有自主评定职称权力的学校或行政主管部门应给予实验教师一定的倾斜。在评优评奖方面,应在各级教学改革项目以及教学质量评定中设置单独的实验系列;应对实验室工作人员制订相应的评奖政策,如按年度评选优秀实验室、实验室优秀工作人员、实验技术成果奖、实验设备使用效益奖等。建立由职称评定、评奖和评优构成的长期激励体系,并切实执行,充分调动实验室工作人员的工作积极性,使他们全身心地投入实验室的建设和管理工作中去。

3.实验教学课程

实验教学课程的核心是实验教学内容。实验教学内容不是简单的知识堆砌,而是一个由不同实验项目组成的有机整体。作为开展实验教学的基本单元,每一个实验项目如同有机体里的细胞,为有机体的运转发挥自身特有的作用。一般而言,实验教学课程中应当包含基础性实验、综合性实验、设计性实验、研究性实验、虚拟仿真实验等类型的项目。

(1)基础性实验

基础性实验侧重实验的基础性,主要针对大一、大二的学生。基础性实验对学生的基本操作技能进行系统、全面的训练,为学生进一步的学习和实验打下良好的基础。学生在此类实验中仅参与实验操作和实验总结,考核的主要指标是实验过程的记录和实验报告的撰写情况。这类实验要求学生了解、理解和应用实验对应的某个概念、原理或者知识点,掌握基本的实验方法和技能。

(2)综合性实验

综合性实验是由多项相关联的实验任务或实验内容组成,经过一系列的实验步骤,最终得到某种结果的实验。这类实验体现了多层次的交叉与多门课程知识点的综合,具有多重知识交融的特征，要求实验者运用头脑，采用综合的方法解决综合的问题。因此，综合性实验的内涵应该包括实验内容、实验方法和实验手段的多重综合，通过知识、内容、方法和手段的综合，对学生的知识、能力、素质进行综合训练与培养。其中，实验内容的综合可以是同一门课程的不同实验内容的综合。

多门课程的不同实验及不同课程的相关实验之间具有一定的内在联系，存在相互支撑、相互辅助、相互链接的关系。学生在实验过程中参与文献检索、实验方法理解、实验操作和实验总结等环节，最终需要提交实验背景材料的综述、实验方法的说明、实验记录和实验报告。

(3)设计性实验

设计性实验是以培养学生“设计能力”为核心目的的教学实验，是在综合性实验基础上的一种探索性实验，既可以结合课程教学，也可以结合科研项目进行。在指导教师根据教学要求给出实验项目后，学生可以选择自己感兴趣的题目，根据实验目的、任务、要求及实验室的仪器、设备现状，结合所学知识，通过查阅资料自行设计出一套完整的实验方案，选择合适的实验器材加以实现，并对实验结果进行综合分析与处理。其目的是培养学生综合运用理论知识的能力，提高学生学习的主动性和热情，使其学会运用所学的专业知识解决实际问题，从而更好地实现理论和实践的结合，提高综合素质和基本技能。

(4)研究性实验

研究性实验项目是大学生自主提出的科研训练项目，训练的主体是大学生个人或创新团队。他们在导师的指导下，自主进行研究性学习，自主进行实验方法的设计，准备实验设备和材料，依次进行实验、数据分析处理、总结报告等工作，从而培养他们提出、分析和解决问题的能力。鼓励学生结合教师的科研项目，持续性地把发现的“新”深究下去，培养他们的创新能力，是研究性实验教学的根本目的。在研究性实验中，学生通过参与实验的提出、方案的设计、实验操作、总结等科学研究工作的完整过程，能够很好地锻炼自身的科学研究能力。

(5)虚拟仿真实验

近年来，虚拟仿真实验项目备受关注，这类实验项目主要依托虚拟现实、多媒体、人机交互、数据库和网络通信等技术，构建高度仿真的虚拟实验环境和实验对象。学生在虚拟环境中开展实验，达到教学大纲要求的教学目的。但这类实验项目建设的原则应该是“虚实结合、相互补充、能实不虚”，不能以虚代实，代替基本的、常规的、经济型的实体实验，适宜完成真实实验不具备或难以完成的教学活动，如高危或极端的环境，不可及或不可逆的操作，高成本、高消耗、大型或综合训练等。虚拟仿真实验项目分为模拟实验、仿真实验、虚拟实验、远程实验和虚拟仪器。

①模拟实验

模拟实验是选取某个物理的或抽象系统的若干关键行为为特征，用另一个系统来表述其核心过程。教学对象是学科初学者;教学目标是了解知识点的核心概念,掌握基础技能;教学效果是基础课程大量使用(示教);发展方向是移动平台的开发。

②仿真实验

仿真实验是用另一组数据处理系统,主要是用硬件来全部或部分模仿某个数据处理系统,以至于模仿的系统能像被模仿系统一样接收同样的数据,执行同样的程序,获得同样的结果。教学目标是深入分析和研究系统已知或未知的行为特征;教学效果是高年级研究型课程;发展方向为移动平台作为终端,大型分布式计算、云计算与云存储。

③虚拟实验

虚拟实验是在虚拟环境中进行的实验,主要是对虚拟物进行操作,实验过程可由实验者部分或完全控制,实验的结果可以被存储、处理、再现。研究思路是利用计算机技术,实现在虚拟环境下的实验,增加实验者对真实环境的认识,提高实验效率和减少不必要的损失。教学对象是初级学习者、学科研究者;教学目标是熟悉实验环境,反复操作实验,实验结果可作为以后研究的依据;实验手段是综合利用模拟实验、仿真实验、远程实验、虚拟仪器等相关技术;教学效果是从初学者到高级研究者的提升;主流技术是成熟的计算机技术的综合应用;发展方向是三维虚拟现实技术的大量应用,逐步逼近真实实验环境。

④远程实验

远程实验是利用计算机网络技术,通过网络远程与实际实验环境交互完成。研究思路是通过网络远程操控实验设备完成真实实验,突破时空约束,减少实验伤害;教学对象是学科研究者;教学目标是熟悉实验环境,减少实验伤害;实验手段是计算机远程控制技术,用在PC机、高速网络上;发展方向是移动平台的开发。

⑤虚拟仪器

虚拟仪器是指用计算机软件完全取代传统的仪器功能,实现传统仪器的模块化、定制化。研究思路是将传统仪器中的信号采集、分析、存储、显示等用软件替代,增强网络通信功能,实现实验仪器的自由组合。教学对象是初级学习者、学科研究者;教学目标是快速掌握实验仪器的使用方法,进而进行仪器的组合;教学效果是基础实验使用;主流技术是主流的软件开发技术;发展方向是将虚拟仪器移植到嵌入式系统,并利用无线网络与移动设备相连,形成移动虚拟设备。

4.实验教学教材

实验教材是实验课程正常开设的必备条件之一。实验教材不但为学生在课前进行预习提供依据,而且可以为学生在实验过程中进行规范操作提供指导。

(1)实验教材编写依据

编写实验教材会受到各种各样因素的影响和制约,主要包含社会环境、人才培养目标、教学大纲、理论教材等。

社会的发展和科技的进步日新月异，为了让学生触及更多最新最前沿的知识，除了与时俱进的实验教师队伍和先进的实验设备以外，实验教材的更新也尤为重要。

不同的办学方向决定了人才培养目标因校而异。对于不同的人才培养目标需要制订不同的培养方案。每一门课程都是培养方案矩阵中的支撑点，实验课程也不例外。实验教材需要依据这一特性进行编写。

课程的开设均以教学大纲为指导，实验课程也应按照实验教学大纲的要求进行授课。实验课程中的每一个实验项目在受到学时比例制约的同时，都需要支撑本门课程的教学目标，在编写实验教材时，就必须根据这些情况和要求进行选材和划定范围。

实验教学作为一种独特的教学方式，与理论课程相辅相成。理论课程教授的内容对实验课程内容有直接的影响，理论课程教材的选取也顺理成章地成为实验教材编写的重要参考。

（2）实验教材编写原则

实验教材编写的原则主要包括目的性原则、适应性原则、针对性原则。

①目的性原则

编写实验教材，选择教材内容和素材，需要以实验课程学习目的、学习任务以及学习要求作为基本参照，以学生理解学习内容、掌握操作技能、增强创新能力作为出发点，以提高学习效果作为最终归宿。

②适应性原则

随着时间的推移和空间的拓展，新的信息、新的技术以及新的设备不断地涌现，实验手段也跟随着时代的发展而不断更新。为了使学生能够适应时代的要求，不断接触前沿的科学知识，编写实验教材时，考虑内容的现代性和科学性，定期更新实验教材就显得尤为重要。

③针对性原则

编写实验教材，需要针对学生的实际情况，考虑不同层次、不同水平的学生的不同需要。使用这样的教材进行教学活动，才有助于做到因材施教。

同时，也必须根据实验室现有的设备和器材情况，合理安排、充分利用，保证学生通过实际操作学习相应的知识。

二、实验室建设与管理

实验室是高校开展教学、科研工作的重要阵地。高校实验室主要分为教学实验室、科研实验室、综合实验室三类①。高校实验室的设置，应当具备以下基本条件：（1）有稳定的学

①张艳平．现代高校实验室建设和管理初探[J]．黑龙江科技信息，2011(7)：185.

科发展方向和扎实的实验教学或科研、技术开发能力等;(2)有符合实验技术工作要求的房舍、设施及环境;(3)有足够数量的、配套的实验设备;(4)有合格的实验室主任和一定数量的专职工作人员;(5)有科学的工作规范和完善的管理制度。

为了避免实验室建设过程中出现资源浪费的不良情况,各大高校纷纷成立实验中心,探索实施基于中心建制的实验室管理模式。基于中心建制的实验中心通常由多个不同功能的实验室组成,设备共享,资源整合,能够有效地解决教学实验室和实验教学资源分散建设、分散管理、运行使用效率低下等问题。

本书所指实验室,以教学实验室为主。教学实验室是指隶属学校、具备一定基础条件和实验队伍、以从事实验教学为主的教学单位。

教学实验室设置应遵循以下原则:每个一级学科全校只设置一个基础课教学实验室或实验教学中心,不重复设置实验内容相同的教学实验室;每个一级学科面向全校开设专业基础课实验室;每个专业一般只设置一个专业课实验室或实验教学中心;鼓励跨学科、跨专业组建或共建校级实验教学中心。

1. 实验室的建设

教学实验室的新建、调整、撤销与合并均须遵循一定程序。

(1)实验室的新建

因教学需要新建实验室,应由学院(部)根据学科发展进行充分论证,提出筹建规划,向学校申报。学校相关行政部门组织专家实地考察、论证,提出建设方案。筹建时间一般为一年,筹建工作结束后由学校相关行政部门组织验收,验收合格后,由学校正式公布实验室建制。

新建专业的实验课程应先在教学内容相近的实验室内开展,具备一定条件后,再申请实验室建制。

(2)实验室的调整、撤销与合并

因实验教学任务变动需要调整、撤销或合并的实验室,由学院(部)提出申请,学校相关行政部门提出处理意见,报学校批准。经批准调整、撤销或合并的实验室,其所属的房屋及实验设备等资产由学校相关部门统一调配,所属实验技术人员由所属部门提出调配意见,报学校相关行政部门备案。一般来说,学校相关行政部门每五年对正式建制的教学实验室进行一次考核认定。对于长期不能履行教学实验任务的或因学科、教学计划变更导致实验室任务不足的,学校相关行政部门组织专家进行核查论证,提出调整或撤并意见。

2. 实验设备管理

实验设备是从事实验教学的物质基础。随着高等教育改革的不断深入,实验教学对实验设备的要求越来越高。科学地管理和利用实验设备,对提高实验教学质量有着重要意义。

（1）实验设备的购置计划

编制科学的实验设备购置计划，对实验设备管理工作的意义重大。科学、合理的购置计划可以避免盲目购置、重复购置，能够充分利用有限的建设经费，更好地为教学和科研服务。实验设备购置计划要根据教学计划要求，依据“从总体出发、保障重点、厉行节约、利于发展”的原则进行编制。

实验设备管理部门出台实验设备购置计划一般要经历以下几个步骤：实验中心提出实验设备购置申请；设备管理部门对各实验中心的设备购置申请进行汇总和审查；组织专家按照教学大纲要求及实验教学实际情况对计划进行评估；将专家评估后确定的购置清单提交学校预算编制部门（如财务处）进行审核，经学校会议研究后做出最终采购决定。①

（2）实验设备的采购

实验设备的采购方式一般有招标采购、定点采购等。对于金额较大的实验设备，大多交由采购中心进行招标采购。采购时须遵循公开、公平、公正和诚实可信的原则。对于数量多、价值低的仪器，可在遵守各项法律法规的前提下采取相对灵活的方式进行采购。实验设备到位后应及时安装、调试，进行验收、交接，并着手建立档案。

（3）实验设备的台账管理

实验设备属于学校固定资产，根据价格、性能等因素分别归口部、省（区、市）、校、院（部）分级管理。为保护国家财产的安全，须建立健全相关管理制度，为实验设备建立完整的台账。以西南大学为例，单价1000元以上并能独立使用的实验设备即为固定资产，须单独建立账、卡。在此环节，必须做到账、物、卡相符。

实验设备台账包含实验设备的详细管理信息，是管理部门与各实验中心清查、核对实验设备的重要依据。

（4）实验设备的使用管理

教育部于2000年3月21日正式颁布《高等学校仪器设备管理办法》，要求“仪器设备在使用中要保持完好率，根据需要做到合理流动，实行资源共享，杜绝闲置浪费、公物私化”。建立完善的实验设备使用管理制度是科学合理使用实验设备、提高实验设备使用效益的保障。因此，各高校结合实际制订切实可行的实验设备管理制度势在必行。相应的制度应覆盖实验设备使用过程的每一个环节，涉及操作规程、使用登记、损坏赔偿、事故处理等各方面。

（5）实验设备的维修保养

做好实验设备维修保养，有利于延长实验设备的使用寿命、保持其最佳性能。在此基础上，才能进一步对实验设备进行功能开发和改造升级，从而保证实验教学的正常进行。同时，应针对实验设备的维修保养工作建立专属工作日志。

---

①孙进辉．加强实验教学仪器设备管理的思考[J]．实验技术与管理．2013，30（7）：236-238.

(6)实验设备的报废

实验设备经过一定时间使用，会出现技术指标不能满足实验教学需要的情况，其中有些实验设备由于缺少配件而无法修复，也有一些实验设备已达到报废年限，需要报废处理。报废管理必须严格按照相关规定，经技术鉴定和主管部门审批(备案)。有关收入按学校财务管理规定执行。

(7)自制教学用实验设备管理

在实验教学实施过程中，有时会由于实验仪器不足、设备陈旧、出现故障难以维护等原因导致实验项目无法开设，也有可能出现可购买的实验设备不适用于某些实验项目的情况。经过长期实践，学校发现充分调动教师的积极性，自制教学用实验设备可以很好地解决以上问题。

自制教学用实验设备具有灵活性、超前性、及时性、直观性和经济性等特点，既可以弥补实验设备的不足，又可以为创新实验教学项目服务，还可以为培养优秀的技术人员搭建平台。

随着自制教学用实验设备种类与数量的增加，其中存在的问题也逐渐显现，如研制论证不充分、技术含量不高、成本核算不规范、成果推广不到位等。在实际使用中也会出现安全生产方面的问题。

因此，各高校应高度重视教学用实验设备自制，进一步规范和加强其管理。首先，应健全管理制度、开拓资金渠道，为自制教学用实验设备搭建完整的平台。其次，应加强研制论证、实行目标管理，在自制教学用实验设备研制项目立项前充分论证其必要性、可行性和先进性，并且从经济效益和社会效益两个方面对其进行预期评价，在设备研制完成后明确验收标准，考察其功能、参数、效益等是否达到预期目标。最后，应严格使用管理、建立绩效机制，让自制教学用实验设备更加规范、高效地为实验教学服务。

3.实验室的运行

对实验室日常运行进行科学管理是实验教学正常运行的前提和保障。作用于教学的实验室日常运行主要有两种方式，即封闭式运行和开放式运行。

(1)封闭式运行

传统的实验室运行往往采用一刀切模式，统一安排实验时间、实验内容和实验要求，按照既定课表运行。

在此模式下，实验教学课表是规范实验教学秩序的核心依据。各教学实施单位根据实验教学计划安排开课实验室并组织任课教师编排实验课表。实验课表应包括课程名称、上课时间、上课地点、任课教师、学生人数等信息。实验课表如有变动，须履行相应调课手续。

很长一段时间里，国内高校实验室多数采用此种管理模式，即学生只能在教学管理部门和实验室安排好的时间段内进入实验室完成规定的实验内容。学生参加某一门课程的学习，在同样的时间段完成同样的实验内容，不能根据自身实际情况充分发挥积极性和主动性，处于约束性较强的被动学习状态。实验室在没有安排课程的时间段内往往处于闲置状态，不利于实验室资源的有效利用。

(2)开放式运行

随着教育教学改革的不断深入，高校对学生的实践动手能力越来越关注，对实验室的发展越来越重视。在此背景下，实验室开放式运行应运而生。实验室开放可以分为时间开放、对象开放和内容开放三种功能。在这三种开放功能中，实验时间开放是实验室开放的前提，意为师生可根据自身时间安排在实验室开放时随时进入实验室进行实验。实验对象开放是指进入实验室进行实验的人员不局限于某一类人员(如本科生、研究生或教师等)。实验内容开放是指在符合教学大纲要求的前提下，针对不同学生知识掌握程度和动手能力方面的差异以及不同学生培养目标定位的不同，在实验教学中设计和构建难度层次不同的实验项目，学生可结合自身实际情况选择完成相应的实验项目。

实验室实行开放式运行需要人员、设备、资金、制度等全方位保障，才能保证实验室顺利运转。

我国高校实验室开放运行大体分为两类，一类是对实验室承担的实验课程开放，一类是对课外内容开放。

实验室对其承担的实验课程开放，在开放时间安排上，依然可以采用传统的课程安排模式，对全体学生进行统一安排。但在学生学习过程中，应强调“以学生为主体、以教师为主导”，对于不同层次的学生进行因材施教，使学生的实践能力和创新精神切实得到提升。

除了完成承担的实验课程教学任务之外，实验室还可以对未在统一安排时间内完成实验或需要操作更高层次实验的学生开放，突出对学生的个性化培养。未在统一安排时间内完成实验的学生可以重复进行实验，以便真正消化理解所学知识。学校面向学生设置的科学研究项目以及学生参加各级各类竞赛涉及的实验内容，也可以在实验课程教学之外的时间进行。

实验室实行开放，不仅要保证开放时间，还要保证利用效率。因此，进行实验室开放管理，可以根据学校自身特点开发一套实验室开放管理系统，实现管理信息化。

4.实验室安全管理

实验室的安全有序是实验教学工作正常进行的基本保证。安全事故一旦发生，就有可能造成不可挽回的损失。因此，高校应当高度重视实验室安全管理工作，以确保人身和财产安全。

(1)常见的实验室安全事故分类

常见的安全事故主要有火灾事故、爆炸事故、毒害性事故、辐射事故及机电伤人事故等。

火灾事故包括易燃液体的燃烧、易燃气体的燃烧和易燃固体的燃烧等。

按照爆炸的初始能量不同，爆炸可分为核爆炸、化学爆炸、电爆炸、物理爆炸、高速碰撞以及高能粒子束照射引起的爆炸。一般实验室中的爆炸事故为化学爆炸，此类事故往往会引发火灾事故。

毒害性事故多发生在具有化学危险品或感染性微生物的实验室中，剧毒性危险化学品可通过呼吸道、皮肤或消化道进入人体引起中毒。

《放射性同位素与射线装置安全和防护条例》（国务院令第449号）根据辐射事故的性质、严重程度、可控性和影响范围等因素，从重到轻将辐射事故分为特别重大辐射事故、重大辐射事故、较大辐射事故和一般辐射事故四个等级。

机电伤人事故发生情况一般为高温、高压设备操作不当，或者设备老化。

（2）实验室安全管理策略

实验室安全人人有责，将安全责任逐级分解，明确不同部门和人员的职责，是保障实验室安全的有效途径。一般而言，实验室安全管理策略主要包括建立实验室安全管理制度、设立实验室安全准入机制、营造实验室安全教育氛围。

①建立实验室安全管理制度

实验室安全管理制度是实验室安全管理工作的核心内容，建立科学合理、切实可行的实验室安全管理制度，是实验室安全工作稳步推进的基本保障。学校应遵循“教师主导、学生主体”的教育发展规律，深化以人为本的管理理念，有效引导师生遵守安全规则并以为师生提供优质服务为宗旨，及时根据学生实验室的发展需要完善制度的规范化和可操作性建设。

一般来说，实验室安全管理制度采用校、院（部）、室三级联动体系，即在学校统一领导下，构建由学校、二级单位、实验室组成的实验室安全管理责任体系，逐级分层落实责任。学校除了制订基本的实验室安全守则、实验室安全检查监督制度、实验室技术安全事故应急预案等之外，还应根据各实验室特点，制订涉毒、涉菌、涉腐蚀等安全管理办法。

②设立实验室安全准入机制

实验室安全事故发生的原因各不相同，据不完全调查，绝大多数的安全事故由人为因素导致，主要原因包括安全知识不足、实验操作不当、应急处理能力缺失等。因此，设立实验室安全准入机制，加强实验室安全规范教育非常必要。

高校应在各相关课程中灵活设置实验室安全教育内容，或设置专门实验安全教育课程，通过授课，结合实验室事故应急处置演练直观地向学生展示实验安全教育的注意事项以及事故应对措施，强化学生的安全意识和观念，探索寻求符合院校特色的实验与实践安全教育课程的教育教学模式。

同时，实验室管理及使用主体应建立针对本实验室的安全培训及考试制度，只有通过了通识性和专业性安全知识考试的人员，才可以进入实验室进行实验操作。根据实验室不同危险种类，设立相应的安全培训课程，包含一般性安全、化学安全、生物安全、仪器设备使用安全、废弃物处理规程等。如吉林大学生物基础国家级实验教学示范中心设置了实验安全考试，学生通过安全知识考试后方可进入实验室进行实验，学生首次进入实验室前还必须填写安全确认单，确保实验安全进行。

③营造实验室安全教育氛围

学校可通过编印宣传单、安全广告、宣传画以及开展实验室安全讲座等，从观念、道德、情感和品行等方面影响师生，引导他们树立安全责任感和安全价值观，提高他们的安全素养，加强他们的安全责任心和使命感，使其自觉满足学校对安全、健康的要求。同时，可以张贴实验室规章制度及各项安全标志，随时随地提醒师生注意实验室安全。例如：实验室必须张贴规章制度；在实验场所张贴安全逃生示意图，可以帮助师生熟悉实验室所在楼层的安全出口；在恰当位置张贴实验室安全标志，有助于增强师生安全意识。

三、实验教学改革

实验教学改革是提高实验教学质量的最佳途径。实验教学改革主要包括实验教学课程体系改革、实验教学内容改革和实验教学方法改革等方面。

1. 实验教学课程体系改革

实验教学课程体系改革是实验教学改革的核心内容，应根据学校发展及其人才培养目标要求，搭建培养学生动手能力、创新精神和创新能力的实验教学课程体系框架，构建与理论教学有机结合的科学、系统的实验教学课程体系。

2. 实验教学内容改革

实验教学的内容应该是基础与前沿、经典与现代的有机结合。高校实验教学项目应以拓宽基础、淡化专业为原则，对传统的实验内容进行精简，保留经典，重组常规。除了经典的和常规的实验外，实验教学应引进本学科领域最新成果，开拓学生的视野，力求思路创新；增加设计综合性实验和研究性实验。

3. 实验教学方法改革

实验教学方法改革的立足点应为“以学生为主体，以教师为主导”，变“教学”为“培养”。教师遵循精讲多练的原则，充分利用现代化教学手段，提高课时利用率，让学生在实验中既动手又动脑。

第二节
实习实训

实习实训是培养方案中重要的综合性实践课程，是本科学生理论学习之外在实习实训基地（平台、项目等）获得实践知识、培养创新创业意识和实践能力的重要途径，对促进本科学生全面发展具有重要作用。

一、基地建设

1.建设目的

加强和规范实习实训基地的建设与管理是顺利开展实践教学，确保实习实训质量的重要保证。教务管理部门作为职能部门，要加强实习实训基地建设的规划、指导、管理和评估。各二级教学单位要结合实际，积极拓展渠道，建设优质实习实训基地。

实习实训基地建设分为教育实习基地建设、农学类实习基地建设、综合类实习基地建设三类，各类基地根据实施方案（或管理文件）进行分类建设、分类管理，服务于人才培养。

2.建设程序

遴选拟建基地：实习基地的选择要求能够最大限度地为实习生提供参与实践的时间和空间，保障实习生的基本生活条件，保证实习生能够得到充分的锻炼。校级实习基地分布要考虑区域代表性，院（部）级实习基地坚持就地就近，同时校、院（部）两级基地都应该在双方自愿、协商的基础上遴选。

前期考察：学院（部）或教务管理部门负责人与拟建基地负责人双方进行初步洽谈，在双方自愿、协商的基础上，组织相关专家和教师进行实地考察，形成考察意见，报分管领导审核。

中期洽谈：学院（部）在调研和协商的基础上，与相关企事业单位，科研院、所、站达成建立实习基地的合作意向，进一步洽谈，协商经费、人才培养、科研工作等具体事宜。

基地试运行：学院（部）与待建基地进行初步合作，试运行周期一般为2年。

签署协议：试运行到期后，学院（部）可根据试运行情况，在充分论证的基础上，召开院（部）党政联席会议讨论决定是否签署协议。院级基地与院（部）签订协议并报教务管理部门备案，校级基地与学校签订协议；长期合作、基础条件好的院级基地可直接向教务管理部门申报，经批准，可直接建设为校级基地。实习基地协议合作年限根据双方需要协商确定，一般为3～5年。

基地挂牌:承建单位与基地签订协议,报教务管理部门备案后,可进行挂牌。校级基地一律挂牌,标牌由学校教务管理部门统一制作;院级基地由院(部)负责制牌、挂牌。标牌内容参考学校文件要求,规格一般为长600 mm、宽400 mm。

基地正式运行:基地建成后,贯彻"双赢"原则,承建单位应与实习基地保持紧密联系,切实落实协议规定的各项内容,多方面开展合作,共同参与基地管理、运维。

二、过程管理

以西南大学为例,本科生实习实训分为师范和非师范两大类。实习时间由各学院(部)根据培养方案和教学大纲的需求确定,公费师范生实习时间一般为1学期,其他专业不低于6周;实训时间为1~4周,具体时间根据各学院(部)各专业的教学需要进行安排。

1.师范类实习实训

概述:师范类实习又称教育实习,是公费师范生(以下简称"师范生")必修的综合性实践课程,是师范生获得教师资格证书的必要条件之一。教育实习包括教学实习、班主任实习以及其他教育教学工作实习三项基本内容。

实习前安排:每年6月、11月,教务管理部门或院(部)向将参加学期实习的学生公布各实习点需求,组织学生自愿报名选择实习点,汇总学生填报信息并反馈;实习负责人根据学生报名情况进行综合调配,确定名单并予以公布;教务管理部门或院(部)组织校内外基础教育领域的相关专家、学者和优秀教师对实习学生进行实习动员和岗前培训;实习学期开学时,以小队为单位将参加实习的学生安全派送至各实习点。

实习中质量监控:为加强对师范生的指导,学校组建了以学院(部)为主体,由教务管理部门、教师教育学院、各学院(部)领导及学科教学法教师组成的巡回指导和质量监控团队,每学期分成若干巡回指导小组,分赴各实习点深入课堂听课,组织学生座谈交流,对学生课堂试教、班主任试做、教育调查与研究和其他工作进行指导。

实习后评价:实习结束后,教务管理部门或院(部)组织协调各实习点学生安全返校、返家;学生写出个人自我鉴定,各队写出工作总结,实习材料上交院(部)归档;学院(部)组织学生进行实习汇报交流,并负责实习生成绩评定与审定、录入等相关工作;以院(部)为单位,写出实习工作总结,评选出各项优秀代表,并上报总结及评优材料至教务管理部门;教务管理部门审核、整理、归档各类材料;学校发文并表彰各级各类优秀单位及先进个人。

为确保师范类专业教育实习的质量和效果,师范生实习必须全部集中安排混合编队和顶岗支教实习,其余由学院(部)集中安排。学校鼓励师范专业根据实习实训要求和实习基地学校需求分流安排,即将学生分别安排在大学三年级上、下学期到各基地学校和顶岗支教点进行实习,从而保障教育实习工作的持续性和稳定性。

2. 非师范类实习实训

概述：非师范类实习实训指除教育实习外的所有实习实训工作，包括农学类实习、综合类实习、其他类实习等。各学院（部）应根据专业性质、专业特点、实习实训要求等，采用集中、分散或其他相应的方式，有组织地进行实习实训工作，并鼓励集中实习实训。

实习前安排：实习实训开始前，各学院（部）应组织对指导教师和本科学生进行动员与培训工作，由学院（部）领导主持。通过动员与培训，使师生了解实习实训的目的、任务、内容、方法与时间安排等。同时，各学院（部）要认真组织师生学习、落实实习实训计划。

制订实习实训计划：以教学大纲为基础，根据实习实训的特点，编制实习实训计划及实习实训经费预算，经学院（部）领导批准后，将实习实训计划送交教务管理部门备案。内容包括实习实训目的和要求、内容和形式、时间和地点、程序安排、年级和专业、指导教师、经费预算等。

确定实习实训指导教师：指导教师由学院（部）根据本次实习实训的具体要求，主要在专业教师中指定。指导教师应具有中级及以上职称，教学经验丰富，对本专业的实践教学熟悉，有一定组织管理能力。

组织落实实习实训单位：学院（部）根据实习实训计划，负责组织落实实习实训单位。所选择的实习实训单位要与专业对口，生产比较正常，技术、管理水平比较先进，能够满足实习实训教学要求。

实习中质量监控：实习实训过程中，组织学院（部）领导班子和指导教师到各实习实训点对学生实习实训工作进行巡察、指导，及时掌握学生实习实训情况，督促学生按时完成实习实训任务。

实习后评价：实习实训结束后，各学院（部）应配合接收单位完成后续交接工作，组织学生安全有序地返回学校。有条件的学院（部）可以召开实习实训工作总结会，组织参加实习实训的师生交流和总结实习实训经验，书面总结于实习实训结束后两周内交教务管理部门。在工作总结的基础上，评选出先进单位和个人报学校表彰。

为提升非师范类专业实习实训质量和效果，各学院（部）除少数特殊专业安排分散实习外，将逐步提高集中实习比例，农科类专业各学院（部）应负责安排不少于55%的学生集中实习实训，其余学院（部）应负责安排不少于35%的学生集中实习实训。

三、经费管理

实习实训经费由教务管理部门依据各学院（部）提交的实习实训计划，按照有关标准和实习实训形式的不同，统一划拨到本科学生所在学院（部），经费使用要本着节约开支、多办实事、包干使用、节约归己的原则，使经费发挥最大的效益。基本原则是根据实际成本和财力，结合地区差异进行核定。不同类型、不同时间长短、不同地区和不同学校的实习实训经费差异较大。学校教务处应该制订具体的经费划拨标准。

四、创新创业实践学分

创新创业实践学分是指全日制本科学生在校期间，以学校学生名义参加课外创新创业实践活动并获得成果者，按规定获得的学分。创新创业实践学分由“科研学分”“技能学分”“创业学分”“实践学分”四部分构成。

1. 流程及分工

学校成立本科学生创新创业实践学分认定与管理办公室，由教务管理部门、招生就业处、学生处和校团委相关人员组成，办公室设在教务管理部门，负责具体管理工作。

①学生自主申请

每年3月的第一、二周，由学生本人提出申请，并填写《本科学生创新创业实践学分申请表》。

②学院(部)初审

学生将申请表(附相关材料原件和复印件)交所在学院(部)审查(其中创业学分由招生就业处审查，艺术实践学分由校团委审查)，汇总后报教务管理部门复审。

③教务管理部门复核、认定

教务管理部门按学校管理文件要求对学生申报的实践学分进行复审，复审后，统一进行公示。

公示无异议，经主管领导审批，将学生所得的创新创业实践学分记入学生成绩档案。在成绩登记表上，明确创新创业实践学分的项目类型(如科研学分、技能学分、创业学分或实践学分)。

2. 需注意的事项

创新创业实践学分均可以替代通识教育(文化素质教育)选修课程学分，其中，科研学分可以替代专业选修课程学分；创业学分可替代专业必修课和选修课程学分，但不能替代核心专业课程学分。替代学分不得超过10学分，并且不能重复替代。

艺术、体育专业学生，在国际、国内或省级以上专业竞赛中获得名次或奖励所获得的创新实践学分，可以替代该专业选修课程学分，替代学分不得超过10学分。

学生在校学习期间，同一项目只记最高创新创业实践学分分值，得分不累加；集体项目与个人项目有重复的，以最高分计，不重复计算。

集体项目计算学分提高到个人项目计算学分的120%。集体项目中科研学分的计算比例：二人合作8∶4，三人合作7∶3∶2，四人合作7∶3∶1∶1，五人合作6∶3∶1∶1∶1。创业学分、技能学分和实践学分按项目人数平均计算。

五、学科竞赛管理

学校应重视组织学生参加各类学科竞赛，如全国大学生数学建模竞赛、全国大学生电子设计竞赛、“挑战杯”等，凡由教育部牵头组织的全国大学生竞赛以及相关省部级学科竞赛，学校都应积极组织、鼓励学生参加，并结合具体情况给予经费支持，对获奖学生给予奖励。

1.流程及分工

具体的竞赛管理工作实行分级管理，由校、院(部)两级共同负责，教务管理部门负责竞赛的组织和协调工作，学院(部)负责具体相关工作。

(1)前期筹备阶段

竞赛负责人提出参加或组织各类学科竞赛的申请及经费预算；学院(部)教学院(部)长审核、签字；教务管理部门主管处长审批、签字；教务管理部门协助组织，学院(部)成立相应竞赛领导工作小组或协会，竞赛负责人落实各项具体工作。

(2)组织报名、培训阶段

由各学院(部)组织学生到竞赛领导小组办公室报名，院(部)组织学生进行初试工作，从报名学生中遴选优选参赛学生，经培训选拔后由学校统一组队；培训期间，指导教师的课酬由学校支付，学生生活补助由学院(部)支付。各学院(部)对指导教师的赛前培训授课应计算工作量。

(3)竞赛阶段

竞赛期间，领导小组、办公室以及各学院(部)要做好组织协调和服务保障工作，为队员参赛创造良好条件。竞赛期间，学校每天向参赛队员发放一定的生活补助。学院(部)也可对参赛学生给予一定补助。

(4)评奖、表彰阶段

学校对获奖学生、优秀指导教师、优秀组织工作者进行评优表彰，获奖学生的奖励(学分、助学金)按相关管理文件规定执行，获奖队的指导教师按学校有关文件进行奖励。

2.注意事项

同一参赛项目获得多项次奖励的，以所获最高奖项为标准计，不累加。

第三节
毕业论文(设计)

毕业论文(设计)是本科人才培养方案的重要组成部分,是实现人才培养目标的综合性实践教学环节,是本科学生开始从事科学研究与实践的初步尝试,是对学生科研能力、综合素质的全面培养和检验。

一、组织管理

为确保本科毕业论文(设计)的质量,必须对毕业论文(设计)工作实行分级管理,层层负责,其中主要涉及指导教师、专业(系、教研室)、学院(部)、教务管理部门。

1. 指导教师的职责

指导教师的具体职责如下:

加强对学生的学术道德、学术诚信和学术规范教育。将学术道德、学术诚信和学术规范教育贯穿于毕业论文(设计)指导的全过程,对毕业论文(设计)是否由学生独立完成进行审查,确保原创性,严格审查学生毕业论文(设计)全部资料,严把论文质量关。

加强对学生的安全教育。在对学生进行首次指导时将完成毕业论文(设计)的过程中可能涉及的安全问题向学生讲解清楚,并就如何规避安全事件、降低安全风险进行指导。

指导学生做好毕业论文(设计)选题和开题工作,开题后,对学生进行全面指导,了解题目目的、要求、主要内容、进行方式、工作量大小等。

认真检查学生的工作进度和工作质量,引导学生在独立思考的基础上分析、解决论文设计中遇到的各种疑难问题,严格要求学生。

指导学生撰写毕业论文(设计)。

按等级制评定学生毕业论文(设计)成绩,并给出评语。

2. 专业(系、教研室)职责

专业(系、教研室)在学院(部)的指导下具体开展本专业(系、教研室)毕业论文(设计)的全过程指导工作,具体职责如下:

制订本专业毕业论文(设计)大纲,明确本专业毕业论文(设计)工作目标、可支撑的毕业要求指标点和支撑强度、工作内容、考核方式以及评分标准。

确定指导教师名单,确定每位教师指导学生的上限人数,报学院(部)备案。

组织毕业论文(设计)征题、审题、选题、开题、中期检查、评阅等工作,做好优秀毕业论文(设计)评选推荐工作。

严把毕业论文(设计)各环节质量关,及时总结毕业论文(设计)工作,并送学院(部)归档。

3.学院(部)的职责

各学院(部)负责本单位毕业论文(设计)全过程管理,具体职责如下:

贯彻落实学校有关毕业论文(设计)管理规定,成立毕业论文(设计)领导小组,拟订本单位毕业论文(设计)工作计划和实施细则。

做好毕业论文(设计)指导教师资格审查、选题审查,对初次担任的指导教师进行培养和管理,及时研究和处理毕业论文实施过程中出现的问题。

成立学院(部)答辩委员会,组织全院(部)答辩工作。

做好院级优秀毕业论文(设计)和优秀指导教师的评选工作,并按要求做好校级优秀毕业论文(设计)推荐工作。

认真进行毕业论文(设计)工作总结、归档和评估工作。

4.教务管理部门的职责

教务管理部门负责毕业论文(设计)的总体管理工作,具体职责如下:

审核学院(部)制订的细则和导师资格,并汇总各学院(部)毕业论文(设计)选题和指导教师情况。

组织全校毕业论文(设计)工作的检查、监督、考核、总结和评估。

组织校级优秀毕业论文(设计)和优秀指导教师的评选。

协调校内有关部门,为毕业论文(设计)工作的顺利进行提供保障。

二、主要流程

全校毕业论文(设计)工作实行分级管理、层层负责的办法。教务管理部门负责全校毕业论文(设计)的总体管理工作,学院(部)具体负责本单位毕业论文(设计)全过程管理。

1.确定论文(设计)选题

毕业论文(设计)选题工作应在第7学期的第5周前进行,各学院(部)可以根据实际提前,但不得延后。学生与指导老师实行双向选择,学生自愿选题、选指导教师,指导教师按专业特长选择题目和学生。学生在指导教师的指导下,可根据自己的兴趣、特长确定选题,也可由指导教师确定选题,主张"一生一题",学院(部)组织评审确认,审查通过后向学生公布。

毕业论文(设计)的选题可分为基础研究、应用研发、创意设计、专题调研、作品展演等类型。

基础研究:要求学生选题时结合学科专业特点、学术规律和研究前沿,进行基础理论研究。研究内容包括基础理论、科学实验、数据分析等，鼓励学科交叉融合。

应用研发：要求学生选题时结合学科专业特点、作品功能和用户需求、行业发展和市场需求进行一个应用型作品研发。研究内容包括：市场需求分析、作品设计与制作、功能测试与分析等，鼓励融合研究前沿和市场主流技术。

创意设计：要求学生选题时结合学科专业特点、创意理念与设计实践相结合，将富于创造性的思想、理念以设计的方式予以延伸、呈现与诠释，进行具有科学性、创造性、新颖性及实用性的创意设计。主要内容包括：创意设计理论基础、设计理念、最终成果及挖掘作品内涵等，建议从创意设计理念、听/视觉语言和技术表现方式的创意入手，正确、充分地传达创意设计信息。

专题调研：要求学生选题时结合学科专业特点、课题特点、社会实际和科学发展，能独立查阅文献以及从事其他形式的调研，能较好地理解课题任务并提出实施方案，有分析、整理各类信息并从中获取新知识的能力。主要内容包括：基础理论、调研分析、调研成果等，提倡专题专做，鼓励优秀学生提前参与有关课题的实际研究。

作品展演：要求学生（主要是艺术类学生）选题时结合学科专业特点，将自己的作品以展览或演出的方式进行，在展演前应对自己的作品做详尽的文字说明，阐明创作思路、情感等，全面表现自身的创作水平或表演能力。

选题是首要环节，对于毕业论文（设计）的质量具有"牛鼻子"的重要作用，应当对各类选题提出明确要求：选题要有一定的工作量、难度适当，在规定的时间内经过努力能够完成；应符合专业培养目标，体现综合训练的基本要求；应面向经济建设、面向社会，与生产、科研、教学和实验室建设等社会实际和科学发展紧密结合；质量高，不应过大、过空、过偏，提倡真题真做，鼓励优秀学生提前参与有关课题的实际研究。学生若无法完成所选题目，可向指导教师申请更换选题，经指导教师同意后报专业（系、教研室）批准，更换选题须在学院（部）中期检查前完成。

鼓励和提倡与校外单位结合课题研究进行的毕业论文（设计），可聘请校外单位中具有中级职称以上人员承担指导工作。学院（部）应指定中级职称以上教学科研人员参与指导工作，了解和掌握毕业论文（设计）进度情况及质量，并协助解决有关问题，不能以文献综述代替毕业论文（设计）。

2. 确定指导教师

毕业论文（设计）的指导教师应由具有中级以上职称的学术水平高、实践经验丰富的教师或工程技术人员担任。为确保质量，应控制每位教师指导的学生人数，具体人数由各学院（部）根据情况确定，提倡建立以经验丰富的教师为组长的毕业论文（设计）指导小组对学生进行指导。

3.论文(设计)的开题

开题程序:学生确定选题后,查阅文献,制订研究方案,进行前期准备,撰写开题报告,然后向指导教师申请开题,经指导教师认可、专业(系、教研室)及学院(部)组织论证通过后,方能进入毕业论文(设计)的后续阶段。

4.论文(设计)的撰写

学生在教师指导下,独立完成一项选定的专题研究或设计任务,合作任务必须明确区分子项目任务,每个学生必须独立完成子项目任务。完成任务后按照培养目标及教学基本要求撰写出研究论文,或者编写出设计说明书并绘制出必要的图纸等。

学生应积极、主动、独立地按时间要求完成毕业论文(设计),努力创新,要有实事求是的科学态度,严禁抄袭、剽窃他人成果。

5.论文(设计)的审查与评阅

形式审查:形式审查主要是审查学生毕业论文(设计)撰写格式的规范性、装订的规范性、必须交纳资料的完整性。各学院(部)结合本学院(部)的实际,成立毕业论文(设计)形式审查工作小组,制订具体的形式审查要求,负责本学院(部)学生毕业论文(设计)的形式审查工作。形式审查应在毕业答辩前一周完成,形式审查合格者才能参加答辩。

查重检测:所有本科学生毕业论文(设计)均须进行查重检测,各学院(部)应高度重视,认真做好本科学生毕业论文(设计)查重检测工作。学生在答辩前将毕业论文(设计)电子档(包括中英文摘要、正文)提交所在学院(部)进行查重检测,具体提交检测主体由学院(部)根据专业人数、专业特点自行确定,通过检测的"合格"的论文(设计)方可参加答辩。此项工作受理截止时间建议为答辩前一周,过期将不予受理。

指导教师评阅:指导教师根据学生在毕业论文(设计)期间的表现和毕业论文(设计)的质量写出评阅意见,并按等级给出成绩。

交叉评阅:所有学生的毕业论文(设计)必须由学院(部)指定具有高级职称的教师进行交叉评阅,必要时也可聘请校外相关专业人员为交叉评阅教师。评阅教师评阅后,写出评阅意见并给出成绩。

6.论文(设计)的答辩与成绩评定

答辩总体要求:所有参与毕业论文(设计)的学生都应当参加由学院(部)答辩委员会组织的答辩,各学院(部)可结合本院(部)具体情况灵活进行,如分专业、分小组组织学生进行答辩;艺术类专业学生以作品展演为毕业设计的,可由答辩小组对其作品展演的内容和效果进行综合评定。

毕业论文(设计)的成绩评定:毕业论文(设计)最终成绩以答辩委员会审定的成绩为准,建议按优秀、良好、中等、及格、不及格五级进行评定,填写在毕业论文(设计)封面"成绩”一栏，评定学生毕业论文（设计）成绩时，必须严格掌握标准。

7. 论文（设计）的评优及表彰

学院（部）在学生论文（设计）成绩评定的基础上，结合院（部）毕业论文（设计）领导小组意见，严格按照比例评选出优秀毕业论文（设计）作者和指导教师，在院（部）内进行公示，公示无异议后向教务管理部门报送优秀论文（设计）电子文本、优秀论文（设计）作者和指导教师名单，教务管理部门汇总所有院（部）信息后上报学校发文表彰。

8. 论文（设计）的总结与归档

毕业论文（设计）结束后，各学院（部）应进行书面总结，并上报教务管理部门。学生毕业论文（设计），其全部资料包括论文（设计）内容、软盘、评阅记录、答辩记录、图纸、作品等；由学院（部）统一收回（属生产中直接需要的图纸、资料，经批准，可将复印件归档），由学院（部）资料管理人员负责保管，查阅毕业论文（设计），须办理借阅手续。各学院（部）应按要求期限保存学生毕业论文（设计）（一般不低于三年），毕业论文（设计）的署名权属于指导单位。

三、质量保障

1. 论文（设计）大纲

可按照“一个专业一个大纲”的原则，专业（系、教研室）根据本专业培养方案中的毕业要求，组织制订适用本专业毕业要求的论文（设计）大纲，对本专业毕业论文（设计）的教学目标、工作内容、管理流程、成绩评定等进行规定，经学院（部）学术委员会审核通过后提交教务管理部门。

2. 过程管理

学院（部）负责本单位毕业论文（设计）的过程质量监管，强化开题、中期检查、评阅、答辩等关键节点的质量把控。教务管理部门不定期组织专家对学院（部）毕业论文（设计）的各环节工作进行抽查，并在适当范围内公布抽查结果。

3. 持续改进

毕业论文（设计）工作结束后，由专业（系、教研室）组织开展毕业论文（设计）达成度评价，完成质量分析报告，并对存在的问题提出持续改进的意见和方案。

4. 论文抽检及评议

（1）抽检比例。学校本科毕业论文（设计）抽检建议每年进行一次，抽检对象为上一学年度所有专业授予学士学位的毕业论文（设计），抽检比例原则上不低于该专业人数的10%。

(2)评议重点。本科毕业论文(设计)抽检将重点对选题意义、写作安排、逻辑建构、专业能力以及学术规范等进行考查。

(3)专家构成。教务管理部门面向全校和同行兄弟院校遴选毕业论文(设计)评议专家,组建专家库,负责对抽检论文(设计)进行评议。

(4)工作程序。

①学校采取随机抽取的方式确定抽检名单。

②学校对抽检论文(设计)进行学术不端行为检测,抽检结果供专家评审参考。

③学校采取随机匹配方式组织同学科类别下的专家对抽检论文(设计)进行评议,提出评议意见。每篇论文(设计)送2位同行专家,2位专家的评议意见均为“不合格”的毕业论文(设计)将认定为“存在问题的毕业论文(设计)”;2位专家中有1位专家评议意见为“不合格”的毕业论文(设计),再送第3位专家评审,如评议意见仍为“不合格”,将认定为“存在问题的毕业论文(设计)”。

5. 抽检结果运用

(1)抽检结果将向全校公开。

(2)对连续2年均有“存在问题的毕业论文(设计)”,且2年不合格论文(设计)总数达到抽检总数20%及以上的专业,学校将在全校范围内予以通报,下浮该专业毕业论文(设计)指导工作量,并限期整改。

(3)对连续3年均有“存在问题的毕业论文(设计)”,且3年不合格论文(设计)总数达到抽检总数的20%的专业,学校将对专业进行警示,调整专业招生计划,直至停止专业招生,并对学院(部)和个人的人才培养责任落实情况进行调查,依据有关规定予以追责。

(4)对“存在问题的毕业论文(设计)”的指导教师,学院(部)应该进行见面谈话,分析原因,提出整改要求,并根据情况调整该教师指导本科毕业论文(设计)的数量,直至取消指导资格。

四、注意事项

1. 论文格式规范参考学校标准(以西南大学为例)

毕业论文(设计)应符合《西南大学本科毕业论文(设计)规范化要求》。学生应积极、主动、独立地按时间要求完成毕业论文(设计),努力创新。要有实事求是的科学态度,严禁抄袭、剽窃他人成果。

2. 论文不适合查重检测的由院(部)确定其他方式检测或认定

对工程类、艺术类、其他类等不适合采用维普论文检测系统进行查重检测的本科毕业论文(设计),其是否涉及抄袭、窜改已有科研成果等学术不端行为,由相关学院(部)另行规定相应的检测或认定方式。

3. 注意各项工作的时间节点

在毕业论文(设计)工作开始后,学院(部)应统筹协调、合理安排,掌控好各项工作的时间节点,督促学生在规定时间内完成相应工作。

第八章

成绩与学籍

CHENGJI
YU
XUEJI

成绩与学籍是高校教务工作的重要组成部分，它们之间紧密相连，缺一不可，主要包括学生的学籍学历管理、成绩管理、毕业与学位资格审核工作等。

第一节 学籍管理

学籍管理是根据有关规定对学生的基本信息和学籍异动等进行登载、控制和处理的活动，是教育教学活动的重要前提。

一、学生信息

学生的信息管理有多种，主要的有学生证、新生学籍电子注册、新生图像信息采集、毕业生图像信息采集、在校生学年电子注册、学籍学历信息修改等。

1.学生证

学生证，是新生入校时由学校签发给已获得学籍的学生身份证明的证件，用以证明学生在该校就读，并证明学生身份。学生证一般会有盖有学校钢印的本人照片，学生所在学院(部)、专业、班级、身份证号、入学时间，外地学生还有学生往来车站等信息。学生每学期到校后学校会在其学生证上加盖注册专用章。学生持学生证可以享受乘坐火车、汽车、外出旅游等优惠待遇。学生证限本人使用，不得转借他人使用。新生学生证一般在新生入学报到两周后开始办理。学生证若不慎遗失，学生需要提出申请，学校核实后补发。

学生证制作发放的流程如图8.1所示。

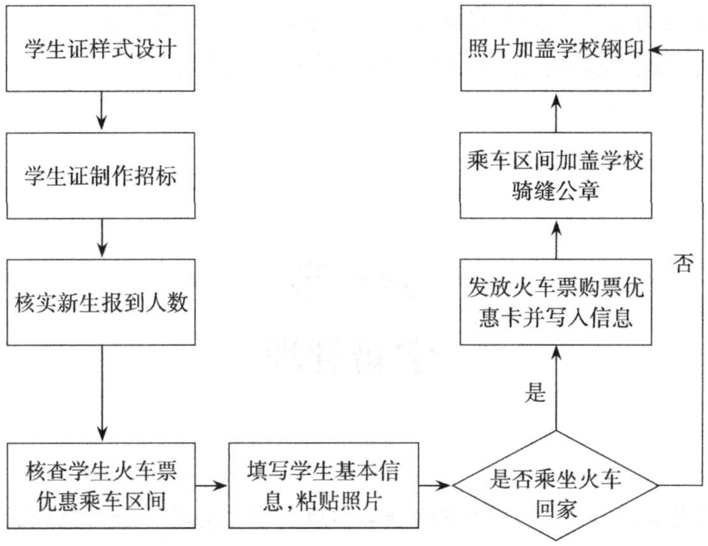

图8.1　学生证的制作与发放流程

2.新生学籍电子注册

学籍是学生具有合法身份和拥有在校生权益的保障，只有获得了学籍才可能享受到学校各类资源，参加学校组织的各项活动，完成学校规定学业后获得相应学历学位证书的权利。学籍信息和学历信息密切相关，学生和社会都可以在中国高等教育学生信息网（简称“学信网”）查询学生状态。

根据教育部《高等学校学生学籍学历电子注册办法》（教学〔2014〕11号）文件的规定，新生报到后，学校按国家招生规定和《普通高等学校学生管理规定》对其进行入学资格复查。复查包括在网上核对以下录取信息内容：

(1)考生号、姓名、性别、民族、出生日期、身份证号、入学年月；

(2)录取院校、专业，层次（本科、专科/高职、预科），录取类型（统考、单招、保送等）。

复查合格取得学籍的，学校才能为其在中国高等教育学生信息网进行学籍电子注册。学籍电子注册与学历证书电子注册相衔接，经过学籍电子注册的学生获得的毕业证书才能进行学历证书电子注册。

3.新生图像信息采集

为了更好地服务学生，规范管理，学校一般会统一组织新生进行电子图像信息采集。拍摄的照片可用于学生证上照片的粘贴，四、六级外语考试准考证的制作，一卡通制作，教务管理信息系统学籍库的建立，成绩单打印，学籍证明打印等。

新生图像信息采集时间紧，任务重，事关每位学生，一般由学校统一组织，以学院（部）为单位负责组织，在规定的时间内统一到达拍摄地点。学校在组织拍摄时，应事先安排好各学院（部）拍摄时间。各学院（部）按照时间提前安排好学生拍照顺序，并安排专人到现场维持秩序,组织学生排队进入拍摄场地。学生在拍摄过程中,应注意核对个人学号和身份信息,按顺序拍照。

拍摄背景一般为蓝色或红色,因此拍摄时,应建议学生穿着整洁,可着白色上衣,女生长发可扎马尾。

4.毕业生图像信息采集

毕业生图像信息是学生学籍信息的重要组成部分,拍摄完成后上传学信网进行电子注册,拍摄的照片还可用于毕业证书和学位证书等。学生可通过以下方式完成图像采集:

(1)学校集体采集

学校可与新华社各省(区、市)分社协商,安排工作人员到各高校进行集中采集。采集工作一般在毕业学年上学期进行,寒假前基本完成拍摄任务。集中采集40天后,新华社各省份分社上传学生采集照片,学校通知学生登录学信网进行确认,而后新华社各省(区、市)分社将照片统一冲洗并寄送各高校。

(2)个人到附近新华社拍摄

学生通过大学生图像信息采集网查询新华社各省(区、市)分社采集中心地址及联系方式,个人就近选择前往拍摄。拍摄所需证件:身份证、学生证或者学校开具的学籍证明(须加盖学校公章)。个人取得照片后(一般支持照片邮寄),先登录学信网,确认后再上交学校。各个采集中心出照片时间长短有别,短则几天,长则一个月,但只要能拍摄就不影响采集和毕业,为了便于管理,学校宜要求不参加集体采集的学生,尽量在毕业证书和学位证书制作前交回照片。

(3)个人网上提交照片

学生也可按照大学生图像信息采集网要求,自行拍摄、制作电子照片之后,网上填写信息、上传照片、缴费,初步完成提交。照片邮寄到手后,登录学信网确认然后上交学校。初步提交后照片审核需要一两天时间,之后电子照片将上传至学信网,冲洗好的照片也将寄出,个人拿到照片的时间基本上取决于距离北京新华社总社的远近,个人可凭邮寄单号网上查询、跟踪快递进程。大学生图像信息采集网承诺,初步提交后15天内送达。

5.在校生学年电子注册

高等学校从学生入学次年起至毕业,应在每学年第一学期进行学年电子注册(以下简称学年注册)。学年注册包括在校生新学年注册(含注册学籍、暂缓注册等)、上学年学籍变动(含留级、降级、跳级、休学、复学、转学、转专业、保留学籍等)、学籍记载(含学业考试情况、社会实践情况、奖惩情况等)、学籍注销(含退学、取消学籍、开除学籍、死亡等)以及学生取得的其他证书(含肄业证书、学习证明等)的标注。实行学分制的学校无须标注留级、降级、跳级情况。

学年注册在每学年第一学期开学后1个月内完成。学籍注销应在学籍处理后15个工作日内完成。

6.学籍学历信息修改

学生在校期间修改或变更身份信息的，由学生本人提供合法性证明，学校或省级教育行政部门审核确认后更改，学信网保留更改前的信息。学生要求修改、变更的信息或证明材料涉嫌弄虚作假的不予受理。

学历注册并提供网上查询后，学校不得变更证书内容及注册信息，不再受理学生信息变更事宜。注册信息确有错误的，须经省级教育行政部门审核确认后方可修改。

学历证书遗失的由学校出具相应的证明书并在学历注册信息中标注。

学籍学历信息修改主要流程如图8.2所示。

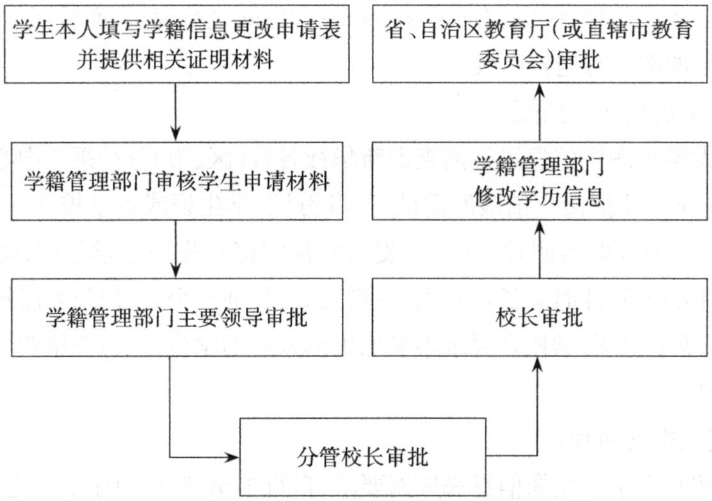

图8.2　学籍学历信息修改主要流程

二、学籍异动

从学生接到录取通知书开始，到学生成为校友期间，由于各种各样的原因，学生学籍信息会发生异动，比如，专业改变、休学、复学、退学等，常见异动类别包括保留入学资格、放弃入学资格、休学、复学、退学、转学、提前毕业、转专业等。

1.保留入学资格

新生因参加中国人民解放军（含参加中国人民武装警察部队，简称“服役”）、创业、患病、出国（境）留学、生育等原因，不能报到注册，可以持相关证明向学校申请保留入学资格。保留入学资格以1学年为期，保留入学资格时间一般不超过2年。服役的新生可申请保留入学资格至退役后2年。保留入学资格期间不具有学籍，且不计入学生学习年限。

新生保留入学资格期满前5日内应向学校申请入学，逾期不办理入学手续且未有因不可抗力延迟等正当理由的，视为放弃入学资格。

学生因伤、病申请保留入学资格，须经二级甲等以上医院诊断、学校校医院审核，确认其已恢复健康、能继续正常学习的方可申请入学。经学校审查合格后，办理入学手续；审查不合格的，取消入学资格。

学生保留入学资格主要流程如图8.3所示。

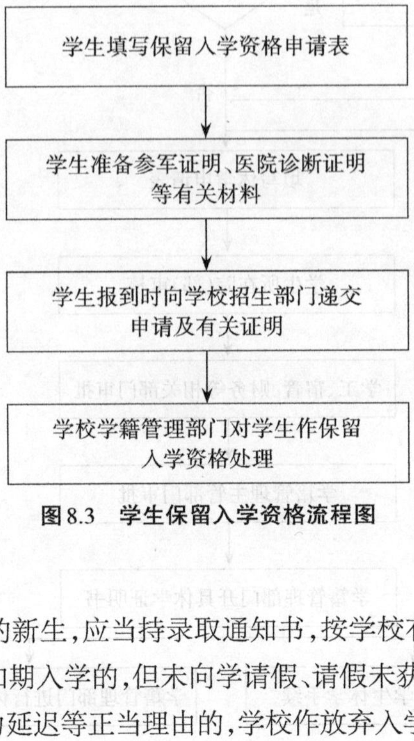

图8.3　学生保留入学资格流程图

2.放弃入学资格

按国家招生规定录取的新生，应当持录取通知书，按学校有关要求在规定期限内到校办理入学手续。因故不能如期入学的，但未向学请假、请假未获批准或者请假逾期，不办理入学手续且未有因不可抗力延迟等正当理由的，学校作放弃入学资格处理。

3.休学

学生在校期间，因伤、病停课治疗休养累计至一定时间，或超过允许请假的最长期限，或因服役、创业、患病、出国（境）留学、生育等原因，不能在校参加学习，学生可以向学校申请休学中止学业。学生休学一般以1学年为期，且有次数和时间限制，距毕业时间不足2个月时不允许休学。休学学生应当办理休学手续，一般由学生本人提出休学申请，经学院（部）审查，学校相关职能部门审核办理手续，学籍部门变更学籍信息。学生办完休学手续应在学校规定的时间内离校。学生休学期间，学校保留其学籍，但不享受在校学习学生待遇。

学生休学的主要流程如图8.4所示。

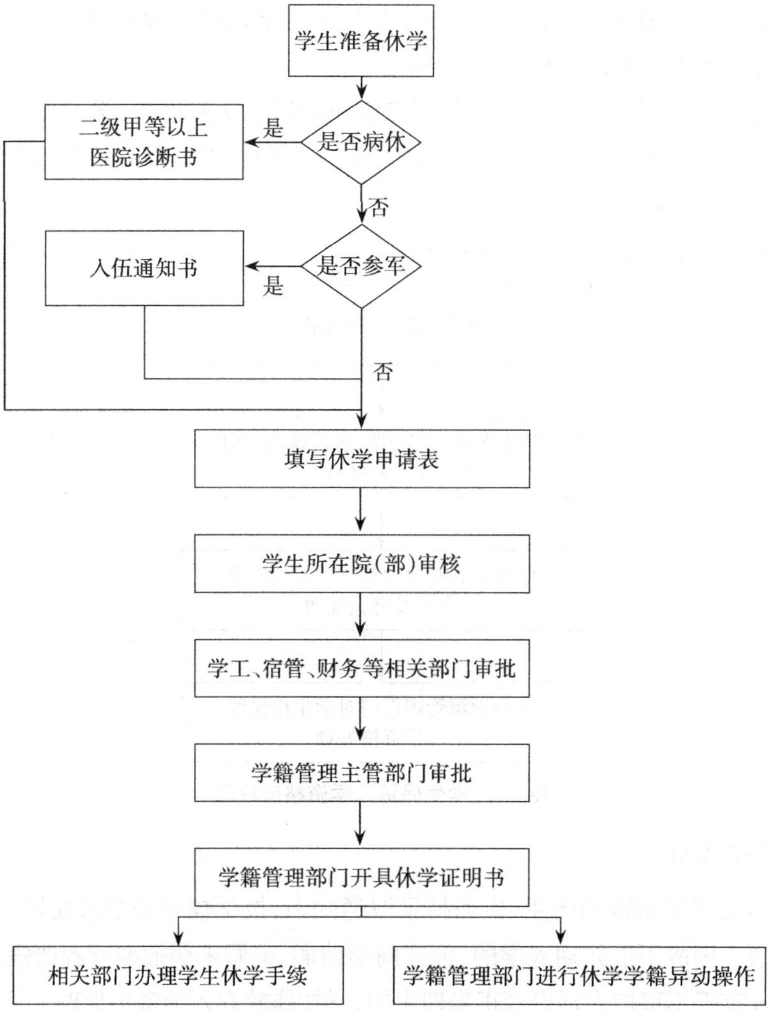

图8.4　学生休学流程图

4.复学

学生休学期满，应于休学期满向学校申请复学。因伤、病休学的学生，申请复学时应将本人书面申请和二级甲等以上医院诊断证明等交所在学院(部)审查、学校医院审核，确认其已恢复健康、能坚持正常学习后，办理复学手续。学生复学流程参考休学流程。

5.退学

学生因学业欠佳，或因个人发展需要，或对专业不感兴趣等原因不愿继续在校学习，本人可向学校提出退学申请。对退学学生，学院(部)应当查明原因，尽到学校的教育管理责任，在采取各种帮扶措施无效的情况下允许学生退学。学生自主退学一般由学生本人提出申请，家长(或法定监护人)签署知情同意书，学生所在学院(部)党政联席会议讨论审核通过，学校校长办公会或校长授权的专门会议审核通过，学籍部门方可办理退学手续，注销学籍。

学生自主退学流程如图8.5所示。

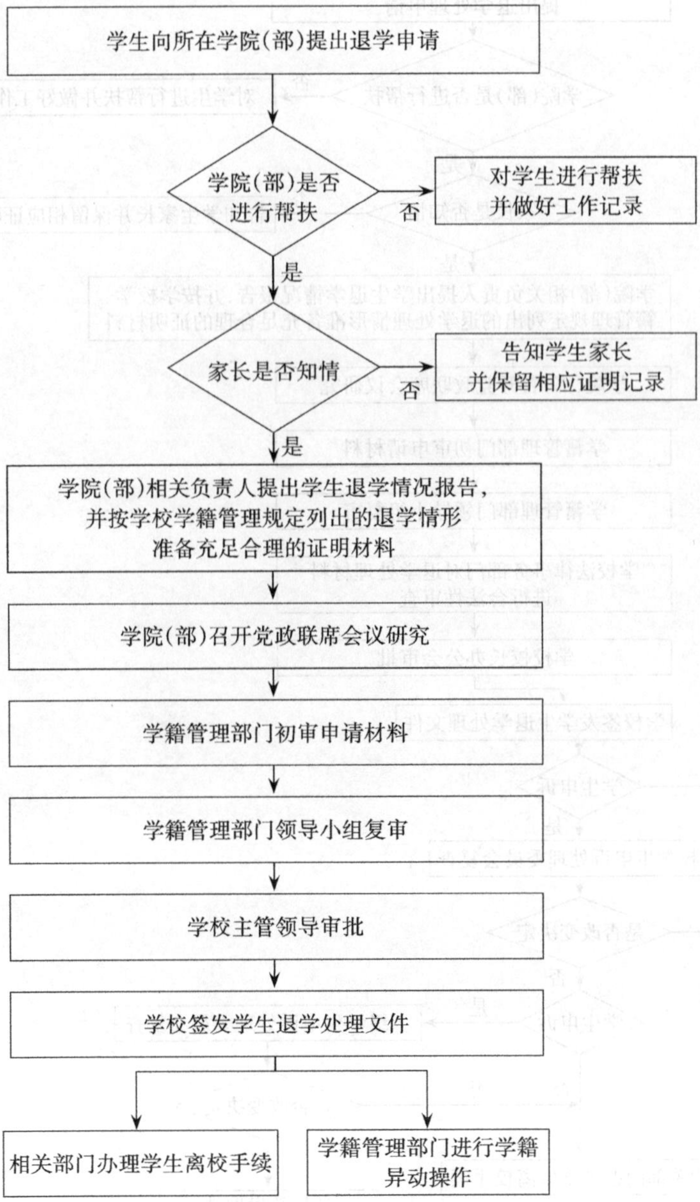

图8.5　学生自主退学流程图

除学生自己提出退学申请外,学校对一些违反规定的学生也可作退学处理。例如,学生在学校规定的学习年限内(含休学和保留学籍的时间)不能完成学业,或休学、保留学籍期满,因不申请复学、入学或者申请复学经复查不合格等原因达不到学校培养要求的,学校可要求学生退学。退学处理由学校直接做出,一般由学院(部)相关管理部门申请,学院(部)党政联席会议审核,学校相关职能部门审核,学校校长办公会审核通过,学籍管理部门方可注销其学籍。

学生被退学处理流程如图8.6所示。

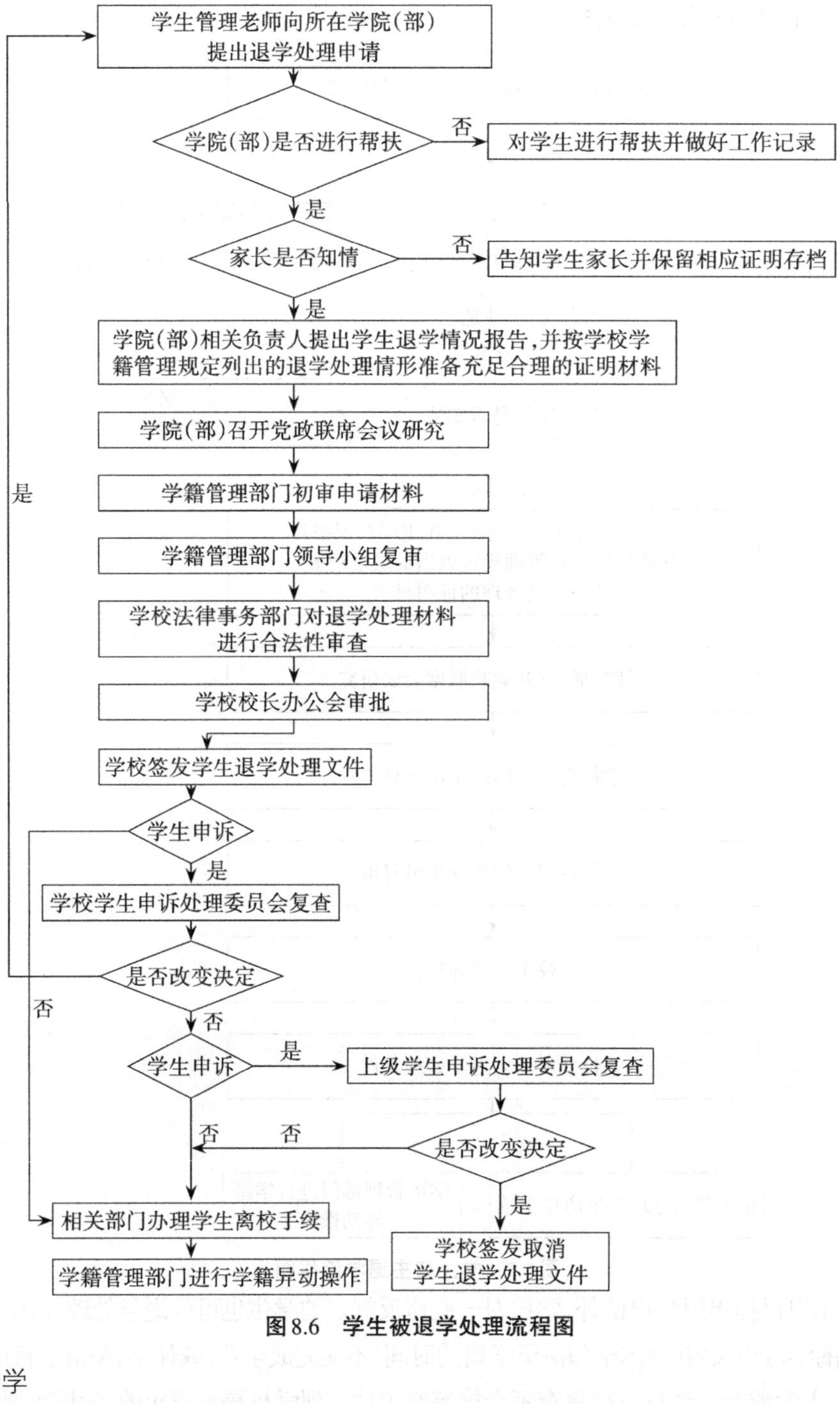

图8.6 学生被退学处理流程图

6.转学

学生因患病或者确有特殊困难,无法继续在录取学校完成学业,可申请转学。其中患病学生需提供经转出学校、拟转入学校指定医院检查证明。特殊困难一般指因家庭有特殊情况,确需学生本人就近照顾。申请转学的学生高考分数应达到拟转入学校相关专业在生源地相应年份的高考录取分数。学生有下列情形之一,不得转学:

（1）入学未满一学期的。

（2）高考分数低于拟转入学校相关专业同一生源地相应年份录取分数的。

（3）由低学历层次转为高学历层次的。

（4）通过定向就业、艺术类、体育类、高水平艺术团、高水平运动队等特殊招生形式录取的。

（5）未通过普通高等学校招生全国统一考试或未使用高考成绩录取入学的（含保送生、单独考试招生、政法干警、第二学士学位、专升本、五年一贯制、三二分段制等）。

（6）拟转入学校与转出学校在同一城市的。

（7）跨学科门类的。

（8）应予退学的。

学生转学由本人提出申请，说明理由，转出学校同意；拟转入学校要严格审核转学条件及相关证明，符合本校培养要求且学校有教学能力的，经招生委员会或招生监督部门同意，院、校两级会议集体研究决定，将转入学生名单，表决情况如实记入会议纪要，由校长签署接收函。根据国家规定，学生转学的政策、程序、结果应公开。对拟转学学生相关信息（主要包括：学生姓名，转出、拟转入学校和专业名称，入学年份，录取分数，转学理由等）通过学校网站进行不少于5个工作日的公示。省级教育行政部门要及时将转学确认程序及结果，通过网站、报刊等形式予以公开。

7.提前毕业

提前毕业一般是为适应学生个性发展，为成绩优秀且能在专业规定的标准学制内提前完成学业的学生提供的上升通道。如某高校规定学生在大学一、二年级已修完本专业培养方案规定毕业学分的75%、成绩优秀，能在入学后3年内学完培养方案规定的课程，修满培养方案规定的毕业学分，可在进入三年级当年9月底前提出申请升级或跳级至毕业年级提前毕业。学生申请提前毕业一般包含学生本人提出申请，经学院（部）党政联席会同意、教务管理部门核准后编入毕业年级，参加毕业年级教学活动等环节。

8.转专业

学生在学习期间对其他专业有兴趣和专长的，可以申请转换专业；以特殊招生形式录取的学生，国家有相关规定或者录取前与学校有明确约定的，不得转专业。转专业是学生个性发展的措施，同时也可作为学校学风建设的管理手段。高校管理理念各有不同，转专业的条件也有宽严的差异，或要求转出转入学院（部）同意，或对学生成绩排名有较高要求，或仅要求对新的专业有强烈的学习兴趣而不注重原专业成绩。

学校制订学生转专业的具体办法，建立公平、公正的标准和程序，健全公示制度。学校根据社会对人才需求情况的发展变化，需要适当调整专业的，允许在读学生转到其他相关专业就读。

学校组织开展转专业的主要流程为：

(1)专业所在学院(部)制订方案，拟订接收学生转专业的具体条件、要求，考核的内容、办法和安排，以及拟接收转专业的学生名额。

(2)学校根据各学院(部)的本科人才培养的要求和教学资源条件，审定转专业工作实施方案并在网上公布。

(3)学生按照学校公布的方案向接收学院(部)提交转专业申请材料。

(4)拟接收学院(部)组织学生考核。

(5)学院(部)根据学生考核结果和本单位的接收名额确定拟接收学生名单，报学校审核通过后，由学校公示名单。

(6)学校变更学生学籍，学生新学期到新专业报到学习。

根据学校教学实际不同，转专业还包括专业大类招生分流、创新班学生进入或退出等。专业大类招生的学生在学校规定的时间，根据大类分流方案，结合学生志愿和学校统筹，将学生分配到专业大类包含的各个专业中。创新班学生进入或退出，根据学校教学改革需要，一般会组建一到数个教学改革创新实验班，根据实验班的遴选和淘汰机制，学校会调整学生至相关专业学习。

第二节 学历学位

学生在学校规定的时间完成学业，学校应按标准对其进行毕业审核和学位授予条件审核，通过审核的学生，学校应向学生发放相应的学历学位证书，并对学生的学历学位信息进行处理。

一、毕业与学位审核

毕业与学位涉及学生的切身利益，必须执行严格的审核标准和审核流程。

1.审核标准

学生完成培养方案规定的课程学习或达到规定的最长学习年限，学校应按标准对其进行毕业与学位资格审核。

(1)毕业审核标准

学生的毕业要求是学校培养标准的体现,通常包括学分要求和品行要求。学生毕业时,学校根据培养方案,结合实际教学计划执行情况,审核学生是否达到规定的学分,包括毕业总学分与要求修读的培养方案各课程模块要求的学分,并且学生未受处分或不在处分期限内。

(2)学位审核标准

学生授予学位一般要求为顺利毕业且与学位课程达到一定水平,学位课程一般包括体现其专业性的专业理论课程和实践课程。学校一般通过绩点或平均分来衡量学生是否达到学位要求。

2. 审核流程

学院(部)是学生的直接培养单位,也是毕业和学位审核的主体责任单位。

(1)毕业学期前清理毕业生学分并征得学生认可,同时统计学生达到毕业要求还需要的学分,建立毕业预警,帮助学生拟订学习计划。

(2)学院(部)确定学院(部)毕业审核工作小组名单、毕业审核标准及毕业审核工作方案。

(3)完成毕业生全部学分数据统计与审核,学生确认,毕业生名单和授位名单经学院(部)毕业审核工作小组审定,公示毕业生名单。

(4)学校复审学院(部)毕业审核结果,学校学位评定委员会审定授予学位学生名单,无异议后学校发文公布毕业生名单。

二、证书制作与发放

学生通过毕业与学位审核后,教务管理部门应当及时制作相关证书并及时发放给学生。

1. 材料准备

毕业证和学位证一般包括证书(内芯)和封套两部分。证书是学校风格的展现,整体设计美观大气,典雅清新,多印有学校校训和校门图案,字体庄重秀丽,清晰易读。证书有一定的防伪技术,如学校标志水印,采用专色彩虹防伪印刷,专用纸张等。多数学校的毕业证书和学位证书分别为两个证书,少数学校将毕业信息和学位信息合二为一。

为保证毕业证书和学位证书按时发放,学校应该提前采购证书制作所需材料:封套和内芯,一般由学校根据学校风格设计封套方案,再交由专业印刷公司制作。

2. 证书制作

对通过学校的毕业和学位资格审核的毕业生,学校将为其颁发毕业证书和学位证书。毕业证和学位证包含学生的姓名、出生日期、入学日期、毕业日期、专业名称、学制、学历类型、学位、毕业证号和学位证号等关键信息。学校从确认学生毕业资格和学位资格到学生离校之间的时间一般较短，加上还要给证书粘贴照片，加盖公章和钢印留足时间，因此证书打印要求准确高效。

证书制作的主要流程有：

(1)处理数据

为保证数据准确性，一般从学籍管理系统采集学生数据，利用专用软件或套打模板装载数据。若学校采购了专用证书打印软件则只需按软件的要求准备好打印数据即可，若学校没有专用证书打印软件也可采用办公软件设计套打模板加外接数据的方式打印证书，制作外接数据时，需要按证书要求对已有数据进行分拆设计。为保证打印速度，一般宜采用高速打印设备。

(2)打印封装

由于证书打印量大，一般应先按学院(部)专业统计毕业生数量、结业生数量和授位学生数量，每个学院(部)专业打印完成后，即时核对封装。

(3)粘贴照片，加盖公章和钢印

证书打印完成后，应该安排专人粘贴照片，加盖公章和钢印，粘贴照片时应注意核对学生信息和照片是否一致，避免粘贴错误。

(4)分发

证书制作完成后，应及时下发学院(部)，在毕业典礼或学生离校前发放给学生。

三、学历信息电子注册

学历信息电子注册是国家运用现代信息技术，对高等学校和经批准承担培养研究生任务的科学研究机构按国家规定录取的高等学历教育学生取得的学籍、获得的学历证书进行在线审核、电子标注、数据备案和网上查询的管理方式。学历信息电子注册为高等学校、学生和社会提供便捷、客观、权威的学历信息查询、验证及认证服务，保护了高等教育受教育者的合法权益。

高等学校颁发的学历证书应进行学历证书电子注册(以下简称“学历注册”)。学历注册证书分毕业证书和结业证书两种。学历注册信息包括：姓名、性别、出生日期、照片；学习起止年月；专业、层次、学制、毕(结)业、学习形式；学校名称、校(院)长姓名及证书编号。学校完整填报学历注册信息，信息不完整的不提供网上查询。学历证书发证日期应与学生毕业日期一致，发证日期即是学历注册提供网上查询的有效日期。

学生可免费查询本人身份信息、学籍注册信息、学年注册信息和学历注册信息，也可查询本人学籍档案。社会其他部门及个人可依据学生提供的相关信息对学生身份信息、学籍注册信息、学年注册信息、学历注册信息和学生学籍档案进行查询、验证。

高校教务管理部门,要通过在线申请学信网数字证书后才能使用学信网。

四、学位授予信息报送

学位授予信息报送是高校根据国家《学位证书和学位授予信息管理办法》和国务院学位委员会办公室要求将学位获得者的学位授予信息上报中国学位与研究生教育信息网(简称“学位网”),是国家为高等学校、学生和社会提供便捷、客观、权威的学位信息查询、验证及认证服务,保护了高等教育受教育者的合法权益。

学位信息上报一般包括以下流程:

(1)学校学位评定委员会审定授予学位学生名单并形成决议。

(2)学校学位管理部门登录学位网上传数据。

(3)省级教育主管部门学位管理办公室审核学校上传的学位数据和决议。

五、换发毕业证和补授学士学位

高校普通本科专业多实行弹性学制,即规定基本学制的同时,一般为4年,允许学生在一定年限内完成学业,一般为3至6年。学生在应届毕业审核未达到毕业条件或授位条件时,可以在专业规定的最长学习年限内重修专业课程以达到毕业条件或授位条件,在学校规定的时间内通过学校毕业与学校资格审核的,学校换发毕业证或补发学位证,并为其进行学历电子信息注册和学位信息报送。学生申请换发毕业证和补授学士学位应在学校规定的学位评定日期之前,一般为每年6月前和12月前。

六、毕业证明书与学位证明书

根据国家规定,学生毕业后,毕业证、学位证若不慎遗失或损坏无法使用,经本人向原毕业学校申请,学校核实后可为其出具相应的证明书。证明书与原证书具有同等效力。这是针对高等学校离校学生学历或学位证书遗失或者损坏后的善后处理规定,适用于各级各类高等学校离校学生。

学历证明书的式样与原学历证书具有同等式样和质量,名称明确为“高等学校毕(或结、肄)业证明书”,内容与原学历证书基本相同,包括学习时间、学历层次、专业、证书编号等,贴本人免冠照片,盖学校印章。证明书应注明原学历证书编号和“因证书遗失,特补此证,以兹证明”相关字样,由学校现任校长具名签发。

学生办理毕业证明书和学位证明书一般应提供以下材料:

1. 学校档案管理部门出具的档案证明,证明学生学历和学位信息。

2.学生声明其毕业证书或学位证书遗失或损毁。

3.学生的有效身份证明。

第三节

学生成绩

学生成绩是评判学生学习效果的重要依据。高校教务管理部门对学生成绩的管理主要包括成绩登载、成绩修改和学业警示。

一、成绩登载

成绩登载主要是指在籍本科学生在参加所修课程考核后,考核结果记入学生成绩记载表,并归入本人档案。

登载方式。目前,高校教务管理部门所使用的教务系统都具有十分完备的成绩登载功能,一般而言,学生的所有成绩都是由任课老师评定后按要求在网上录入。任课教师应在课程考核后规定的时间内(一般不少于一周)完成成绩评定工作,并将学生成绩按系统要求统一录入教务系统,后打印纸质成绩记载表和成绩记载责任书,在完成有关审核和签字手续后将纸质成绩记载表、成绩记载责任书送交所在学院(部)教学秘书,并填写相应的成绩提交记载表。

二、成绩修改

学生成绩的准确性是本科人才培养质量好坏的重要依据,非常严肃、政策性很强,事关学生切身利益和学校声誉,学校一般对修改学生成绩审核极其严格。学生成绩修改一般分为勘误型修改和事务型修改。

勘误型修改,一般是指学生、任课教师或教学管理人员发现成绩有误,因学生成绩多实行任课教师负责制,应由任课教师提出修改申请,经教师所在教学单位核查,教学质量和教学事故机构责任认定,教学单位、教学管理单位相关责任人审批,教务管理部门才能修改学生成绩。

事务型修改,一般是指根据学校规定,某些达到条件的学生,学校可以经过程序修改其成绩,如学生考试违纪作弊、通过水平考试加分、因学籍变动生成无效成绩等。事务型修改一般由学生本人提出申请,经学生所在教学单位和开课单位核查,学校教务管理部门核实后修改。

常用的事务型修改有:

1. 高水平运动队成绩加分或覆盖

学校一般将取得文化课单测合格的高水平运动员和获得免试资格的优秀运动员按建制运动队,即高水平运动队进行日常管理,组织学生日常训练、比赛和学习。在保证其训练水平的同时顺利完成学业,学校一般允许其确定的建制运动队学生用其训练课替换或体育竞赛获奖奖励加分或覆盖的方式通过某些非专业核心课程的学习考核。具体的加分和覆盖条件由学校结合培养目标和教学实际自行规定。

高水平运动队成绩加分或覆盖,一般需要经过学生本人提出申请,经教练员或运动队管理部门核实,开课单位确认,教务管理部门审核,成绩管理员审核并修改成绩等流程。

2. 交换生、交流生成绩认定与学分转换

由学校统一组织派往国际国内高校交流学习,或者校际联合培养的学生,未通过毕业审核和学位审核,其在外校修读课程是否达到学校的相应课程目标或培养要求,需要学校进行课程认定和成绩学分转换。

课程认定和成绩学分转换的一般原则是:

以课程对应学习量基本一致为基础,转换前课程学分数和学时数原则上应等于或高于转换后的课程学分数和学时数。

学生通过学习外校课程所掌握的知识、技能和水平应与在学校学习基本相当。校外课程的教学目标、教学内容、教学时数、考核方式、师资水平、教学条件等与本校相关课程的要求基本一致。

课程认定和成绩学分转换的处理流程一般包括:

外出交流、交换前。学生应结合本校和交流学校的教学计划,在学生所在学院(部)的指导下,制订个人学习计划以免影响顺利毕业,经学生所在教学单位审批,教务管理部门备案,作为回校课程认定及成绩与学分转换依据。

外出交流、交换结束后。学生在规定的时间内提出申请,学院(部)学术委员会根据本校课程教学大纲和学生所在年级对应课程实际情况确定课程考核分数或等级。

3. 异常成绩补录、修改、删除

学生因休学、复学或其他原因未能正常完成选课流程,但完成课程学习并参加考核造成成绩不能正常登载,或由于教学管理系统等其他原因,给学生生成了错误或无效的异常成绩,学校可为其补录、修改或删除成绩。

异常成绩一般由学生发现,经学生所在教学单位核查后提出处理申请,教务管理部门复查,成绩管理员审核等流程后处理。

4. 大学英语等课程成绩覆盖和免修

为提高学生英语能力,高校一般将大学英语作为必修课程,要求学生学习。国家也组织多种英语考试测试学生英语能力,如全国大学英语四六级考试、雅思考试、托福考试等。高校可将这类考试成绩作为学生英语能力水平的审核依据,学生获得相应分数,若其已修大学英语存在不及格,可申请覆盖为及格;若还未修大学英语,可申请免修,直接获得对应成绩。

大学英语成绩覆盖和免修一般需要经过学生申请,大学英语开课教学单位批准,教务管理部门审核,成绩管理员审核修改或生成相应大学英语成绩等流程。

5.“双少生”加分

“双少生”是指在招生时认定的少数民族地区的少数民族学生,因入学条件相对较低,为有效利用教学资源,推动学生个性化培养。根据学校培养要求和教学实际,适当降低相应课程要求,通过课程加分等方式,让“双少生”顺利完成学业。

“双少生”一般需要经过学生申请,学生所在教学单位批准,课程开设单位批准,教务管理部门审核,成绩管理员审核修改相应课程成绩等流程。

三、学业警示

学业警示是为督促学生认真学习、引导学生端正学习态度的一种比较可行的制度。当学生学业达到学校规定的条件,如不及格学分过多,或学期课程门数修读不足时,学校采取辅导员谈话、通报家长等一系列学业警示教育。学校可根据程度轻重设定不同的警示等级,并进行相应处理,严重的甚至可作退学处理。

学业警示可由学校或学生所在学院(部)做出,一般包括学生所在学院(部)学分核查,学生确认,警示教育,发送学业警示通知书至学生本人、家长等流程。

学校在对学生进行学业警示教育的同时,一般还可提供“一对一”帮扶、开通转专业通道等措施帮助学生走出困境。学生的学分核查过程、学业警示通知书应通知学生和家长并签字确认。

第四节
推免研究生

普通高等学校推荐优秀应届本科毕业生免试攻读硕士学位研究生(以下简称“推免生”)制度,是我国硕士研究生招生制度的重要组成部分,是激励广大在校学生勤奋学习、全面发展的有效措施,对国家深化研究生招生制度改革,加大拔尖创新人才选拔培养力度,推动高等学校全面实施素质教育具有重要的意义。

完成推免研究生工作,首先应在充分研究、集体决策的基础上,制订适合学校的具体实施办法。实施办法中包括科学、全面、严谨的推免生评价体系,严格的工作程序和细致的工作方案。

推免研究生工作的主要流程有:

成立领导小组;

制订适合学校的具体实施办法;

确定推荐条件;

确立推荐程序;

分配推免指标;

培养单位推荐;

学校公布名单;

学生填报志愿。

第五节
合作培养

为开阔学生视野,丰富学生大学生活,提高学生综合素质,促进高校教学管理体制改革与创新,完善高校办学模式和管理机制,推进高校深层次的交流与合作,高校间根据校际协议合作培养学生。

合作培养学生的类别一般有:互派交换生和接收联合培养生。

开展合作培养学生的流程一般为：

签署校际合作协议。两校职能部门沟通，进行相关可行性研究，并签署校标合作协议。

制订合作计划。两校职能部门（一般是教务管理部门）间，根据合作协议制订合作计划，主要包括专业、学生人数等。

选拔学生。两校根据合作计划，组织学生报名，择优遴选学生。

接收学生。两校接收学生到校学习，为学生安排寝室、制作一卡通、注册学校临时学籍、协助选课等。

学生离校。学生结束学习返回原校前，发给修业成绩单、修业证明等。

第六节 辅修专业

辅修专业一般是指学生在本科阶段，在学有余力的情况下，在主修一个本科之外，辅修另外一个本科专业（一般是跨学科门类专业）。学生完成所修本科专业教学计划规定的所有课程，毕业论文和其他教学环节合格，经学校核准，可获得辅修专业学业证书，在获得主修专业学士学位的同时，还可颁发辅修专业学位证书。

学校开设的辅修专业应是学校具有学士学位授予权的专业。为保证辅修专业教学质量，招生计划一般由学校结合办学实际制订，且管理模式应与主修专业一致。

第一，趋同性。高校教务管理部门应强化辅修专业人才培养质量管理，促进辅修专业与主修专业的一体化建设和趋同性管理，在学科基础课程、专业核心课程、综合实践课程等必修环节上要与主修专业保持一致，课程大纲应与主修专业一致。

第二，规范性。高校教务管理部门要加强辅修专业人才培养的规范化管理，对标主修专业人才培养质量，规范培养目标、培养要求、授予学位、课程体系结构、学分学时等基础内容和文本格式，严格培养方案的执行流程，纳入学校统一的教学管理体系。

第三，实践性。高校教务管理部门应进一步完善辅修专业实践教学培养体系，科学合理设置辅修专业实习实训等实践教学环节，确保实践教学必要的学分（学时），提高学生实践能力。加强实践教学管理，提高辅修专业学生实习和毕业设计（论文、作品）质量。

第九章

教学质量保障

JIAOXUE
ZHILIANG
BAOZHANG

《国家中长期教育改革和发展规划纲要(2010—2020年)》实施以来,随着"高等学校本科教学质量与教学改革工程"持续推进,教学改革不断深化,本科教学规范得以重建;随着"五位一体"的本科教学评估制度体系建设,高校逐步形成以"自我评估为核心"的教学质量保障体系。要建立完善的高校教学质量保障体系,需要树立全面的质量观,形成全员质量管理模式。

第一节 教学质量制度

高校教学质量保障体系中,制度建设是保障,要强化制度观念,高校教学管理中,要通过建章立制来保障正常的教学秩序。

一、本科教师教学工作规范

为加强本科教学工作,深化教学改革,规范教学管理,保障和提高教学质量,高校通常以《中华人民共和国高等教育法》《中华人民共和国教师法》等国家政策法规,以及校教学管理有关规定为依据,制订本科教师教学工作规范。

本科教师教学工作规范主要对以下方面进行规范:

1.教师的教学职责:教师应认真行使《中华人民共和国教师法》赋予的权利,并认真履行其应尽的义务和承担相应的教学任务,服从教学安排,应具有高尚的职业道德并不断更新教学思想观念,提高教学水平。

2.教师的任课资格:教师应模范遵守国家相关法律法规规定,并具有高校教师资格证书。课程主讲教师应具有高校讲师及以上专业职务,暂不具备主讲资格的新进教师如确需讲授本科课程,须经教学指导委员会(或校教学督导委员会)专家评议、教务管理部门批准后方可承担课程主讲任务。有的高水平大学,规定新进教师要经过1~3年的助教训练,考核合格后才能承担本科课堂主讲任务。

3.教师课堂教学:从教学大纲编制、教师备课、课前准备、课堂规范、作业批改、团队教学等方面做出要求。

4.实验、实习教学:对实验课程准备、实验课程讲授、学生创新思维培养、实验报告批阅等方面做出要求。对实习教师的相关工作做出要求。

5. 毕业论文指导：对毕业论文指导教师资格提出要求，对指导教师在论文选题、实验设计、论文撰写等方面做出要求，对教师加强学生科学态度和严谨作风的培养提出要求。

6. 课程考核：从课程考核方式、考试命题、考试监考、试卷评阅、成绩评定等方面做出要求。

二、本科教学事故认定及处理办法

为保障教学及教学管理工作的科学性、规范性和严肃性，预防教学工作中各类事故的发生，维护学校正常的教学秩序，提高教育教学质量，高校通常根据《中华人民共和国教育法》《中华人民共和国教师法》《中华人民共和国高等教育法》等法律法规及各高校的实际，制订本科教学事故认定及处理办法。

本科教学事故认定及处理办法主要从以下方面进行规范：

1. 教学事故认定及处理机构：通常学校成立专门的教学事故认定及处理机构，负责本科教学事故认定和处理。处理机构领导一般由分管本科教学工作的学校领导担任，成员可由监察处、教务管理部门、教师工作部（或人事处）及校工会等单位负责人，分管本科教学的学院（部）领导，本科教学督导委员会代表及教师代表等组成。机构人数应为奇数。

2. 教学事故认定：根据教学事故发生的情节和造成的后果，对教学事故等级进行认定，教学事故通常分为一般教学事故、严重教学事故和重大教学事故等。

3. 教学事故处理：教学事故的处理，应当召开机构成员会议决定。在通常情况下，会议应有2/3及以上成员出席方能召开，会议决定事项应由出席会议的成员的2/3及以上通过。会议认为责任人行为构成教学事故的，应当做出“本科教学事故认定与处理决定”；认为不构成教学事故的，应做出不构成教学事故的书面决定。

4. 教学事故的申诉：责任人对教学事故认定和处理决定有异议的，可以在收到决定后若干个工作日内提出书面申诉，学校相关机构将组织复查并给出最终结论。

5. 教学事故的通报：按照教学事故等级，在事故责任人所在单位内或全校范围内通报批评。

教学事故将在教务管理部门、人事处备案，作为事故责任人年终考核、工资调整、职务晋升以及岗位聘用等事宜的有效依据。

三、本科教学听课制度

为完善本科教学质量监控体系，保证学校各级领导干部、教学管理人员及督导委员深入教学第一线，全面、客观地了解和掌握教学动态，及时解决教学中存在的问题，学校结合实际制订本科教学听课制度。

本科教学听课制度主要规定：

1. 听课人员：校领导，学院(部)领导，有关职能部门领导，校、院教学管理人员及校、院督导委员每学期都必须保证一定时间深入教学第一线，了解和掌握教学情况。

2. 听课方式和范围：以随机、随堂听课和重点、联合听课相结合的方式进行，所有面向本科生开设的课程都在听课范围内。

3. 听课人员的主要任务：了解教师的教学规范和学生的学习秩序情况；了解教学中的事故情况；了解和评价教师课堂教学水平和质量；了解师生对教学和教学管理工作的意见和要求；了解教学环境与教学设施情况。

4. 听课管理：对听课人员听课规范、听课记录表归档等做出详细规定。

听课人员对教师上课情况和学生学习情况进行详细记录，并给予评价和建议。

四、本科督导制度

教学督导委员会是高校本科教学工作的督导和咨询参谋机构，在学校和有关职能部门指导下，在本科教学工作规范性监控、课堂教学质量评价、教师教学能力指导、教学管理规章制度建设、教学评估评价、教学信息反馈、教风学风建设、教学改革研究等方面发挥"督教""督学""督管"和评估咨询的重要作用。

高校一般成立校、院两级督导队伍。学校成立本科教学督导委员会，制订本科教学督导委员会工作办法，从组织架构、成员聘任、工作职责、经费保障等方面做出规定。

1. 组织架构及委员聘任

教学督导委员会一般设主任1名、副主任2～3名，委员一般每个学院(部)推荐1～2名。督导委员一般聘请长期从事教学工作，具有副教授以上职称，熟悉教学改革动态和教学管理规章制度，工作认真负责，能力强的在任或退休教师担任。委员由教务管理部门等相关职能部门、教学单位提名推荐，教学督导委员会办公室依据工作需要和学科专业布局情况，提出推荐名单，报校长办公会审定批准。委员每届任期一般2年。

2. 校本科教学督导委员会的主要工作职责

校本科教学督导委员会的主要工作职责包括：对学校人才培养模式改革和人才培养方案进行研究、评估及建议；对专业、课程和教材的建设方案和实施情况进行检查、评估及建议；课堂听课，对任课教师的教学内容、教学方式方法、课堂管理等予以指导，帮助教师提高教学水平和教学效果，充分发挥"督导"的作用；检查教学各环节的执行情况，广泛收集师生对教学工作的意见和建议，及时反映和汇报存在的问题，提出改进教学和教学管理工作的意见和建议；检查校、院两级教学管理部门对人才培养方案、教学大纲、教学日历、教学规章制度等教学文件的执行情况；参加各类教学评奖、评优、评估等活动，参与教师职称晋升、非教学人员转教师、助教考核、新进教学人员的教学考核；定期反馈听课记录至教务管理部门；发现重大问题应及时向教务管理部门和有关院（系）反馈信息；每学期召开1～2次督导工作会，研究、交流本科教学中存在的问题；每学期完成1份督导报告，提出完善本科教学工作的意见和建议，为学校提供决策参考。

五、学生评教制度

学生评教制度是构建“以学生为中心”的教学质量监控体系的重要组成部分。为更好地适应学校教学建设和改革需要，进一步提高学校人才培养质量，完善本科教学质量监控体系，更加全面、及时、准确地了解学校的教学状况和学生对教师教学情况的满意度，制订了学生评教管理办法。学生评价包括对任课教师的课程评价和学生对学校、学院（部）的本科办学的综合评价。

学生对任课教师的课程评价通常分为过程性评价和期终评价。过程性评价通常在每学期开学后展开，多为开放性问题，主要收集学生对课程内容、教学方法等问题的意见和建议，便于教师及时了解学生情况，改进教学，帮助学生解决学习中的问题和困难。期终评价在接近学期末的时候开展，主要从教学态度、教学内容、课程收获等方面了解学生反馈。学生评教的结果将及时反馈给教师和相关单位，为持续改进提供依据。评教结果也是教师年度教学质量考核的重要构成之一，并为教师评优、评奖、评定职称等提供重要的数据参考。

学生对学校本科教学的综合评价，通常在学生毕业之前进行，很多高校通过对每届毕业生展开满意度调查来完成。毕业生满意度调查通常从学校和学院（部）两个层面展开。毕业生对学校的综合评价是学校谋求改革和发展的参考依据。

六、评学制度

评学制度是构建“以生为本”本科教学质量保障体系的重要环节。每学年或每学期，应组织任课教师、学生、辅导员对学生进行综合评价，以了解每位学生在德、智、体、美等方面的基本情况及存在的问题，为教学管理、学生管理、教学改革提供重要依据。

第二节
教学质量标准

学校根据办学定位和本科人才培养目标，制订本科专业、课程建设、教学环节、教学过程管理的质量标准。

一、专业建设质量标准

专业建设质量标准一般从专业建设指导思想、师资队伍、教学基本设施、教学建设与改革、教学效果等方面规定。专业建设指导思想需明确专业培养目标、专业定位和专业发展规划等；师资队伍通常从专业教师数量与结构、主讲教师资格与水平等方面规定；教学基本设施对专业实验室、实习基地和图书资料等基本办学条件提出要求；教学建设与改革通常包括培养方案的制订和执行、课程体系和课程大纲、实践教学情况；教学效果从学生基本理论与基本技能水平、学生的创新精神与实践能力、毕业设计情况和社会声誉等方面来衡量。

二、课程建设质量标准

课程建设质量标准通常从课程师资结构、教学改革与成效、教学条件、教学工作质量等方面制订。师资结构包括课程梯队、师资培养计划等要求；教学改革与成效规定教学改革计划、教研和科研课题情况以及教学和科研获奖情况；教学条件对教学文件、教学管理、课程教学资源、教材建设、实践教学设备和场地等提出要求；教学工作质量对课程内容、教学方法、教学态度、过程性监控、成绩考核、评教结果等提出要求。

三、培养方案质量标准

培养方案质量标准通常对培养目标、毕业要求和课程设置等方面做出规定。培养目标制订要以社会需求和学校发展方向为导向，并体现出一定的层次性；培养目标的确立应以学生的全面发展为中心；各专业根据国家和社会对毕业生的总体要求，结合学校办学定位和专业培养目标，根据专业特征和学院（部）教学实际提出明确的毕业要求；课程体系应该能支撑毕业要求，各类课程设置合理，比例恰当，课程之间的内在逻辑清晰，经过充分论证，符合专业培养目标要求。

四、课程大纲质量标准

课程大纲规定课程的性质、地位和任务，明确课程目标、教学内容、方法建议和学业评价，以及它们与专业毕业要求的支撑关系，说明课程的基本要求，以及参考资料等。

五、教材选用质量标准

教材选用质量标准明确教材选用原则、选用程序以及教材使用情况。教材选用一般遵循政治性原则、适切性原则、优质性原则、更新性原则和稳定性原则。教材选用要求思想导向正确，符合本专业人才培养目标及课程教学的要求，优先选用国家、省部级获奖教材和规划教材，并适时采用新的版本。教材选用应保持相对的稳定性，一经选订，不随意更换。教材选用通常实行校、院两级管理制度。学院(部)学术委员会和党政领导审核一般教材选用，特殊教材可由学校把关，“马工程”类课程优先选用“马工程”目录内的教材。教材使用情况及时进行信息反馈，对选用教材进行质量跟踪调查。

六、课堂教学质量标准

课程教学质量标准通常从教学准备、课堂教学、辅导答疑、作业和考试来规范。教师需要做好教学准备，课程进度安排合理，教案充分，课件翔实；课堂教学把握好教学内容，做好教学设计，有良好的教学态度，并取得较好的教学效果；安排足够的答疑时间，与学生充分沟通；适度布置作业并及时批改；对课程的考核环节设计合理、评价标准公正，成绩登载及时，分析全面科学，能为持续改进提供参考。

七、教育实习、专业实习质量标准

教育实习、专业实习质量标准通常从实习前准备、实习指导和实习过程等方面做出规范。实习前，需制订科学合理的实习计划；指导教师深入实习，关心学生，了解学生实习中遇到的问题，积极做好指导工作，言传身教。

八、毕业论文(设计)质量标准

毕业论文(设计)质量标准通常从工作量、调查论证、设计方案、分析与解决问题的能力、论文质量和创新性做出规范。一般要求具有一定的工作量；能独立查阅文献和调研；设计科学，方案具体可行；能运用所学知识和技能及获取新知识去发现与解决实际问题；论文质量高，具有创新意识，对前人工作有改进、突破，或有独特见解，有一定应用价值。

第三节 教学质量评价

教学质量评价是教学质量保障体系的重要构成。教学质量评价包括内部质量评价和外部质量评价。

一、内部质量评价

学校以常态化为原则，建立完善的内部质量评价模式，内部质量评价主要包括评教、评学、评管、评估。

1.评教

评教主要包括“学生评教、专家评教、同行评教、管理评教”。

学生评教包括对授课教师的课程评价和学生对学校本科教学的综合评价。

学生评教是高校开展内部教学质量监控的关键环节，并且在我国高校中普遍使用。课程教学评价是全体学生对授课教师进行自主评价，通常通过网络平台完成。课程教学评价的大致流程包括：教务管理部门发布通知，学生通过网络平台完成评教工作，教师登录网络平台自助查询评教结果，教务管理部门汇总分析，将学生评教结果反馈至学院(部)，评价情况及时与任课教师沟通，评教结果存档并应用于教师评优、评奖、职称评定等工作。

专家评教通过校、院两级督导委员每学期随机听课和专项听课评价完成。教务管理部门为每位教学督导开通教务系统课表查询权限，或者以电子邮件等形式提供课表，教学督导根据课表随机选取课程听课。针对教学检查、反馈中出现的教学问题，教务管理部门每学期组织教学督导开展专项课堂检查。如：青年教师课堂教学检查、实验课教学检查、有学生投诉或其他教学异常情况课堂教学检查等。教学督导按照专项检查有针对性地选取课程听课。教学督导从教师教学态度、教学内容、教学方法、教学特色等方面给出综合评价及改进教学的建议。

同行评教在全校范围内组织开展，通常由各学院(部)具体组织实施，学院(部)可以指定课程，也可由教师自行选择，鼓励所有教师参与同行评教。同行评教旨在研讨教学内容，交流教学方法，改善教学效果，提高教学水平和教学质量。评教结果由各学院(部)汇总后上报教务管理部门。

按照教育部规定，学校各级领导干部(含教学管理人员)包括校领导和有关职能部门负责人，深入本科课堂听课，对教师的课堂教学质量做出公正、准确的评价。评教结果由教务管理部门汇总并及时反馈给各学院(部)。

各种形式的听课评教活动，促进教学管理人员了解本科教学情况，促进教师遵守课堂教学规范，重视专业水平和教学能力提升，为学校制订和调整本科教学政策提供依据。

2. 评学

每学期或每学年，组织教师、辅导员、学生通过网络平台完成评学工作。评学结果的反馈能够使学生的学习效果得到及时有效的反馈，学生从各方的评学中可以发现问题，总结经验和教训，实现自我调节，有效激励学生朝着自己的学习目标努力，同时可以从促进教师改进教学方式，提升教学水平等方面，进一步搭建好“教—学”“教—评”关系桥梁。

3. 评管

评管指对学校教学管理工作、管理水平和管理效果进行评价。以某学校为例，学校建立了校领导、职能部门、服务对象（学院/部、教师、学生）三者互相评价的机制。每年校领导要评价职能部门管理工作；职能部门要评价学院（部）教学等管理工作；学院（部）领导、教师及学生代表要评价职能部门的管理水平和管理效果，各项评价结果与年终考评挂钩，促进教学管理出质量、上水平。

4. 评估

评估包括内部评估和外部评估，内部评估包括课程建设评估和专业评估。

课程建设评估主要包括精品课程、专业核心课程、文化素质教育核心课程、双语、全英文课程等课程建设分类评估。课程是高校各类专业人才培养的细胞，课程建设是保证和提高教学质量的重要手段，是学科专业建设的基础，是深化教学改革的关键，学校要根据课程特点，探索课程质量保障机制和考核方法，定期对已开设的课程进行评估，充分发挥课程的示范和推动作用。

教育部于2018年发布《普通高等学校本科专业类教学质量国家标准》，这是向全国、全世界发布的第一个高等教育教学质量国家标准，涵盖了普通高校本科专业目录中全部92个本科专业类、587个专业，涉及全国高校56000多个专业点。高校应建立校内专业评估工作机制，把常态监测与定期评估有机结合，及时评价、及时反馈、持续改进，推动教育质量不断提升。

专业评估主要工作流程包括：

（1）制订方案。根据学校整体工作制订专业评估工作方案，广泛调研校内外相关领域专家、行业代表、用人单位、毕业生等相关机构及人员的意见，根据国家专业建设标准，结合学校办学定位，制订专业评估指标体系。

（2）专业自评。各专业结合专业实际情况，展开自查自评，形成专业自评报告。

（3）过程评估。校内评估专家以本科专业为单位，结合日常教学工作，开展听课、毕业论文（设计）、实践教学和课程考试等项目的相关工作，形成初步意见和建议。

(4)集中考察。校内外专家组按计划进入学校实地考察,通过听取学校、学院(部)相关负责人汇报,查阅学校规章制度,听课,查阅毕业论文、试卷,考察实验实习实训场所,深度访谈,座谈会等方式,进行现场考察。

(5)形成评估结果。专家组评议,并反馈专业评议意见。

(6)评估整改。各专业上报评估整改工作方案并组织实施。

专业评估对推进本科教学改革,提升专业建设水平,全面提高人才培养质量有重要意义,评估结论为学校决策专业准入与退出、专业投入与发展、专业建设和整改提供重要参考依据。

二、外部质量评价

外部质量评价为教育评价提供规范和参考,为教育质量提供证据,其最终目的与内部质量保障一致,都致力于质量持续改进与提升。外部质量评价包括教育部评估、专业认证和社会评价等。

1.教育部评估

伴随着我国高等教育的发展,高等教育质量问题日益引发社会各界的关注。2004年,教育部成立了高等教育教学评估中心,每5年为一个周期开展评估工作。高等学校本科教学工作评估分为合格评估、水平评估和审核评估。合格评估属于认证模式评估,达到标准就通过。合格评估的对象是2000年以来未参加过院校评估的新建本科学校。水平评估属于选优模式评估,主要是看被评估对象处于什么水平,重点是选“优”。审核评估主要看被评估对象是否达到了自身设定的目标,国家不设统一评估标准,是用自己的尺子量自己,审核结论不分等级,形成写实性审核报告。截至2018年,已经有1000多所院校接受了教育部院校评估。

2.专业认证

专业认证包括工程教育专业认证、师范类专业认证、农林类专业认证及其他专业类认证。工程教育专业认证起源于美国,在经历了漫长的发展历史后,已经建立起较为完备和健全的认证制度,得到了国际的广泛认可。我国专业认证工作时间较短,2007年教育部印发《全国工程教育专业认证试点办法》,2016年我国成为《华盛顿协议》正式成员。我国开展专业认证起步虽晚,但已将专业认证作为教育部实施高等学校本科教学质量提升与教学改革工程的重要内容。

3.社会评价

社会评价体系,是学校收集社会和用人单位对办学的意见和建议,是促进学校进一步深化教育教学改革和可持续发展的重要手段。

目前大多数高校通过调查问卷、走访用人单位等形式开展信息采集工作，尚未建立起完善的社会评价体系，形成的调研成果未得到充分应用。

高校社会评价体系通常包括：

（1）校内社会评价组织架构。建立由教务管理部门、学生处、招生就业处、本科教学评估中心、教师发展中心（教师教育学院）、各学院（部）和校友会等组成的评价管理机构，统筹全校社会评价工作。

（2）完善的制度保障。制订社会评价的有关规章制度，建立科学全面的评价指标体系。

（3）有效的工作平台。针对毕业生、用人单位、主要行业等，建立网上工作平台和面对面访问体系，广泛开展毕业生质量、就业质量、职业发展等相关调查与评估，为学校的教学改革提供翔实、完备的参考依据。

（4）社会力量的引入。在培养方案制订和教学实施中，聘请社会、行业专家学者参与，使培养目标和培养质量更符合市场需求；在学院（部）评估、专业评估、实验室评估、课程评估等各专项评估中按一定比例聘请校外专家学者，特别是综合大学、科研院所和企业的专家。

（5）社会评价机构的参与。与社会教育评价机构合作，充分利用专业教育评价机构的资源，共同开展学校的教育评价，提高教学评价的专业水平，增强评价结果的客观性和社会认可度。

（6）毕业生评价。建立完善的毕业生持续跟踪反馈机制，重点针对毕业5年左右的学生实施调查，考查各专业培养目标达成情况，根据毕业生发展情况，调整培养方案，形成持续改进、追求卓越的质量文化。

第四节 教学质量监控

对本科教学实施全过程、全环节监控，按照“检查—反馈—改进—检查”的运行机制，形成完善的持续改进的本科教学质量监控体系。

一、常态化教学监控制度

常态化教学监控主要包括：开学准备检查、开学教学检查、期中教学检查、期末考核检查和各种专项检查。

1. 开学准备检查

开学前一周，由校领导带队，相关职能部门负责人组成检查组，对全校的教学楼、学生宿舍、学生食堂、公共教学活动场所等开展检查，全面做好开学前的准备工作，及时解决相关问题。

2. 开学教学检查

开学第一周，校领导和相关职能部门负责人深入课堂听课，检查教师授课情况、学生上课情况、教学管理情况等。教师上课准备及上课情况包括教师出勤情况、教材落实情况、实验实习准备情况、普通话使用、教学方法、教态、教学内容的组织等；学生上课情况包括学生上课出勤情况、课堂秩序、课堂气氛等；教学管理情况包括教学设施和卫生情况以及教室有无冲突现象等。

3. 期中教学检查

每学期期中开展期中教学检查，检查工作主要包括：

学院（部）自查。各学院（部）组织相关人员进行自查。

学校专家组检查。召开学校专家组工作布置会；专家组到学院（部）检查。教学文案检查包括教学大纲执行情况、教学进度表、课程教案、学生作业、课程试卷、学生成绩等项目。

专家听课。专家听课为期中教学检查重点环节。

检查情况反馈。专家组就检查情况、发现问题及改进建议向学院（部）进行反馈。

总结和整改。检查工作结束后，形成期中教学检查报告，呈送校领导并通报全校，学院（部）根据要求落实整改措施。

4. 期末考核检查

校院领导、教学管理人员和教学督导等对期末课程考试进行考场管理质量巡视及评估。教务管理部门统计分析，并将结果反馈学院（部），以保障考务、考试有序进行，形成良好的考风考纪。

5. 各种专项检查

学校定期开展各种专项检查。如本科教学督导实验组负责全校本科实验教学专项检查；本科实习巡回专家组负责校外实习基地的毕业实习检查；每年开展毕业论文（设计）专项检查，评选年度优秀毕业论文（设计）等。

二、完善的教学信息反馈机制

完善的教学信息反馈系统能保障教学信息的公开、透明、及时、畅通、有效。高校质量信息应透明公开，接受上级部门及社会监控。

1. 教学信息反馈机制

教学信息需要及时向“校领导、协同部门、学院(部)、教师、学生”反馈。一是向校领导反馈。师生可以通过校长、书记邮箱,校领导接待日等直接向校领导反映有关信息;教务管理部门将本科教学工作总结、期中教学检查通报、专项教学检查报告等向学校领导报告。二是向协同部门反馈。将教学、教师、后勤、教学设施等信息向相关部门反馈,如每周将教学楼后勤设施信息向基建处、国资处、后勤集团反馈;将教师队伍建设等问题向人事处反馈;将学风问题向学生处反馈。三是向学院(部)反馈。对各种教学检查、教学评估、学生评价、教师评价等都向学院(部)反馈,督促改进教学质量,提升教学水平。四是向教师反馈。对教学检查和教学评估涉及教师的问题,及时向教师本人反馈,帮助其提高、整改。五是向学生反馈。对学生反映的教学问题及时进行整改并通过适当方式回复,同时校长办公会研究涉及学生的重要议题,邀请学生代表列席。

2. 常态化信息收集

国务院教育督导委员会、教育部高等教育教学评估中心每年9月至11月将组织开展高校教学基本状态数据库填报工作。

高校教学基本状态数据库填报主要工作流程:

(1)任务分解。本科教学基本状态数据采集工作范围包括学校基本信息、学校基本条件、教职工信息、学科专业、人才培养、学生信息、教学管理与质量监控7大类,涉及本科教学各个方面。教务管理部门将根据采集内容进行任务分解,请各职能部门和各学院(部)协同完成。

(2)校内培训。学校组织召开教学基本状态数据库采集工作布置会,明确各部门分工及时间进度安排;组织状态数据填报工作培训会,解读数据项指标内涵和具体工作要求。

(3)数据采集。学校各职能部门和各学院(部)按照任务分解和填报要求,采集相应数据,提交基础表格。

(4)数据汇总。教务管理部门整理汇总数据,进行数据分析,如发现问题数据,及时联系相关单位,对数据进行核实。

(5)数据导入。将整理无误的汇总数据导入数据平台。

高校教学基本状态数据库填报完成后,将生成数据分析报告,可以帮助学校全面了解教学基本状态,为学校决策提供科学依据,同时也能切实推进学校教育质量保障体系建设,全面提升人才培养质量。

三、教学质量评价结果应用

1. 教学质量信息公开

按照国务院教育督导委员会、教育部高等教育教学评估中心要求,高校每年发布《本科教学工作质量报告》，从本科教育基本情况、师资及教学条件、教学建设与改革、教学质量保障体系、学生学习效果、学校特色建设、问题及解决方案等多方面对学校年度教学工作进行总结和分析。质量报告每年按期提交至教育部和省（区、市）教委，并通过网络向社会公布。

学校每年通过学校信息公开网和部门网页向社会公开各种教学质量信息，包括《毕业生就业质量报告》，教授为本科生授课情况，每年专业设置、新增、停招情况，本科生和教师基本情况，课程开设情况、实践教学学分和选修课学分占比情况等。教学质量信息公开，回应社会关注，对促进教学质量的外部反馈与监控有重要意义。

2. 人才培养质量定期评价及持续改进

根据《国家中长期教育改革和发展规划纲要（2010—2020年）》《普通高等学校本科专业类教学质量国家标准》（以下简称《国标》）等文件要求，按照教学评估和专业认证核心思想，学校要建立人才培养质量定期评价及持续改进机制。

人才培养质量达成评价主要包括人才培养目标达成评价、毕业要求达成评价和课程目标达成评价。人才培养质量达成评价实行校院两级管理和专业负责人责任制。学校统筹安排全校人才培养质量达成评价工作，学院（部）负责对各专业人才培养质量进行评价，学校定期对各专业评价情况进行检查。评价结果及时公示并做好存档，各专业根据评价结果提出改进措施，促进教育教学水平提高。

人才培养目标达成评价以党和国家教育方针政策、《国标》和“认证标准”为根本依据，大学及专业办学定位为内部依据，国内外专业发展趋势及现实需求为外部依据。评价主体涵盖本专业学生、教师、学院（部）教学督导及管理人员、学校相关部门管理人员、各级教育行政部门、毕业生、用人单位和学生实习实践单位、校外专家、家长等利益相关方。评价方式包括但不限于：反思自查、调研分析、咨询研讨、交流研讨、国际交流、问卷调查、访谈调查、座谈会等，通常每年进行一次，评价结果作为专业人才培养目标修订的重要依据，每四年修订一次专业人才培养目标。

毕业要求达成评价以党和国家教育方针政策、《国标》、“认证标准”、专业人才培养目标和专业培养方案为依据。毕业要求达成评价主体涵盖本专业毕业生、专业教师、兼职教师、辅导员、学院（部）领导及教学管理人员、校外专家、用人单位和学生实习实践单位等利益相关方。毕业要求达成评价可采用多种评价方式进行，一般应包括定量的课程考核成绩分析法。评价每年进行一次，确保对每一届毕业生都进行毕业要求达成评价。各专业对评价结果进行分析和比较，找出教学环节、课程体系的弱点，进行必要的整改，从而保障各个教学环节、课程体系、教学大纲均能围绕毕业要求达成这个核心任务来实施。

课程目标达成评价以专业人才培养目标和毕业要求为依据。课程目标达成评价是毕业要求达成评价的基础，其可靠性和合理性决定毕业要求达成评价是否合理和可信。课程目标达成评价主体涵盖学生、专任教师、学院（部）教学督导、学院（部）管理者、校外专家等利益相关方，主要采用定量评价与定性评价相结合的方法进行，具体可运用的评价方法包括：课程调查问卷、访谈、课程考核成绩分析法等。评价每学期进行，评价结果及时反馈给相应教师，帮助教师了解课程特点及所处水平，发现课程教学短板，有针对性地改进相应教学环节，调整教学内容，改善教学方法；帮助专业结合专业培养目标与毕业要求，优化课程体系，推进课程教学改革，推动本科人才培养质量的持续提升。

第五节 教育教学评估

教育教学评估是对高校整体办学能力、办学水平和社会影响的认证，目前主要包括合格评估和审核评估。

一、教育部评估概述

合格评估的目的是“四个促进”“三个基本”“两个突出”“一个引导”。“四个促进”：促进办学经费投入；促进办学条件改善；促进教学管理规范；促进教学质量提高。“三个基本”：办学条件基本达到国家标准；教学管理基本规范；教学质量基本得到保证。“两个突出”：突出为区域（行业）经济与社会发展服务；突出应用型人才培养。“一个引导”：引导新建本科院校建立和完善内部质量保障体系，不断提高教学质量。

审核评估的核心是“质量”，目的是“保障质量”，即要促进高等学校坚持内涵式发展，引导学校建立自律机制，加强质量保障体系建设，强化自我改进，不断提升办学水平和教育质量。审核评估的方针是“以评促建，以评促改，以评促管，评建结合，重在建设”，强调评估只是一种手段，目的是通过评估促进学校合理定位，全面落实人才培养中心地位，健全质量保障体系，办出水平、办出特色，切实提高人才培养质量。

二、高校接受教育部评估主要工作流程

审核评估程序包括学校自评、专家进校考查、评估结论审议与发布等。高校接受教育部评估主要工作流程：

(1)准备工作。组织学习相关政策，深入理解评估要求；成立迎评领导小组，建立迎评办公室，提供机构保障；出台学校评估工作方案。

(2)校内培训。召开评估动员大会；举行专题培训会；召开评估工作院长论坛。通过一系列的培训和交流会，解读评估内涵，形成良好的评估氛围。

(3)校内自评。开展专业建设、课程教学、办学资源、管理制度等评估。

(4)状态数据填报。按照教育部统一部署，填报教学基本状态数据库。

(5)材料提交。提交学校自评报告、本科教学质量报告以及支撑材料。

(6)专家现场考查。准备专家案头材料；专家组通过查阅资料、深度访谈、听课、实地走访、座谈等方式进行考查。

(7)初步反馈评估意见。专家组向学校反馈评估意见。

(8)评估结论审议与发布。教育部评估专家委员会对审核评估总结报告进行审议后，正式发布参评高校的审核评估结论。

(9)评估整改。按照审核评估反馈意见，进行评估整改工作，并按要求提交整改报告。

第六节

专业认证

一、专业认证概述

专业认证以“学生中心、产出导向、持续改进”为基本理念。高校应以专业认证为契机，建立以学生为中心的教育理念，构建“产出导向”的教育体系，树立“持续改进”的质量观，持续深化教育教学改革，建设一流专业，培养一流人才，开创本科教育工作和专业建设新局面。

目前，我国已经开展工程教育专业认证、师范类专业认证、农林类专业认证及其他专业类认证。2017年，教育部印发《普通高等学校师范类专业认证实施办法(暂行)》，发布师范专业认证国家标准。《教育部2018年工作要点》要求“高起点、高标准、高水平开展本科专业认证，推动实现教育质量评价的国际实质等效”。

二、专业认证主要工作流程

以师范类专业认证为例，高校接受专业认证主要工作流程如下：

(1)准备工作。组织学习相关政策；组织参加教育部相关培训；组织各种校内培训；召开认证动员会、研讨会、推进会等会议。深入学习认证精神，准确解读认证指标。

(2)制度保障。制订专业认证工作实施方案，制订专业认证工作计划表；学校成立专业认证工作领导小组，设立专业认证工作办公室，负责专业认证的组织工作；有关学院(部)成立专业认证工作组，负责学院(部)专业认证的具体工作。

(3)专业自评。修订人才培养方案；修订课程教学大纲；撰写自评报告和数据分析报告；准备支撑材料。

(4)状态数据填报。按照要求，填报教学基本数据。

(5)提交材料。各专业在认证系统中提交申报材料，包括认证申请、自评报告等。校内组织模拟认证。按照专业认证要求，学校组织校内模拟认证。

(6)现场考查。专家工作案头材料准备。迎接教育部现场考查专家组。专家组在审阅专业自评报告和数据分析报告基础上，通过深度访谈、听课看课、考查走访、查阅文卷、集体评议等方式，对专业达成认证标准情况做出评判，并反馈考查意见。

(7)评估整改。依据认证报告进行整改，按要求提交整改报告。

第十章
教务文秘工作

JIAOWU
WENMI
GONGZUO

办公室是教务管理部门的综合协调部门,主要负责印章管理、公文管理、经费管理、组织会议、工作简报、对外交流等工作内容。

第一节 印章管理

印章管理是高校教务管理部门在实际工作中行使职权的重要凭证和工具。本书所称印章是指教务管理部门公章和教务管理部门具有法律效力的其他用章,如学籍成绩专用章等。

一、印章刻制

印章的刻制、更换须依照国家有关规定办理。如教务管理部门需要刻制公章,应先向学校校长办公室提出刻章申请,校长办公室开具刻章公函到公安机关办理备案手续,公安机关出具准刻证明,经办人持准刻证明到公安机关批准的刻制单位刻制,刻制单位将刻制的印章向公安机关办理印鉴备案后,方准启用。印章更换流程也遵照此程序。

二、印章保管

教务管理部门所有印章要指定相应办公室派专人保管,不得随意放置,以免丢失或被他人随意使用。

印章实行专人专管专用,不得转交他人,确因特殊情况需要转由他人保管或使用时,必须报请分管领导同意后方能转交。

三、印章使用

1.印章使用范围

(1)学生用章:用章范围包括成绩单、在读证明、学历证明和其他证明等。

成绩单:学校设有学生自助服务系统的,在校学生凭校园一卡通、身份证或者学号登录系统按需打印;学校没有学生自助服务系统的,在学院(部)打印成绩单后按照规定用章。

在读证明:凭校园一卡通、身份证或者学号在学生自助服务系统上打印,学校没有学生自助服务系统的,在学院(部)打印后按规定到教务管理部门用章。

学历证明:毕业生需开具学历证明或在学历相关证明材料上加盖教务管理部门公章的,应由教务管理部门相关科室负责人审核同意后,经办人填写《教务管理部门公章使用情况登记表》,后方可用章。

其他证明:在校或已毕业学生开具其他证明需加盖教务管理部门公章的,须按照教务管理部门公章使用流程处理。

(2)教师用章范围包括教师申报职称、各种奖项和课题等相关材料上须加盖教务管理部门公章的,须按照教务管理部门公章使用流程处理。

(3)其他部门用章:校内其他部门的材料需加盖教务管理部门公章的,教务管理部门相关科室审核同意后,经办人填写《教务管理部门公章使用情况登记表》后,方可用章。

(4)部门内部用章:教务管理部门各科室发文或开具各种证明应经分管处长审核同意,并由科室经办人填写《教务管理部门公章使用情况登记表》后,方可用章。

(5)其他用章:因其他情况需要用章的,由教务管理部门相关科室或分管处长审核签字,经办人填写《教务管理部门公章使用情况登记表》后,方可用章。

2.印章使用流程(如图10.1)

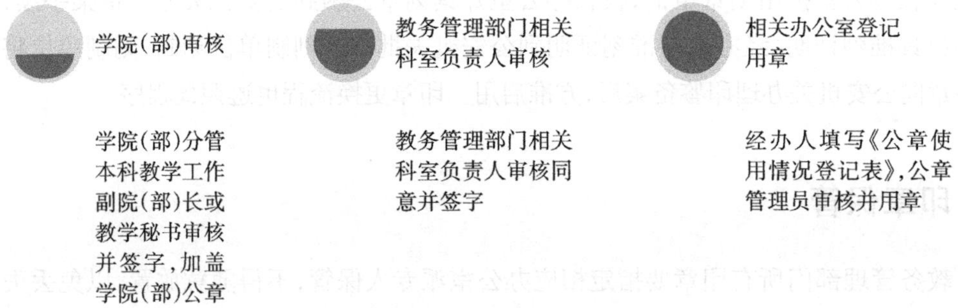

图10.1 教务管理部门印章使用流程

第二节

公文管理

公务文书是法定机关与组织在公务活动中，按照特定的体式，经过一定的处理程序形成和使用的书面材料，又称公务文件。无论从事专业工作，还是行政事务，都要学会通过公文来传达政令政策、处理公务，以协调各种关系、决定事务，使工作正确地、高效地进行。

一、概述

根据《党政机关公文处理工作条例》，公文种类主要有：决议、决定、命令（令）、公报、公告、通告、意见、通知、通报、报告、请示、批复、议案、函、纪要。

学校所有公文由党委办公室、校长办公室或党政办公室根据工作分工签发给校领导和相关部门，根据校领导批示，各单位及时签收登记、处理反馈。

涉密公文须按照国家有关规定进行特殊处理。公文确定密级前，应当按照拟定的密级先行采取保密措施。确定密级后，应当按照所定密级严格管理。绝密级公文应当由专人管理。复制、汇编机密级、秘密级公文，应当符合有关规定并经本机关负责人批准。绝密级公文一般不得复制、汇编，确有工作需要的，应当经发文机关或者其上级机关批准。复制、汇编的公文视同原件管理。涉密公文应当按照发文机关的要求和有关规定进行清退或者销毁。

二、发文管理

校外发文：根据工作要求，向教育部、省（自治区）教育厅或市教委报送相关材料，需出具相应函件，如《XX大学关于报送XXXXXX的函》（X校函〔XXXX〕XX号）。

校内发文：校内发文包括校发文件和处发文件。如关于印发《XX大学XXXXXX管理办法》的通知（XX校〔XXXX〕XX号），《关于XXXXXX的决定》（XX教务〔XXXX〕XX号）。

校发文件：根据学校统一要求，结合工作实际，需要出台管理办法、实施意见、实施办法等文件，包括贯彻执行党中央、教育部、省（区、市）等上级决策部署，指导、推动学校改革发展等方面的重要文件。

处发文件：结合工作实际，需要发布通知、决定等文件，如《XX大学XXXX年本科教学工作要点》等。

公文发文流程如图10.2所示。

起草文件	审核文件	签发文件	文件印制	文件归档
经办人根据工作需要，严格按照学校模板起草发文	分管领导对发文进行审核	教务管理部门负责人审核，党办或校办审核，分管校领导审核签发	根据发文模板，统一印制，统一分发	按学校要求，定期向学校档案馆存档

图 10.2　发文流程示意图

三、收文管理

上级文件：教育部、省（自治区）教育厅或直辖市教委等上级主管部门发布的通知、管理办法、实施意见、实施办法等。

校级文件：学校党委或行政发布的通知、管理办法、实施意见、实施办法等。

其他文件：来校调研函件、信访件、需要学校协助处理的其他各类文件等。

公文收文流程如图 10.3 所示。

签收登记	转发收文	处理反馈	收文归档
办公室收到文件之后，应及时签收登记	涉密文件须按照国家有关规定进行特殊处理。非涉密文件可以通过协同办公管理平台、腾讯通、QQ、微信等载体及时转发给主要领导、分管领导和相关科室	相关科室根据校领导、处长和分管领导的批示及时处理文件，并反馈处理结果	办公室对收文和相关处理结果及时归档保存

图 10.3　收文流程示意图

第三节
经费管理

经费管理是执行国家有关法律、法规和财务规章制度，加强经费的管理和监督，提高资金使用效益，促进本科教育教学管理健康发展。教学管理经费实行“统一领导、分级管理”

的管理体制，统一领导是指教务管理部门处长办公会统一经费收支计划、统一资源调配、统一签字核销；分级管理是指在处长统一领导下，各科室制订本科室涉及相关经费的具体实施办法，并做好经费的使用管理。

一、经费预算

预算是指根据学校事业发展目标和计划编制的年度财务收支计划，本科教学经费预算是根据学校本科教学改革与教学管理计划编制的本科教学支出计划。

1. 预算编制时间

根据学校情况，每年预算编制的时间大概在10—12月，第二年初审核通过下拨。

2. 预算编制依据

预算编制应根据年度本科教育教学管理目标，学校年度工作计划的需要，参考上一年度预算执行情况、有关支出绩效评价结果和本年度收支情况预测，按照规定程序征求各方意见后，进行编制。

经费预算编制程序如图10.4所示。

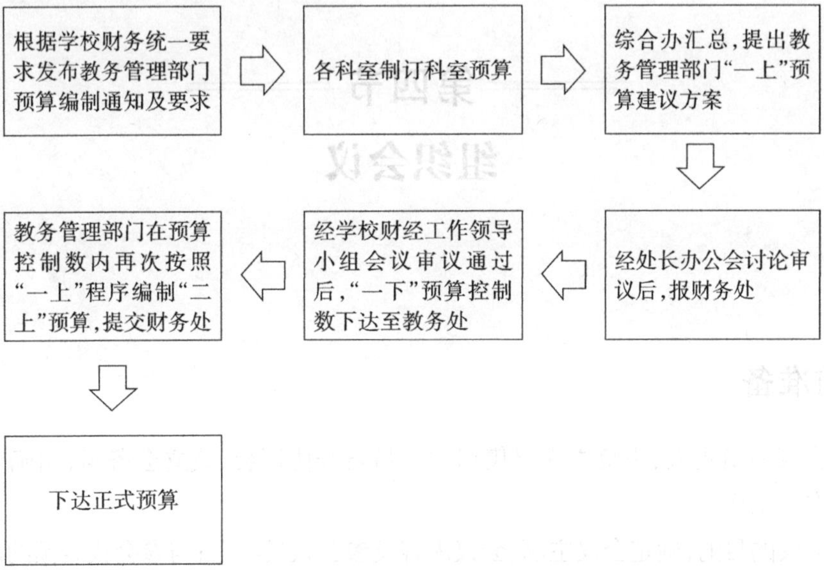

图10.4　经费预算编制程序示意图

二、经费支出

年初各科室按照学校下达财务预算额度编制教务管理部门经费支出执行方案，经处长办公会研究通过后执行。

所有经费支出必须符合国家、上级主管部门及单位的各项管理制度，严格按规使用，并严格控制“三公”经费的支出。单位经费支出必须坚持必需、合理、节约、有效和先审批、后办理的原则，大额经费支出须经处长办公会研究后办理，特别大经费使用须上报分管校领导，并经过学校财经工作领导小组讨论决定。所有经费支出报销凭据实行分头管理、先下后上审批办法。

经费支出程序如图10.5所示。

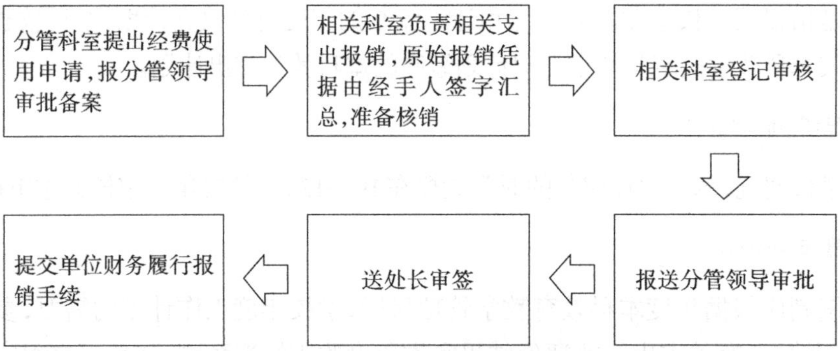

图10.5　经费支出程序示意图

第四节
组织会议

一、会前准备

确定会议总负责人，由负责人召集相关人员召开协调会，成立会务组，明确分工，分头实施会议准备工作。

根据会议的目的，确定会议主题、会议内容及参会人员名单；与参会代表预约时间，并根据主要参会领导及会议代表的时间来确定最终的会议时间；根据会议规格选择会议地点。

二、发布通知

确定会议主题、会议内容、会议时间、参会人员等所有信息后，会务组相关人员拟订会议通知，并报送会议负责人、相关领导等审阅，确定后向涉及单位及参会人员发布会议通知。

会议通知事关相关单位及人员了解此会并决定是否能参与此会，因而非常重要，通知要详尽并且重点突出。会议通知必须具备七个要素：会名、会期、开始时间（年、月、日、星期，上、下午或晚上几时）、地点、参加会议人员范围、入场凭证、筹办会议的联系单位等。若有住宿需求的会议，还应在通知里说明住宿情况；若会场位置比较偏僻不易找寻，还应在通知里提供到达路线以供选择；若需收取会务费，还应在通知里说明收费标准、缴费渠道及发票开具等具体事宜。

三、会务准备

根据会议的规模及具体情况，可以将会务组细分为各种小组，如：协调组、秘书组、信息组、接待组、后勤保障组等，以便工作的顺利开展，小型会议可根据具体的会议需求，简化并进行小组功能整合，成立一两个小组即可。图10.6为大型会议各小组基本功能。

协调组	秘书组	信息组	接待组	后勤保障组
负责汇总协调会议主办、承办各方信息及需求，协调各方领导出席情况，以及其他可能发生的事宜	负责领导讲话稿和主持词撰写，日程安排和会议资料、手册编制、会议记录、新闻稿撰写及宣传报道等	负责会议回执收集，与参会人员沟通联系，签到表、通讯录的制作以及会场签到等	根据参会人数、接送地点等制订用车路线及接送时刻表，负责参会人员接站与送站等相关事宜	负责实地考察会议举办地的吃、住、会场等相关方面情况，并预订住宿房间、确定用餐标准、制作餐券、安排布置会场和摄像照相等

图10.6 会议各小组基本功能

四、会议组织

会议组织包括会议接待、会场布置、住宿用餐、正式会议等环节的组织工作。图10.7为会议组织各环节的基本工作。

会议接待	会场布置	住宿用餐	正式会议
会务组提前在会场布置欢迎条幅、欢迎牌、签到台、指示牌等，等待参会人员报到并发放会议资料	会务组派专人到会场检查会标、灯光、音响、投影、茶水等布置情况，并派专人现场负责音响、投影等设备，以防故障	确认参会人员房间楼层及房间号，询问是否有特殊要求；同时向参会人员确定用餐时间并发放餐券	会务组派专人负责联系各方出席领导并交流会议相关情况，相关人员及材料全部就位，确保会议各环节正常

图10.7 会议组织各环节的基本工作

五、会议报道

秘书组全程参加会议,并做好相应记录,会后收集整理相关资料,完成会议纪要和会议通讯稿,会议纪要提交会议主办、承办各方,图文报道材料在校园网主页、单位网页及微信公众号等平台发布宣传。

第五节 工作简报

工作简报,作为一种了解情况、沟通信息的有效手段,便于上级了解下级,及时做出指示,指导帮助工作;能和同级单位、部门之间沟通信息、交流经验,便于相互学习、相互借鉴,取长补短,共同提高;能通报有关情况,推广先进经验。教务管理部门工作简报是宣传本科教学工作的重要载体,简报要及时,文字要精练、准确,不要有过多的过程叙述和议论。

一、简报特点

简明。简明是指内容的简洁和明了。工作简报不同于正式的工作报告,展开说理,长篇大论,而是要在充分归纳和提炼的基础上,以短小精悍的面目出现,以叙述清楚、说明道理为目的。

及时。就是对工作或会议中出现的新情况、新问题,以最快的速度上传下达,使领导机关能及时掌握新情况,研究新问题,制订新措施。如果错过了时机,不仅会失去简报应有的作用,也会直接影响工作。

新颖。工作简报的新颖性就是通过对工作或会议中出现的新情况、新问题的反映,让人们面对新情况和新问题,探索出新的路子,总结新的经验。如果只报道一些司空见惯的事情,就失去了其价值和意义。

二、编制流程

西南大学教务管理部门定期编制本科教学工作月报,每月一期,每学期四期,全年共八期。本科教学工作月报是宣传本科教学工作的重要载体,对每月主要工作进行梳理总结,对教育部、市教委和学校在本科教学方面的政策举措及时向师生传达宣传。图10.8为本科教学工作月报的编制流程。

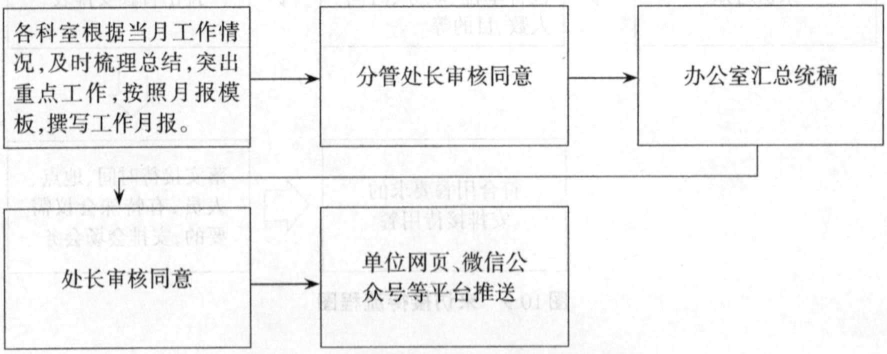

图10.8　本科教学工作月报编制流程图

第六节
对外交流

对外交流是教务管理部门办公室的重要职责。做好对外交流工作，既有利于展示自身工作形象，也有利于增进不同高校教务管理部门之间的合作与交流。

一、来访接待

来访接待直接关系单位的良好形象，有利于扩大单位的对外联络和交流。综合办公室为单位接待工作的管理部门，负责协调相关接待工作的安排、落实和管理，拟订重要来宾的接待计划，协调相关科室落实接待任务，提供后勤保障。来访接待要遵循"热情礼貌、服务周到、对口接待、严格标准、统一管理 "的原则。

在来宾到达时，办公室人员到住宿的酒店或会场外迎接、引导来宾，同时确保会场室内清洁、室温适度、灯光合适，准备好相关设备、资料和茶水。对口接待领导和相关科室人员到场陪同，介绍单位基本情况及工作状况等，主宾双方落座后开始正式交流，办公室要做好图片资料采集工作。

接待结束后，相关科室要及时撰写重要来访信息，将交流座谈中的信息汇总整理，在单位网页、微信公众号等平台发布新闻稿，重要信息可提交校园网主页发布。

图10.9为来访接待流程。

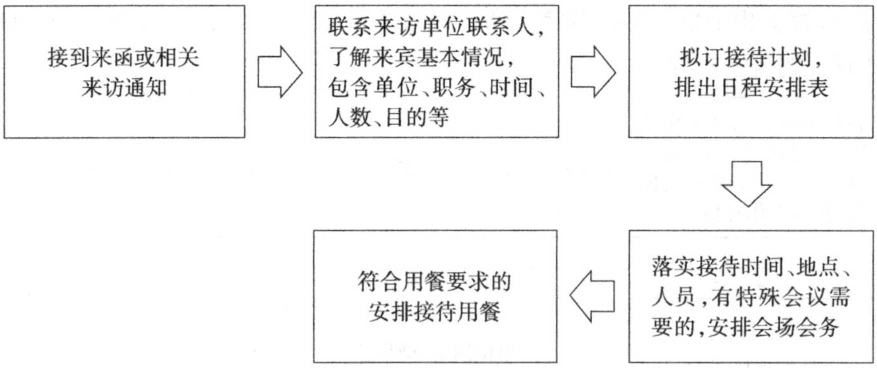

图10.9　来访接待流程图

二、外出考察

为学习借鉴其他单位优秀经验和做法，提高高等教育管理水平，学校应经常组织各层面的工作人员外出学习考察，如：分管本科教学副院长考察交流、系主任培训、教学秘书学习培训、教务管理人员培训、相关科室业务学习等。根据考察的目的及对象，各分管科室为外出考察学习的负责与管理部门，外出考察要遵循“目标明确、程序规范、厉行节约”的原则。

1.计划与准备

明确考察目的与考察对象，制订外出考察工作计划，报处长办公会审核，若组织外出考察人员为副处级以上领导干部，还须报组织部及分管校领导审批、备案。

根据考察计划提前了解考察单位的基本情况，确定考察联络人员，负责我方与对方的沟通，大概确定会面地点、双方出席人员情况、考察时间等。

外出学习考察前，联络人员要准备好考察基本介绍材料供出行人员参考、了解，同时负责安排整个考察行程，含吃、住、行等各个方面。

2.外出学习考察

按照考察方案开展实际考察工作，出行期间的差旅费及食宿补助标准按照单位财务统一标准执行，实报实销。

3.总结及报道

外出考察学习结束后，要组织召开学习考察座谈会，每位考察成员要谈收获、谈思路、谈建议，让学习考察真正达到目的，落到实处，发挥作用，促进工作。若不便召开考察座谈会，则考察人员要提交考察报告，考察团组长汇总报告，完成总结与建议。考察联络人要收集考察单位人员名单和联系方式等，整理在册；考察结束后3个工作日内，形成文字报道材料并搭配图片在校园网主页、单位网页、微信平台发布；考察结束后一周内，联络人根据规定完成费用报销手续。

附件1　西南大学"一流专业点"培育与建设方案

专业是人才培养的基本单元，是建设一流本科教育的"四梁八柱"。为深入贯彻落实《教育部关于加快建设高水平本科教育　全面提高人才培养能力的意见》(教高〔2018〕2号)、"六卓越一拔尖"计划2.0系列文件和《重庆市高等教育发展行动计划(2018—2022年)》(渝府办发〔2019〕14号)等精神，推动新工科、新医科、新农科、新文科建设，做强一流本科、建设一流专业、培养一流人才，全面振兴本科教育，提高学校人才培养能力，实现高等教育内涵式发展，根据《教育部办公厅关于实施一流本科专业建设"双万计划"的通知》(教高厅函〔2019〕18号)和《西南大学一流本科教育建设实施方案》(西校〔2018〕682号)相关要求，学校决定启动一流专业点培育与建设工作，推进一流本科教育建设，提高人才培养质量。现结合学校实际，制订此方案。

一、指导思想

坚持以习近平新时代中国特色社会主义思想为指导，全面贯彻落实党的十九大精神，全面贯彻党的教育方针，全面落实立德树人根本任务。坚持"以本为本"推进"四个回归"，紧扣国家发展需求，以服务经济社会发展为导向，以"双一流"学科为建设基础，统筹学科专业特色，更新专业建设理念，深化专业综合改革，创新人才培养模式，完善协同育人和实践教学机制，构建以人才培养为中心的质量文化，深入推进专业内涵式发展，为建设一流本科教育提供有力支撑。

二、总体思路

坚持以学校学科专业发展为基础，以"抓认证、抓方案、抓资源、抓平台、抓成果、抓文化"为抓手，统筹设计专业发展规划，系统推进专业内涵建设，采取"自愿申报，择优遴选，重点培育，示范引领"的方式，分两年遴选70个一流专业点培育项目，以培养方案、课程体系、实践教学、师资队伍、协同育人、教育教学改革等内容为建设重点，改造提升传统专业，打造特色优势专业，培育建设一批一流专业点，着力提升专业建设水平，力争建成一批市级、国家级一流专业点。

三、建设目标

经过三年的建设，专业内涵式发展的机制基本建立，建成一批一流本科专业，到2022年，力争30个左右的专业达到国家级一流专业点建设标准，40个左右的专业达到重庆市一流专业点建设标准。

四、遴选条件

按照“面向未来、适应需求、引领发展、理念先进、保障有力”的建设目标，在学校现有专业中遴选一批专业定位明确、专业管理规范、改革成效突出、师资力量雄厚、培养质量一流的专业作为一流专业点培育项目。培育专业原则上需要开设八年以上（服务国家及区域重大战略发展的专业不受此限），并符合《普通高等学校本科专业类教学质量国家标准》，且满足以下条件之一：

1. 获得国家级特色专业，或重庆市特色专业，或5星级以上专业（以校友会网最新公布的结果为准），或重庆市一流专业。

2. 在上一轮教育部学位与研究生教育发展中心公布的学科评估结果中达到B及其以上学科涵盖的专业，或博士学位授权（点）学科涵盖的专业，或硕士学位授权（点）学科涵盖的艺术类相关专业。

3. 顺应时代进步，适应经济社会发展的新兴专业和急需专业，如：大数据与人工智能类、新工科、新农科、新文科等专业。

4. 重视本科教学，获得与本专业相关的国家级或重庆市级教学成果奖，或获得与本专业相关的国家级或重庆市级质量工程项目。

五、重点建设内容

（一）转变专业建设理念，科学制订人才培养方案

树立“学生中心、产出导向、持续发展”的专业建设理念，明确专业定位，挖掘专业特色，彰显专业优势。坚持对标质量认证标准和本科专业教学质量国家标准，以“学科、专业、课程一体化”建设为导向，科学论证人才培养方案、人才培养目标和毕业要求，系统构建通识与专业相衔接、学科与专业相联通、理论与实践相结合、知识与育人相融合的课程体系，不断提升课程体系对毕业要求的支撑度、人才培养的目标达成度和社会满意度。

(二)优化人才培养体系,深化人才培养模式改革

进一步优化"基于综合,立于专业,归于个性"的人才培养体系,探索更为丰富的人才培养模式,满足人才的个性化发展需求。按照"拓宽专业基础,整合教学资源,注重交叉融汇"的原则,实施大类招生和大类培养,完善大类培养课程体系。强化创新人才培养,实施卓越人才培养计划。深化国际合作育人,拓展学生互换、学分互认等国际交流项目,探索与高水平大学开展的联合培养模式,积极开设国际化课程和全英文课程。深化协同育人重点领域的改革,健全校企融合、农科教结合、科教结合等协同育人机制,探索构建课程、专业、学科联动和产(科)教融合等具有专业特色的协同育人模式。

(三)着力课程资源建设,加快推进课堂教学革命

坚持以核心课程建设为重点,以价值教育为导向,以信息技术为支撑,优化教学内容,丰富教学资源,优化教学方法,创新考核方式,建设具有"高阶性、创新性、挑战度"的课程,全面提升课程质量,全力打造"线上、线下、线上线下混合、虚拟仿真、社会实践""金课"。加快推进教学方法改革,深入推广启发式、探究式、讨论式、参与式、案例式等新的教学方法,积极探索小班化教学、翻转课堂、混合式教学模式,激发学生学习志趣,提高学生的课堂参与度,引发学生深度思考,培养学生解决复杂问题的综合能力和高级思维。科学设计课程考核内容和方式,健全能力与知识考核并重的多元化学业考核评价体系。

(四)加强实践平台建设,大力提升实践教学水平

综合运用校内外资源,建设数量充足的实验实习实训平台。加强实验教学资源建设,以现代教育技术为支撑,以虚拟仿真项目为重点,以创新机制为保障,建设综合性、智能化、开放性的实验教学平台。优化实验教学内容,打造"基础实验、专业实验、综合实验和创新实验"分层递进的实验教学体系。健全实践教学机制,规范实验教学管理,创造条件推进学生进课题、进实验室、进团队,切实加强实习过程管理,形成合作共赢、开放共享的实践育人机制。拓展协同育人实践平台,加强与相关政府部门、行业企业、科研院所的合作办学,合作办学、合作育人、合作就业、合作发展,共建实践育人基地。

(五)加强师资队伍建设,建设高水平的教师团队

坚持对标质量认证标准和本科专业教学质量国家标准,有计划地引进高水平教师,充分发挥名师、团队传帮带作用,建设一支师德良好、数量充足、结构合理的教师队伍。强化教师教书育人的身份定位和根本职责,严格落实教授为本科生上课制度,实现教授全员为本科生上课。加强基层教学组织建设,健全助教、教学研讨等教学管理制度,构建专业负责

人、课程负责人、青年教师等定期培训机制，提升教师教书育人能力。强化师德监督，引导教师以德立身，以德立学，以德施教。

（六）加强质量文化建设，构建专业持续改进机制

强化学院（部）办学主体意识，健全内部质量保障体系。坚持学生中心、产出导向、持续改进的基本理念，建立健全自查自纠的质量保障机制并持续有效实施，将对质量的追求内化为全校师生的共同价值追求和行为自觉。对照《普通高等学校本科专业类教学质量国家标准》和有关行业标准，根据办学实际和发展目标，进行专业自我评估。积极开展专业认证，促进专业办出特色、办出水平。构建用人单位、行业等利益相关方参与的社会评价机制，对培养目标的达成度进行定期评价，并有持续改进的相关机制，推进专业的持续发展和提高。

（七）深化教育教学改革，培育高水平的教学成果

面向国家长远发展战略、世界变革的趋势和日新月异的高等教育发展环境，围绕专业建设中的热点、难点、关键问题，有计划地推进教育教学改革，积极组织教师参与教育教学改革项目，精心培育高水平的教学成果。强化教学改革成果的推广与应用，发挥教学成果的示范效应，以成果引导专业教师深入开展教学改革，以成果带动专业建设水平的整体提升。

六、主要验收指标

（一）专业建设水平显著提升，建设期内达成以下目标中的一项：

1. 获批国家级一流专业点或重庆市级一流专业点。

2. 有认证要求的专业，通过或有条件通过专业认证（分级专业认证应为二级及以上）。

3. 新增一项国家级各类教学成果（课程、教材、虚拟仿真项目等类型）或重庆市级及以上优秀教学成果奖一等奖。

（二）人才培养模式进一步优化，建设期内达成以下目标：

1. 实施大类或一级学科招生、培养，并取得明显成效。

2. 构建“学科基础课程、专业发展课程、个性化选修课程”三位一体的专业课程框架，基本形成学科、专业和课程一体化的课程体系。

3. 卓越计划相关专业建成校级创新实验班。

4. 有相关行业外聘教师授课的课程，形成具有专业特色的协同育人模式。

5. 积极推进国际化办学，开设有国际化课程和全英文课程。

（三）建设和引进一批优质课程资源，建设期内需要达成以下目标：

1. 建设3门校级专业核心课程。

2. 新增1门校级在线开放课程或5门线上线下混合式课程。

3. 建设1门校级课程思政重点课。

4. 新增校级及以上规划教材1部。

（四）建成一批较高水平的实践平台，实践教学水平显著提升，建设期内需要达成以下目标：

1. 新增5个各级各类实验实践、合作交流（项目）等平台或基地。

2. 新增1个虚拟仿真实验教学项目。

3. 学生进课题、进实验室、进团队人数不低于三分之一（一个年级）。

4. 实践（实习、实验）教学管理制度健全，标准明确，路线清晰，运行规范，记录完整，能够做到实践前明确要求、实践中有监督指导、实践后有考核评价。

5. 毕业设计（论文）选题符合专业培养定位与目标，能够有效达成毕业要求，严守学术道德规范，严格"不抄、不编、不水、不买"的论文写作要求；开题、查重、答辩等环节管理规范，毕业设计（论文）质量逐步提升。

（五）形成一支高水平教师队伍，建设期内达成以下目标：

1. 专业生师比符合国家要求，高级职称所占比例不低于全校平均水平；有博士学位授权点的单位每个本科专业在岗在编教授或研究员（不与其他本科专业交叉重复计算）应达到6人，其他单位每个本科专业在岗在编教授或研究员（不与其他本科专业交叉重复计算）应达到3人。

2. 专业教师获得校级重大专项或市级及以上教学改革项目或入选校级及以上教学名师或课堂教学比赛一等奖等奖励。

3. 教授全员给本科生上课，并达到教学考核规定要求。

4. 基层教学组织运行良好，助教制度落实规范，研讨培训机制健全，有制度、有规范、有记录。

（六）人才培养质量得到提高，建设期内达成以下目标：

1. 毕业生深造率（含考研、出国、出境学习等）不低于全校平均水平（公费师范专业除外）。

2. 近三年毕业生就业率逐步提高，或年终就业率不低于学校平均水平。

七、实施计划及保障

（一）实施计划

1. 启动一流专业点培育计划。2019年2月—3月初，制订一流专业点培育方案，召开一流专业点建设启动会，部署建设工作。

2. 遴选一流专业点培育项目。2019年4月，按照一流专业点培育条件，确定一流专业点培育项目，签订建设任务书。

3. 组织申报各级一流专业点。2019年4月—6月，按照国家和重庆市一流专业点建设实施办法、遴选指标等，择优推荐申报上一级一流专业点。

4. 推进专业系统建设。2019年4月—2021年2月，学院（部）围绕重点建设内容，通过制度建设和资源配置等保障，系统推进一流专业建设。

5. 开展检查考核验收。通过期中教学检查、年度考核等途径，保证建设有序有效推进。2021年3月，组织专家，验收专业建设成果。

第二批一流专业点培育项目的实施计划以通知为准。

（二）保障措施

1. 组织保障。一流专业点建设以学院（部）为主体，实行“院长负责制”，院长负责统筹组织推进培育、申报、建设等工作，凡列入培育项目的专业，均由院长和学校签订责任书；实施年度考核，项目建设成效纳入学校绩效考核体系，与单位教学绩效挂钩。

2. 经费保障。一流专业点培育项目建设周期3年，学校按照每专业60万元的标准划拨建设经费（首年划拨15万元，其余经费分两年划拨）。入选为国家级、重庆市一流专业点的专业，按照1:1标准追加建设经费（文件另有要求的按文件精神执行）。

3. 其他保障。在教学改革项目经费、推免研究生指标、实习经费、实验教学耗材补贴等方面适当向一流专业点培育项目倾斜。鼓励学院（部）在教育教学改革项目、课程建设、资源建设等方面提供配套支持。

附件2　基本专业目录

序号	学科门类	招生大类	专业代码	专业名称
1	哲学(01)	哲学类(0101)	010101	哲学
2			010102	逻辑学
3			010103K	宗教学
4	经济学(02)	经济学类(0201)	020101	经济学
5			020102	经济统计学
6		财政学类(0202)	020201K	财政学
7			020202	税收学
8		金融学类(0203)	020301K	金融学
9			020302	金融工程
10			020303	保险学
11			020304	投资学
12		经济与贸易类(0204)	020401	国际经济与贸易
13			020402	贸易经济
14	法学(03)	法学类(0301)	030101K	法学
15		政治学类(0302)	030201	政治学与行政学
16			030202	国际政治
17			030203	外交学
18		社会学类(0303)	030301	社会学
19			030302	社会工作
20		民族学类(0304)	030401	民族学
21		马克思主义理论类(0305)	030501	科学社会主义
22			030502	中国共产党历史
23			030503	思想政治教育
24		公安学类(0306)	030601K	治安学
25			030602K	侦查学
26			030603K	边防管理
27	教育学(04)	教育学类(0401)	040101	教育学
28			040102	科学教育
29			040103	人文教育
30			040104	教育技术学（注：可授教育学或理学或工学学士学位）

续表

序号	学科门类	招生大类	专业代码	专业名称
31	教育学(04)	教育学类(0401)	040105	艺术教育（注：可授教育学或艺术学学士学位）
32			040106	学前教育
33			040107	小学教育
34			040108	特殊教育
35		体育学类(0402)	040201	体育教育
36			040202K	运动训练
37			040203	社会体育指导与管理
38			040204K	武术与民族传统体育
39			040205	运动人体科学
40	文学(05)	中国语言文学类(0501)	050101	汉语言文学
41			050102	汉语言
42			050103	汉语国际教育
43			050104	中国少数民族语言文学
44			050105	古典文献学
45		外国语言文学类(0502)	050201	英语
46			050202	俄语
47			050203	德语
48			050204	法语
49			050205	西班牙语
50			050206	阿拉伯语
51			050207	日语
52			050208	波斯语
53			050209	朝鲜语
54			050210	菲律宾语
55			050211	梵语巴利语
56			050212	印度尼西亚语
57			050213	印地语
58			050214	柬埔寨语
59			050215	老挝语
60			050216	缅甸语
61			050217	马来语
62			050218	蒙古语
63			050219	僧伽罗语
64			050220	泰语
65			050221	乌尔都语
66			050222	希伯来语
67			050223	越南语

续表

序号	学科门类	招生大类	专业代码	专业名称
68	文学(05)	外国语言文学类(0502)	050224	豪萨语
69			050225	斯瓦希里语
70			050226	阿尔巴尼亚语
71			050227	保加利亚语
72			050228	波兰语
73			050229	捷克语
74			050230	斯洛伐克语
75			050231	罗马尼亚语
76			050232	葡萄牙语
77			050233	瑞典语
78			050234	塞尔维亚语
79			050235	土耳其语
80			050236	希腊语
81			050237	匈牙利语
82			050238	意大利语
83			050239	泰米尔语
84			050240	普什图语
85			050241	世界语
86			050242	孟加拉语
87			050243	尼泊尔语
88			050244	克罗地亚语
89			050245	荷兰语
90			050246	芬兰语
91			050247	乌克兰语
92			050248	挪威语
93			050249	丹麦语
94			050250	冰岛语
95			050251	爱尔兰语
96			050252	拉脱维亚语
97			050253	立陶宛语
98			050254	斯洛文尼亚语
99			050255	爱沙尼亚语
100			050256	马耳他语
101			050257	哈萨克语
102			050258	乌兹别克语
103			050259	祖鲁语
104			050260	拉丁语
105			050261	翻译
106			050262	商务英语

续表

序号	学科门类	招生大类	专业代码	专业名称
107		新闻传播学类(0503)	050301	新闻学
108			050302	广播电视学
109			050303	广告学
110			050304	传播学
111			050305	编辑出版学
112	历史学(06)	历史学类(0601)	060101	历史学
113			060102	世界史
114			060103	考古学
115			060104	文物与博物馆学
116	理学(07)	数学类(0701)	070101	数学与应用数学
117			070102	信息与计算科学
118		物理学类(0702)	070201	物理学
119			070202	应用物理学
120			070203	核物理
121		化学类(0703)	070301	化学
122			070302	应用化学 (注:可授理学或工学学士学位)
123		天文学类(0704)	070401	天文学
124		地理科学类(0705)	070501	地理科学
125			070502	自然地理与资源环境 (注:可授理学或管理学学士学位)
126			070503	人文地理与城乡规划 (注:可授理学或管理学学士学位)
127			070504	地理信息科学
128		大气科学类(0706)	070601	大气科学
129			070602	应用气象学
130		海洋科学类(0707)	070701	海洋科学
131			070702	海洋技术 (注:可授理学或工学学士学位)
132		地球物理学类(0708)	070801	地球物理学
133			070802	空间科学与技术 (注:可授理学或工学学士学位)
134		地质学类(0709)	070901	地质学
135			070902	地球化学
136		生物科学类(0710)	071001	生物科学
137			071002	生物技术 (注:可授理学或工学学士学位)
138			071003	生物信息学 (注:可授理学或工学学士学位)

续表

序号	学科门类	招生大类	专业代码	专业名称
139	理学 (07)		071004	生态学
140		心理学类 (0711)	071101	心理学 (注:可授理学或教育学学士学位)
141			071102	应用心理学 (注:可授理学或教育学学士学位)
142		统计学类 (0712)	071201	统计学
143			071202	应用统计学
144	工学 (08)	力学类 (0801)	080101	理论与应用力学 (注:可授工学或理学学士学位)
145			080102	工程力学
146		机械类 (0802)	080201	机械工程
147			080202	机械设计制造及其自动化
148			080203	材料成型及控制工程
149			080204	机械电子工程
150			080205	工业设计
151			080206	过程装备与控制工程
152			080207	车辆工程
153			080208	汽车服务工程
154		仪器类 (0803)	080301	测控技术与仪器
155		材料类 (0804)	080401	材料科学与工程
156			080402	材料物理 (注:可授工学或理学学士学位)
157			080403	材料化学 (注:可授工学或理学学士学位)
158			080404	冶金工程
159			080405	金属材料工程
160			080406	无机非金属材料工程
161			080407	高分子材料与工程
162			080408	复合材料与工程
163		能源动力类 (0805)	080501	能源与动力工程
164		电气类 (0806)	080601	电气工程及其自动化
165		电子信息类 (0807)	080701	电子信息工程 (注:可授工学或理学学士学位)
166			080702	电子科学与技术 (注:可授工学或理学学士学位)

续表

序号	学科门类	招生大类	专业代码	专业名称
167	工学(08)	电子信息类(0807)	080703	通信工程
168			080704	微电子科学与工程（注：可授工学或理学学士学位）
169			080705	光电信息科学与工程（注：可授工学或理学学士学位）
170			080706	信息工程
171		自动化类(0808)	080801	自动化
172		计算机类(0809)	080901	计算机科学与技术（注：可授工学或理学学士学位）
173			080902	软件工程
174			080903	网络工程
175			080904K	信息安全（注：可授工学或理学或管理学学士学位）
176			080905	物联网工程
177			080906	数字媒体技术
178		土木类(0810)	081001	土木工程
179			081002	建筑环境与能源应用工程
180			081003	给排水科学与工程
181			081004	建筑电气与智能化
182		水利类(0811)	081101	水利水电工程
183			081102	水文与水资源工程
184			081103	港口航道与海岸工程
185		测绘类(0812)	081201	测绘工程
186			081202	遥感科学与技术
187		化工与制药类(0813)	081301	化学工程与工艺
188			081302	制药工程
189		地质类(0814)	081401	地质工程
190			081402	勘查技术与工程
191			081403	资源勘查工程
192		矿业类(0815)	081501	采矿工程
193			081502	石油工程
194			081503	矿物加工工程
195			081504	油气储运工程
196		纺织类(0816)	081601	纺织工程
197			081602	服装设计与工程（注：可授工学或艺术学学士学位）

续表

序号	学科门类	招生大类	专业代码	专业名称
198	工学(08)	轻工类(0817)	081701	轻化工程
199			081702	包装工程
200			081703	印刷工程
201		交通运输类(0818)	081801	交通运输
202			081802	交通工程
203			081803K	航海技术
204			081804K	轮机工程
205			081805K	飞行技术
206		海洋工程类(0819)	081901	船舶与海洋工程
207		航空航天类(0820)	082001	航空航天工程
208			082002	飞行器设计与工程
209			082003	飞行器制造工程
210			082004	飞行器动力工程
211			082005	飞行器环境与生命保障工程
212		兵器类(0821)	082101	武器系统与工程
213			082102	武器发射工程
214			082103	探测制导与控制技术
215			082104	弹药工程与爆炸技术
216			082105	特种能源技术与工程
217			082106	装甲车辆工程
218			082107	信息对抗技术
219		核工程类(0822)	082201	核工程与核技术
220			082202	辐射防护与核安全
221			082203	工程物理
222			082204	核化工与核燃料工程
223		农业工程类(0823)	082301	农业工程
224			082302	农业机械化及其自动化
225			082303	农业电气化
226			082304	农业建筑环境与能源工程
227			082305	农业水利工程
228		林业工程类(0824)	082401	森林工程
229			082402	木材科学与工程
230			082403	林产化工
231		环境科学与工程类(0825)	082501	环境科学与工程
232			082502	环境工程
233			082503	环境科学（注:可授工学或理学学士学位）
234			082504	环境生态工程

续表

序号	学科门类	招生大类	专业代码	专业名称
235	工学(08)	生物医学工程类(0826)	082601	生物医学工程（注：可授工学或理学学士学位）
236		食品科学与工程类(0827)	082701	食品科学与工程（注：可授工学或农学学士学位）
237			082702	食品质量与安全
238			082703	粮食工程
239			082704	乳品工程
240			082705	酿酒工程
241		建筑类(0828)	082801	建筑学
242			082802	城乡规划
243			082803	风景园林（注：可授工学或艺术学学士学位）
244		安全科学与工程类(0829)	082901	安全工程
245		生物工程类(0830)	083001	生物工程
246		公安技术类(0831)	083101K	刑事科学技术
247			083102K	消防工程
248	农学(09)	植物生产类(0901)	090101	农学
249			090102	园艺
250			090103	植物保护
251			090104	植物科学与技术
252			090105	种子科学与工程
253			090106	设施农业科学与工程（注：可授农学或工学学士学位）
254		自然保护与环境生态类(0902)	090201	农业资源与环境
255			090202	野生动物与自然保护区管理
256			090203	水土保持与荒漠化防治
257		动物生产类(0903)	090301	动物科学
258		动物医学类(0904)	090401	动物医学
259			090402	动物药学
260		林学类(0905)	090501	林学
261			090502	园林
262			090503	森林保护
263		水产类(0906)	090601	水产养殖学
264			090602	海洋渔业科学与技术
265		草学类(0907)	090701	草业科学

续表

序号	学科门类	招生大类	专业代码	专业名称
266	医学(10)	基础医学类(1001)	100101K	基础医学
267		临床医学类(1002)	100201K	临床医学
268		口腔医学类(1003)	100301K	口腔医学
269		公共卫生与预防医学类(1004)	100401K	预防医学
270			100402	食品卫生与营养学(注:授予理学学士学位)
271		中医学类(1005)	100501K	中医学
272			100502K	针灸推拿学
273			100503K	藏医学
274			100504K	蒙医学
275			100505K	维医学
276			100506K	壮医学
277			100507K	哈医学
278		中西医结合类(1006)	100601K	中西医临床医学
279		药学类(1007)	100701	药学(注:授予理学学士学位)
280			100702	药物制剂(注:授予理学学士学位)
281		中药学类(1008)	100801	中药学(注:授予理学学士学位)
282			100802	中药资源与开发(注:授予理学学士学位)
283		法医学类(1009)	100901K	法医学
284		医学技术类(1010)	101001	医学检验技术(注:授予理学学士学位)
285			101002	医学实验技术(注:授予理学学士学位)
286			101003	医学影像技术(注:授予理学学士学位)
287			101004	眼视光学(注:授予理学学士学位)
288			101005	康复治疗学(注:授予理学学士学位)
289			101006	口腔医学技术(注:授予理学学士学位)

续表

序号	学科门类	招生大类	专业代码	专业名称
290	医学(10)	医学技术类(1010)	101007	卫生检验与检疫（注：授予理学学士学位）
291		护理学类(1011)	101101	护理学（注：授予理学学士学位）
292	管理学(12)	管理科学与工程类(1201)	120101	管理科学（注：可授管理学或理学学士学位）
293			120102	信息管理与信息系统（注：可授管理学或工学学士学位）
294			120103	工程管理（注：可授管理学或工学学士学位）
295			120104	房地产开发与管理
296			120105	工程造价（注：可授管理学或工学学士学位）
297		工商管理类(1202)	120201K	工商管理
298			120202	市场营销
299			120203K	会计学
300			120204	财务管理
301			120205	国际商务
302			120206	人力资源管理
303			120207	审计学
304			120208	资产评估
305			120209	物业管理
306			120210	文化产业管理（注：可授管理学或艺术学学士学位）
307		农业经济管理类(1203)	120301	农林经济管理
308			120302	农村区域发展（注：可授管理学或农学学士学位）
309		公共管理类(1204)	120401	公共事业管理
310			120402	行政管理
311			120403	劳动与社会保障
312			120404	土地资源管理（注：可授管理学或工学学士学位）
313			120405	城市管理
314		图书情报与档案管理类(1205)	120501	图书馆学
315			120502	档案学
316			120503	信息资源管理
317		物流管理与工程类(1206)	120601	物流管理
318			120602	物流工程（注：可授管理学或工学学士学位）

续表

序号	学科门类	招生大类	专业代码	专业名称
319	管理学(12)	工业工程类(1207)	120701	工业工程(注:可授管理学或工学学士学位)
320		电子商务类(1208)	120801	电子商务(注:可授管理学或经济学或工学学士学位)
321		旅游管理类(1209)	120901K	旅游管理
322			120902	酒店管理
323			120903	会展经济与管理
324	艺术学(13)	艺术学理论类(1301)	130101	艺术史论
325		音乐与舞蹈学类(1302)	130201	音乐表演
326			130202	音乐学
327			130203	作曲与作曲技术理论
328			130204	舞蹈表演
329			130205	舞蹈学
330			130206	舞蹈编导
331		戏剧与影视学类(1303)	130301	表演
332			130302	戏剧学
333			130303	电影学
334			130304	戏剧影视文学
335			130305	广播电视编导
336			130306	戏剧影视导演
337			130307	戏剧影视美术设计
338			130308	录音艺术
339			130309	播音与主持艺术
340			130310	动画
341		美术学类(1304)	130401	美术学
342			130402	绘画
343			130403	雕塑
344			130404	摄影
345		设计学类(1305)	130501	艺术设计学
346			130502	视觉传达设计
347			130503	环境设计
348			130504	产品设计
349			130505	服装与服饰设计
350			130506	公共艺术
351			130507	工艺美术
352			130508	数字媒体艺术

附件3　特设专业目录

序号	学科门类	招生大类	专业代码	专业名称
1	哲学（01）	哲学类（0101）	010104T	伦理学
2	经济学（02）	经济学类（0201）	020103T	国民经济管理
3			020104T	资源与环境经济学
4			020105T	商务经济学
5			020106T	能源经济
6			020107T	劳动经济学
7			020108T	经济工程
8			020109T	数字经济
9		金融学类（0203）	020305T	金融数学
10			020306T	信用管理（注：可授经济学或管理学学士学位）
11			020307T	经济与金融
12			020308T	精算学
13			020309T	互联网金融
14			020310T	金融科技
15	法学（03）	法学类（0301）	030102T	知识产权
16			030103T	监狱学
17			030104T	信用风险管理与法律防控
18			030105T	国际经贸规则
19			030106TK	司法警察学
20			030107TK	社区矫正
21		政治学类（0302）	030204T	国际事务与国际关系
22			030205T	政治学、经济学与哲学
23			030206TK	国际组织与全球治理
24		社会学类（0303）	030303T	人类学
25			030304T	女性学
26			030305T	家政学
27		马克思主义理论类（0305）	030504T	马克思主义理论
28		公安学类（0306）	030604TK	禁毒学
29			030605TK	警犬技术
30			030606TK	经济犯罪侦查
31			030607TK	边防指挥
32			030608TK	消防指挥

续表

序号	学科门类	招生大类	专业代码	专业名称
33	法学（03）	公安学类（0306）	030609TK	警卫学
34			030610TK	公安情报学
35			030611TK	犯罪学
36			030612TK	公安管理学
37			030613TK	涉外警务
38			030614TK	国内安全保卫
39			030615TK	警务指挥与战术
40			030616TK	技术侦查学
41			030617TK	海警执法
42			030618TK	公安政治工作
43			030619TK	移民管理
44			030620TK	出入境管理
45	教育学（04）	教育学类（0401）	040109T	华文教育
46			040110TK	教育康复学
47			040111T	卫生教育
48			040112T	认知科学与技术
49		体育学类（0402）	040206T	运动康复 （注：可授教育学或理学学士学位）
50			040207T	休闲体育
51			040208T	体能训练
52			040209T	冰雪运动
53			040210TK	电子竞技运动与管理
54			040211TK	智能体育工程
55			040212TK	体育旅游
56	文学（05）	中国语言文学类（0501）	050106T	应用语言学
57			050107T	秘书学
58			050108T	中国语言与文化
59			050109T	手语翻译
60		外国语言文学类（0502）	050200T	桑戈语
61			0502100T	语言学
62			0502101T	塔玛齐格特语
63			0502102T	爪哇语
64			0502103T	旁遮普语
65			050263T	阿姆哈拉语
66			050264T	吉尔吉斯语
67			050265T	索马里语
68			050266T	土库曼语
69			050267T	加泰罗尼亚语
70			050268T	约鲁巴语

续表

序号	学科门类	招生大类	专业代码	专业名称
71	文学（05）	外国语言文学类（0502）	050269T	亚美尼亚语
72			050270T	马达加斯加语
73			050271T	格鲁吉亚语
74			050272T	阿塞拜疆语
75			050273T	阿非利卡语
76			050274T	马其顿语
77			050275T	塔吉克语
78			050276T	茨瓦纳语
79			050277T	恩德贝莱语
80			050278T	科摩罗语
81			050279T	克里奥尔语
82			050280T	绍纳语
83			050281T	提格雷尼亚语
84			050282T	白俄罗斯语
85			050283T	毛利语
86			050284T	汤加语
87			050285T	萨摩亚语
88			050286T	库尔德语
89			050287T	比斯拉马语
90			050288T	达里语
91			050289T	德顿语
92			050290T	迪维希语
93			050291T	斐济语
94			050292T	库克群岛毛利语
95			050293T	隆迪语
96			050294T	卢森堡语
97			050295T	卢旺达语
98			050296T	纽埃语
99			050297T	皮金语
100			050298T	切瓦语
101			050299T	塞苏陀语
102		新闻传播学类（0503）	050306T	网络与新媒体
103			050307T	数字出版
104			050308T	时尚传播
105			050309T	国际新闻与传播
106	历史学（06）	历史学类（0601）	060105T	文物保护技术
107			060106T	外国语言与外国历史（注：可授历史学或文学学士学位）
108			060107T	文化遗产

续表

序号	学科门类	招生大类	专业代码	专业名称
109	理学（07）	数学类（0701）	070103T	数理基础科学
110			070104T	数据计算及应用
111		物理学类（0702）	070204T	声学
112			070205T	系统科学与工程
113		化学类（0703）	070303T	化学生物学
114			070304T	分子科学与工程
115			070305T	能源化学
116		海洋科学类（0707）	070703T	海洋资源与环境
117			070704T	军事海洋学
118		地球物理学类（0708）	070803T	防灾减灾科学与工程
119		地质学类（0709）	070903T	地球信息科学与技术（注：可授理学或工学学士学位）
120			070904T	古生物学
121		生物科学类（0710）	071005T	整合科学
122			071006T	神经科学
123	工学（08）	机械类（0802）	080209T	机械工艺技术
124			080210T	微机电系统工程
125			080211T	机电技术教育
126			080212T	汽车维修工程教育
127			080213T	智能制造工程
128			080214T	智能车辆工程
129			080215T	仿生科学与工程
130			080216T	新能源汽车工程
131		仪器类（0803）	080302T	精密仪器
132		材料类（0804）	080409T	粉体材料科学与工程
133			080410T	宝石及材料工艺学
134			080411T	焊接技术与工程
135			080412T	功能材料
136			080413T	纳米材料与技术
137			080414T	新能源材料与器件
138			080415T	材料设计科学与工程
139			080416T	复合材料成型工程
140		能源动力类（0805）	080502T	能源与环境系统工程
141			080503T	新能源科学与工程
142		电气类（0806）	080602T	智能电网信息工程
143			080603T	光源与照明
144			080604T	电气工程与智能控制

续表

序号	学科门类	招生大类	专业代码	专业名称
145	工学（08）	电气类（0806）	080605T	电机电器智能化
146			080606T	电缆工程
147		电子信息类（0807）	080707T	广播电视工程
148			080708T	水声工程
149			080709T	电子封装技术
150			080710T	集成电路设计与集成系统
151			080711T	医学信息工程
152			080712T	电磁场与无线技术
153			080713T	电波传播与天线
154			080714T	电子信息科学与技术 （注：可授工学或理学学士学位）
155			080715T	电信工程及管理
156			080716T	应用电子技术教育
157			080717T	人工智能
158		自动化类（0808）	080802T	轨道交通信号与控制
159			080803T	机器人工程
160			080804T	邮政工程
161			080805T	核电技术与控制工程
162		计算机类（0809）	080907T	智能科学与技术
163			080908T	空间信息与数字技术
164			080909T	电子与计算机工程
165			080910T	数据科学与大数据技术
166			080911TK	网络空间安全
167			080912T	新媒体技术
168			080913T	电影制作
169			080914TK	保密技术
170		土木类（0810）	081005T	城市地下空间工程
171			081006T	道路桥梁与渡河工程
172			081007T	铁道工程
173			081008T	智能建造
174			081009T	土木、水利与海洋工程
175		水利类（0811）	081104T	水务工程
176			081105T	水利科学与工程
177		测绘类（0812）	081203T	导航工程
178			081204T	地理国情监测
179			081205T	地理空间信息工程
180		化工与制药类（0813）	081303T	资源循环科学与工程
181			081304T	能源化学工程
182			081305T	化学工程与工业生物工程

续表

序号	学科门类	招生大类	专业代码	专业名称
183		化工与制药类（0813）	081306T	化工安全工程
184			081307T	涂料工程
185			081308T	精细化工
186		地质类（0814）	081404T	地下水科学与工程
187		矿业类（0815）	081505T	矿物资源工程
188			081506T	海洋油气工程
189		纺织类（0816）	081603T	非织造材料与工程
190			081604T	服装设计与工艺教育
191			081605T	丝绸设计与工程
192		轻工类（0817）	081704T	香料香精技术与工程
193			081705T	化妆品技术与工程
194		交通运输类（0818）	081806T	交通设备与控制工程
195			081807T	救助与打捞工程
196			081808TK	船舶电子电气工程
197			081809T	轨道交通电气与控制
198			081810T	邮轮工程与管理
199		海洋工程类（0819）	081902T	海洋工程与技术
200			081903T	海洋资源开发技术
201	工学（08）		081904T	海洋机器人
202		航空航天类（0820）	082006T	飞行器质量与可靠性
203			082007T	飞行器适航技术
204			082008T	飞行器控制与信息工程
205			082009T	无人驾驶航空器系统工程
206		农业工程类（0823）	082306T	土地整治工程
207		林业工程类（0824）	082404T	家具设计与工程
208		环境科学与工程类（0825）	082505T	环保设备工程
209			082506T	资源环境科学（注：可授工学或理学学士学位）
210			082507T	水质科学与技术
211		生物医学工程类（0826）	082602T	假肢矫形工程
212			082603T	临床工程技术
213		食品科学与工程类（0827）	082706T	葡萄与葡萄酒工程
214			082707T	食品营养与检验教育
215			082708T	烹饪与营养教育
216			082709T	食品安全与检测
217		建筑类（0828）	082804T	历史建筑保护工程
218			082805T	人居环境科学与技术

续表

序号	学科门类	招生大类	专业代码	专业名称
219	工学（08）	安全科学与工程类（0829）	082902T	应急技术与管理
220			082903T	职业卫生工程
221		生物工程类（0830）	083002T	生物制药
222		公安技术类（0831）	083103TK	交通管理工程
223			083104TK	安全防范工程
224			083105TK	公安视听技术
225			083106TK	抢险救援指挥与技术
226			083107TK	火灾勘查
227			083108TK	网络安全与执法
228			083109TK	核生化消防
229			083110TK	海警舰艇指挥与技术
230			083111TK	数据警务技术
231	农学（09）	植物生产类（0901）	090107T	茶学
232			090108T	烟草
233			090109T	应用生物科学（注：可授农学或理学学士学位）
234			090110T	农艺教育
235			090111T	园艺教育
236		动物生产类（0903）	090302T	蚕学
237			090303T	蜂学
238			090304T	经济动物学
239			090305T	马业科学
240		动物医学类（0904）	090403T	动植物检疫（注：可授农学或理学学士学位）
241			090404T	实验动物学
242			090405T	中兽医学
243		林学类（0905）	090504T	经济林
244		水产类（0906）	090603T	水族科学与技术
245			090604TK	水生动物医学
246	医学（10）	基础医学类（1001）	100102TK	生物医学
247			100103T	生物医学科学
248		临床医学类（1002）	100202TK	麻醉学
249			100203TK	医学影像学
250			100204TK	眼视光医学
251			100205TK	精神医学
252			100206TK	放射医学
253			100207TK	儿科学

续表

序号	学科门类	招生大类	专业代码	专业名称
254	医学 （10）	公共卫生与预防医学类 （1004）	100403TK	妇幼保健医学
255			100404TK	卫生监督
256			100405TK	全球健康学 （注：授予理学学士学位）
257		中医学类 （1005）	100508TK	傣医学
258			100509TK	回医学
259			100510TK	中医康复学
260			100511TK	中医养生学
261			100512TK	中医儿科学
262			100513TK	中医骨伤科学
263		药学类 （1007）	100703TK	临床药学 （注：授予理学学士学位）
264			100704T	药事管理 （注：授予理学学士学位）
265			100705T	药物分析 （注：授予理学学士学位）
266			100706T	药物化学 （注：授予理学学士学位）
267			100707T	海洋药学 （注：授予理学学士学位）
268			100708T	化妆品科学与技术
269		中药学类 （1008）	100803T	藏药学 （注：授予理学学士学位）
270			100804T	蒙药学 （注：授予理学学士学位）
271			100805T	中药制药 （注：可授理学或工学学士学位）
272			100806T	中草药栽培与鉴定 （注：授予理学学士学位）
273		医学技术类 （1010）	101008T	听力与言语康复学
274			101009T	康复物理治疗
275			101010T	康复作业治疗
276			101011T	智能医学工程
277		护理学类 （1011）	101102T	助产学
278	管理学 （12）	管理科学与工程类 （1201）	120106TK	保密管理
279			120107T	邮政管理
280			120108T	大数据管理与应用
281			120109T	工程审计
282			120110T	计算金融

续表

序号	学科门类	招生大类	专业代码	专业名称
283	管理学（12）	工商管理类（1202）	120211T	劳动关系
284			120212T	体育经济与管理
285			120213T	财务会计教育
286			120214T	市场营销教育
287			120215T	零售业管理
288		公共管理类（1204）	120406TK	海关管理
289			120407T	交通管理（注：可授管理学或工学学士学位）
290			120408T	海事管理
291			120409T	公共关系学
292			120410T	健康服务与管理
293			120411TK	海警后勤管理
294			120412T	医疗产品管理
295		物流管理与工程类（1206）	120603T	采购管理
296			120604T	供应链管理
297		工业工程类（1207）	120702T	标准化工程
298			120703T	质量管理工程
299		电子商务类（1208）	120802T	电子商务及法律
300		旅游管理类（1209）	120904T	旅游管理与服务教育
301	艺术学（13）	艺术学理论类（1301）	130102T	艺术管理
302		音乐与舞蹈学类（1302）	130207T	舞蹈教育
303			130208TK	航空服务艺术与管理
304			130209T	流行音乐
305			130210T	音乐治疗
306			130211T	流行舞蹈
307		戏剧与影视学类（1303）	130311T	影视摄影与制作
308			130312T	影视技术
309			130313T	戏剧教育
310		美术学类（1304）	130405T	书法学
311			130406T	中国画
312			130407TK	实验艺术
313			130408TK	跨媒体艺术
314			130409T	文物保护与修复
315			130410T	漫画

续表

序号	学科门类	招生大类	专业代码	专业名称
316	艺术学（13）	设计学类（1305）	130509T	艺术与科技
317			130510TK	陶瓷艺术设计
318			130511T	新媒体艺术
319			130512T	包装设计

附件4 控制专业目录

序号	学科门类	招生大类	专业代码	专业名称
1	哲学(01)	哲学类(0101)	010103K	宗教学
2	经济学(02)	财政学类(0202)	020201K	财政学
3		金融学类(0203)	020301K	金融学
4	法学(03)	法学类(0301)	030101K	法学
5			030106TK	司法警察学
6			030107TK	社区矫正
7		政治学类(0302)	030206TK	国际组织与全球治理
8		公安学类(0306)	030601K	治安学
9			030602K	侦查学
10			030603K	边防管理
11			030604TK	禁毒学
12			030605TK	警犬技术
13			030606TK	经济犯罪侦查
14			030607TK	边防指挥
15			030608TK	消防指挥
16			030609TK	警卫学
17			030610TK	公安情报学
18			030611TK	犯罪学
19			030612TK	公安管理学
20			030613TK	涉外警务
21			030614TK	国内安全保卫
22			030615TK	警务指挥与战术
23			030616TK	技术侦查学
24			030617TK	海警执法
25			030618TK	公安政治工作
26			030619TK	移民管理
27			030620TK	出入境管理
28	教育学(04)	教育学类(0401)	040110TK	教育康复学
29		体育学类(0402)	040202K	运动训练
30			040204K	武术与民族传统体育

续表

序号	学科门类	招生大类	专业代码	专业名称
31	教育学(04)	体育学类(0402)	040210TK	电子竞技运动与管理
32			040211TK	智能体育工程
33			040212TK	体育旅游
34	工学(08)	计算机类(0809)	080904K	信息安全
35			080911TK	网络空间安全
36			080914TK	保密技术
37		交通运输类(0818)	081803K	航海技术
38			081804K	轮机工程
39			081805K	飞行技术
40			081808TK	船舶电子电气工程
41		公安技术类(0831)	083101K	刑事科学技术
42			083102K	消防工程
43			083103TK	交通管理工程
44			083104TK	安全防范工程
45			083105TK	公安视听技术
46			083106TK	抢险救援指挥与技术
47			083107TK	火灾勘查
48			083108TK	网络安全与执法
49			083109TK	核生化消防
50			083110TK	海警舰艇指挥与技术
51			083111TK	数据警务技术
52	农学(09)	水产类(0906)	090604TK	水生动物医学
53	医学(10)	基础医学类(1001)	100101K	基础医学
54			100102TK	生物医学
55		临床医学类(1002)	100201K	临床医学
56			100202TK	麻醉学
57			100203TK	医学影像学
58			100204TK	眼视光医学
59			100205TK	精神医学
60			100206TK	放射医学
61			100207TK	儿科学
62		口腔医学类(1003)	100301K	口腔医学
63		公共卫生与预防医学类(1004)	100401K	预防医学
64			100403TK	妇幼保健医学
65			100404TK	卫生监督
66			100405TK	全球健康学（注:授予理学学士学位）

续表

序号	学科门类	招生大类	专业代码	专业名称
67	医学(10)	中医学类(1005)	100501K	中医学
68			100502K	针灸推拿学
69			100503K	藏医学
70			100504K	蒙医学
71			100505K	维医学
72			100506K	壮医学
73			100507K	哈医学
74			100508TK	傣医学
75			100509TK	回医学
76			100510TK	中医康复学
77			100511TK	中医养生学
78			100512TK	中医儿科学
79			100513TK	中医骨伤科学
80		中西医结合类(1006)	100601K	中西医临床医学
81		药学类(1007)	100703TK	临床药学（注：授予理学学士学位）
82		法医学类(1009)	100901K	法医学
83	管理学(12)	管理科学与工程类(1201)	120106TK	保密管理
84		工商管理类(1202)	120201K	工商管理
85			120203K	会计学
86		公共管理类(1204)	120406TK	海关管理
87			120411TK	海警后勤管理
88		旅游管理类(1209)	120901K	旅游管理
89	艺术学(13)	音乐与舞蹈学类(1302)	130208TK	航空服务艺术与管理
90		美术学类(1304)	130407TK	实验艺术
91			130408TK	跨媒体艺术
92		设计学类(1305)	130510TK	陶瓷艺术设计

附件5 国家级一流本科专业分专业类建设规划

专业类代码	专业类	拟建设数量(个)
0101	哲学类	18
0201	经济学类	126
0202	财政学类	38
0203	金融学类	206
0204	经济与贸易类	144
0301	法学类	137
0302	政治学类	43
0303	社会学类	95
0304	民族学类	6
0305	马克思主义理论类	57
0306	公安学类	34
0401	教育学类	189
0402	体育学类	147
0501	中国语言文学类	228
0502	外国语言文学类	609
0503	新闻传播学类	236
0601	历史学类	77
0701	数学类	192
0702	物理学类	100
0703	化学类	148
0704	天文学类	6
0705	地理科学类	119
0706	大气科学类	11
0707	海洋科学类	16
0708	地球物理学类	12
0709	地质学类	13
0710	生物科学类	158
0711	心理学类	72
0712	统计学类	85
0801	力学类	21

续表

专业类代码	专业类	拟建设数量(个)
0802	机械类	407
0803	仪器类	56
0804	材料类	240
0805	能源动力类	68
0806	电气类	120
0807	电子信息类	437
0808	自动化类	123
0809	计算机类	577
0810	土木类	215
0811	水利类	41
0812	测绘类	41
0813	化工与制药类	141
0814	地质类	40
0815	矿业类	39
0816	纺织类	26
0817	轻工类	32
0818	交通运输类	77
0819	海洋工程类	14
0820	航空航天类	24
0821	兵器类	14
0822	核工程类	12
0823	农业工程类	29
0824	林业工程类	9
0825	环境科学与工程类	158
0826	生物医学工程类	31
0827	食品科学与工程类	106
0828	建筑类	139
0829	安全科学与工程类	35
0830	生物工程类	72
0831	公安技术类	23
0901	植物生产类	83
0902	自然保护与环境生态类	17
0903	动物生产类	21
0904	动物医学类	26

续表

专业类代码	专业类	拟建设数量(个)
0905	林学类	43
0906	水产类	14
0907	草学类	8
1001	基础医学类	9
1002	临床医学类	80
1003	口腔医学类	25
1004	公共卫生与预防医学类	26
1005	中医学类	28
1006	中西医结合类	8
1007	药学类	80
1008	中药学类	30
1009	法医学类	8
1010	医学技术类	85
1011	护理学类	48
1201	管理科学与工程类	268
1202	工商管理类	674
1203	农业经济管理类	23
1204	公共管理类	247
1205	图书情报与档案管理类	17
1206	物流管理与工程类	103
1207	工业工程类	48
1208	电子商务类	100
1209	旅游管理类	143
1301	艺术学理论类	4
1302	音乐与舞蹈学类	198
1303	戏剧与影视学类	216
1304	美术学类	157
1305	设计学类	474

附件6　西南大学“心理发展与教育”本科课程大纲(2018版)

一、课程信息

课程名称:(中文):心理发展与教育

(英文):Psychological Development and Education

课程代码:05410020

课程类别:教师教育必修课

适用专业:师范各专业

课程学时:54学时

课程学分:3学分

先修课程:无

附属实验说明:见实验课程大纲

选用教材:

《心理发展与教育》,张庆林 赵玉芳主编//著,重庆大学出版社,2009年第2版

主要参考书目:

1.黄希庭.心理学导论(第二版)[M].北京:人民教育出版社,2007.

2.[美]莫顿·亨特.心理学的故事[M].寒川子,张积模,译.西安:陕西师范大学出版总社有限公司,2013.

3.刘雪.心理学原来这么有趣:颠覆传统教学的18堂心理课[M].北京:化学工业出版社,2012.

4.[英]艾森克.心理学[M].阎巩固,译.上海:华东师范大学出版社,2000.

5.[美]理查德·格里格,[美]菲利普·津巴多.心理学与生活[M].王垒,等译.北京:人民邮电出版社,2014.

6.[美]罗杰·霍克.改变心理学的40项研究(第五版)[M].白学军,等译.北京:人民邮电出版社,2010.

7.[加拿大]斯塔诺威克.与“众”不同的心理学:如何正视心理学(第七版)[M].范照,等译.北京:中国轻工业出版社,2005.

8.皮连生.学与教的心理学(第五版)[M].上海:华东师范大学出版社,2009.

9.崔丽娟等.心理学是什么[M].北京:北京大学出版社,2007.

10.[美]罗伯特·费尔德曼.发展心理学:人的毕生发展(第六版)[M].苏彦捷,等译.北京:世界图书出版公司,2013.

11.[美]谢弗等.发展心理学:儿童与青少年(第八版)[M].邹泓,等译.北京:中国轻工业出版社,2009.

12.杨敏毅,谢晓敏.怎样读懂学生:心理特级教师的建议[M].北京:中国人民大学出版社,2014.

13.张大均.教育心理学(第二版)[M].北京:人民教育出版社,2003.

14.[美]德里斯科尔.学习心理学:一种面向教学的取向(第三版)[M].王小明,等译.上海:华东师范大学出版社,2008.

15.林崇德.中学生心理学[M].北京:中国轻工业出版社,2013.

二、课程目标

(一)具体目标

通过本课程的学习,学生可以达到以下目标:

1.了解心理学的基本知识、基本理论,树立科学的世界观、人生观和价值观。【毕业要求4:学科素养】

2.掌握青少年心理发展的基本规律和基本特点,学会用发展的眼光看待自己的学生,看待教育教学。【毕业要求5/6/7/11:技术融合/班级管理/综合育人/交流合作】

3.掌握心理学的基本方法和技能,学会用心理学的视角和手段,发现、分析并解决教育教学实践中的问题。【毕业要求3/6/7:教学能力/班级管理/综合育人】

4.学会根据心理学的基本知识、基本规律和基本方法,提高自身心理素质。学会用发展的眼光看待大学生自身的问题,改善自身的心理健康、学习方法、社会交往、人格发展等各方面的具体问题。【毕业要求8/9/10:自主学习/国际视野/学会反思】

5.坚持立德树人根本任务,遵守职业道德规范,具备人文底蕴与科学素养,具有热爱教育事业,热爱学生的教师职业理想与职业信念。【毕业要求1/2:师德规范/教育情怀】

(二)课程目标与毕业要求的关系

课程目标	支撑的毕业要求	支撑的毕业要求指标点
课程目标1	4.学科素养(M)	3-4.掌握扎实的心理学专业知识和通识知识,重点理解和掌握心理学专业领域核心素养内涵;综合理解与整合心理发展、心理教育、心理咨询、心理辅导、心理治疗、心理研究的相关知识和方法策略,并能进行迁移和初步运用,在此基础上构建心理学学科系统的知识框架和体系

续表

课程目标	支撑的毕业要求	支撑的毕业要求指标点
课程目标2	5.技术融合(L) 6.班级管理(M) 7.综合育人(H) 11.交流合作(H)	3-5.掌握心理学资料查询、文献检索以及运用现代信息技术获取相关信息的基本方法和心理学研究的基本方法;掌握心理教育统计、测量方法,能够进行心理学教学实验设计、问卷调查、数据处理、结果分析及论文撰写等;能够开展心理健康教育教学、心理咨询与诊断测评、心理教育研究、生涯规划与指导等工作
		3-6.具备高效的班级管理能力,掌握班级组织和建设的规律和方法,熟悉班级建设、班级教育活动组织、学生发展指导、综合素质评价、家校沟通等班级常规工作要点;建立良好的班级秩序和规则,构建良好的同伴关系和师生关系,营造尊重、平等、积极向上的班级氛围
		3-7.树立德育为先、综合育人理念,掌握综合育人的路径和方法;了解学生心理发展的特点和规律,注重培育学生良好的意志品质和行为习惯;综合利用课程、讲座、实践、见习、家庭、学校、社会、媒体等多种资源全面育人,促进学生人格完善、健康成长
		3-11.理解学习共同体的作用,具有团队协作精神,积极开展小组互助、朋辈学习;具有健康的体魄和良好的心理素质;掌握人际沟通和合作技能,能够运用多种沟通形式和新型社交工具进行有效交流和互动
课程目标3	3.教学能力(H) 6.班级管理(H) 7.综合育人(H)	3-3.师范技能突出,具有优秀的教学设计、教学实施、教学评价、教学管理和教学研究能力
		3-6.具备高效的班级管理能力,掌握班级组织和建设的规律和方法,熟悉班级建设、班级教育活动组织、学生发展指导、综合素质评价、家校沟通等班级常规管理工作要点;建立良好的班级秩序和规则,构建良好的同伴关系和师生关系,营造尊重、平等、积极向上的班级氛围
		3-7.树立德育为先、综合育人理念,掌握综合育人的路径和方法;了解学生心理发展的特点和规律,注重培育学生良好的意志品质和行为习惯;综合利用课程、讲座、实践、见习、家庭、学校、社会、媒体等多种资源全面育人,促进学生人格完善、健康成长
课程目标4	8.自主学习(M) 9.国际视野(L) 10.反思研究(M)	3-8.具有自主发展、终身学习和生涯规划的意识和习惯,能够结合就业意向合理制订自身学习的计划并进行自我管理,能够自主安排相关的学习活动和学习内容,对自己的生涯进行有效的发展规划。
		3-9.国际视野:具有全球意识和开放心态,主动了解国外心理学教育改革发展的趋势和前沿动态;积极参与国际教育交流,尝试借鉴国际先进的教育理念和经验开展教育教学
		3-10.养成反思的习惯,理解反思型实践者的教师角色,能够运用批判性思维关注、分析和解决教育教学中的问题;能够创造性地开展心理健康教育教学工作;掌握心理教育研究的基本方法和指导学生进行科学研究的技能,具有创新意识和科学思维

续表

课程目标	支撑的毕业要求	支撑的毕业要求指标点
课程目标5	1.师德规范(M) 2.教育情怀(H)	3-1.践行社会主义核心价值观，增进对中国特色社会主义的思想认同、政治认同、理论认同和情感认同；贯彻党的教育方针，以立德树人为己任，遵守教师职业道德规范，具有依法执教意识；立志成为有理想信念、有道德情操、有扎实学识、有仁爱之心的好老师，为心理教育事业积极地贡献才智
		3-2.具有从教意愿，认同心理健康教育教师工作的意义和专业性；具有积极的情感、端正的态度、正确的价值观；具有人文底蕴和科学精神，尊重学生人格，富有爱心、责任心，工作细心、耐心。做学生锤炼品格、学习知识、创新思维、奉献祖国的引路人

三、课程内容

(一)课程内容与课程目标的关系

课程内容	教学方法	支撑的课程目标	学时安排
第一章	讲授法、专题研讨	课程目标1/5	6
第二章	讲授法、专题研讨、案例教学、课堂汇报、课后实践	课程目标1/3/4	6
第三章	讲授法、专题研讨、案例教学、课堂汇报、课后实践	课程目标1/3/4/5	9
第四章	讲授法、专题研讨、案例教学、课堂汇报、课后实践	课程目标1/3/4/5	6
第五章	讲授法、专题研讨、案例教学、课堂汇报、课后实践	课程目标1/2/3/4/5	6
第六章	讲授法、专题研讨、案例教学、课堂汇报、课后实践	课程目标1/2/3/4/5	9
第七章	讲授法、专题研讨、案例教学、课堂汇报、课后实践	课程目标1/2/3/4/5	6
第八章	讲授法、专题研讨、案例教学、课堂汇报、课后实践	课程目标1/2/3/4/5	6
合计			54学时

(二)具体内容

第一章　绪论

【学习目标】

1.认知类目标:学习和了解心理学是什么,理解心理学的起源,掌握心理学的基本概念,进而了解日常生活中对心理学的种种错误理解。

了解心理学在现实生活中的应用和价值,尤其是对教师教育和教学的帮助;对学生知识学习、人格成长、社会交往、心理健康等方面的帮助。

2.价值类目标:让学生对心理学有一个科学的认识;进而引导其树立科学的人生观,提高师范生的科学底蕴,增强其对教育行业的兴趣。

3.方法类目标:学生们能运用简单的心理学知识,开展一些心理学相关问题的讨论,为后续章节的学习奠定坚实的基础。

【重点、难点】

1.重点:如何正视心理学,如何让学生理解心理学的科学性。

2.难点:对心理学基本概念的把握,为后续学习打下基础。

【课程内容】

1.心理学是什么:起源,诞生,概念。

2.心理学不是什么,以及心理学和伪心理学的区别。

3.心理学的研究对象,心理过程(认知过程、情感过程和意志过程),心理特征(能力、气质与性格)。

4.心理学的研究领域:人格及其发展;动机和自我;学习心理;教学与管理心理;社会心理;心理健康与辅导。

【教学方法】

1.通过多媒体课件和传统教学相结合,阐明心理学的基本概念、研究对象和研究领域。

2.通过案例分析,强调心理学和实践的关系,区分心理学和伪心理学。

3.通过小组合作学习,强化学生的科学意识和教育意识。

4.通过课堂汇报和课堂辩论,强化知识应用意识,发展学生的教学能力和反思能力。

5.通过组织学生观察课堂实录,从中培养师范生发现问题、分析问题、解决问题的能力和探究意识。

【复习与思考】

1.学习心理学能否让你看透别人的内心?
2.系统阐述并举例说明:心理现象的分类。
3.系统阐述并举例说明:学习心理学对成为优秀教师的帮助。
……

四、考核方式

(一)具体方式

课程考核方式分为过程性考核(平时考核)、期中考核和课终考核(期末考核)。
过程性考核(平时考核)方式包括课堂表现、平时作业、调研报告等。
期中考核以阶段性考核为主要形式,也可以采用课程设计、专题实践报告等形式。
课终考核(期末考核)提供统一题库,采用闭卷考试。

(二)考核方式与课程目标的关系

课程目标	考核内容及占比/%	考核方式
理解心理学的基本概念和基础知识,尤其是与学习和教学有关的,与青少年成长有关的	基本概念和基本知识:10—20	1.课堂测试 2.课堂讨论 3.报告展示 4.期末考试
理解心理学基本理论,重点是与学习和教学有关的,与青少年成长有关的	1.基本理论:20—30 2.理论结合实践:10—20	1.课堂测试 2.课堂表现 3.期末考试
初步具备运用所学心理学理论和知识,用心理学的视角分析和解决教育实践问题的能力	1.实践问题的心理学解读:10—20 2.设计合适的心理学方案解决实际问题:15—25 3.与团队合作,进行课程设计与听评课的能力:5—10	1.课堂测试 2.期末考试 3.课堂表现 4.团队合作
能够形成终身学习的意识,在教育实践中,面对学生的学习、人际、心理健康、人格、动机等问题,具有心理学意识	反思与自我完善的能力:10	1.实践表现 2.团队合作
坚持立德树人的根本任务,遵守职业道德规范,具备人文底蕴与科学素养,具有热爱教育事业、热爱学生的教师职业理想与职业信念	1.对教师的认识,情感态度价值观:5 2.职业素养与信念:5	1.课堂表现 2.课上讨论 3.期末考试

续表

课程目标	考核内容及占比/%	考核方式
具备沟通交流能力与团队合作精神，能够养成认真、求实、勤奋良好的科研精神与学风	与团队合作，进行课程设计与听评课的能力：5	团队合作

五、成绩评定

1.总成绩评定

总成绩=过程成绩（平时成绩）×30% + 课终成绩（期末成绩）×50% + 期中考核（20%）

2.过程成绩（平时成绩）评定：

（1）课堂表现：学生主动参与课堂练习、讨论，创造性地提出问题的能力。

（2）作业完成情况：学生平时作业提交次数及完成质量。

（3）考勤：仅仅是平时成绩的参考，比重不能超过平时成绩的10%。

（4）研究报告：学生收集资料能力、研究设计能力、解决实际问题能力和合作研究能力。

（5）课程实践和报告。

3.课终成绩（期末成绩）评定

（1）教研室统一提供学生复习题库：试题库以章为单位建设，基本涵盖课程要求的基本知识、基本理论和基本能力考核。

（2）每章题库必须有的题型（案例分析、举例说明、论述）和不能有的题型（简答、名词解释等完全死记硬背的题型）。

（3）命题工作原则上由老教师（三年教龄以上）轮流进行。

（4）命题教师注意试题的保密工作，如果出现泄漏，将根据学校相关规定追求教学责任。

（5）教师不允许把题库答案直接提供给学生，教师也不允许在题库外划重点。

（6）每位教师可以根据自己的教学实践，自行拟定评分标准；阅卷必须严格遵循评分标准。

（7）试卷评阅后，学生的答卷和自己的评分标准，提交学生所在学院（部）。

（8）如果学生对成绩有异议，则找人重新评估阅卷。

4.期中成绩评定

（1）自主考核占整个成绩的20%；题型任课教师自主设置，没有统一要求。

（2）自主考核可以开卷，可以闭卷，也可以是其他形式。

（3）如果是课程论文，必须有严格规定，不能是综述或学术性论文，保证其专业性（与所在专业密切相关）和实践性（有学生自身的实践参与）。

(4)自主考核中,学生的答卷(或材料),以及自己的评分标准,必须提交学院(部)教学秘书。

六、其他说明

(一)课程资源

1.试题库

由于公共课涉及教师太多,为统一规范,除了统一的教学大纲和公共课件之外,题库也统一提供。不仅规范教学,也希望给各任课老师提供灵活空间。

(1)试题库以章为单位建设,基本涵盖课程要求的基本知识、基本理论和基本能力考核。

(2)题库修订:每章必须有的题型(案例分析、举例说明、论述)和不能有的题型(简答、名词解释等完全死记硬背的题型)。

(3)每年新增加的专题题库。

(4)修订错误。

(5)删减无关内容。

(6)格式修订。

(7)修订比例不能低于20%。

(8)案例分析要提供备选案例(案例分析不能拷题库原题,要提供备考案例)。

(9)举例说明一定要结合本专业实践。

(10)题库修订不得迟于开学后第四周。

2.网络教学平台

"心理发展与教育"课程平台,是西南大学委托心理学部建设的统一教学和自学平台。

网址:bb.swu.edu.cn。进入后,在最右上角的菜单中选择课程:心理发展与教育。

整个平台由课程通知、教师信息、课程信息、教学内容、拓展学习、师生互动、考试指南、实践作业、课程反馈等几个部分构成。

学生可以在平台上获得这门课程的各种学习和考试通知、规定等,包括课程学习的课件、大纲、题库、样题、拓展材料等。

(二)其他

1.执笔人:×××

2.参与人:×××

3.制订依据:依托2018年心理学师范专业培养方案,参考全校各师范专业培养方案制订。

4.执行对象:从2018级学生开始执行。

后 记

习近平总书记在全国教育大会上强调，新时代新形势，改革开放和社会主义现代化建设、促进人的全面发展和社会全面进步对教育和学习提出了新的更高的要求。高校要坚持立德树人根本任务，形成更高水平的人才培养体系，本科教育在人才培养工作中占据基础地位。坚持"以本为本"，践行"四个回归"，加快建设高水平本科教育，提升高校教务管理工作质量是重中之重。

本书由西南大学教务处发起。教务处处长吴能表教授负责总体设计和全面统筹，组织了多次写作提纲研讨会，最终敲定提纲。本书编委参与了书稿撰写工作。全书初稿形成后，吴能表教授作了初次审读且提出详细的修改意见，并对有关章节作了改写。执笔者根据反馈意见进行了多次修改。副主编易鹏、张代平、杨挺、林萍先后参与初步统稿工作，吴能表教授在此基础上进行了统稿、最终定稿。

在本书的编撰过程中，编者参阅并借鉴了大量有关制度文件和学术研究成果，其中涉及原文引用的文献已在文中予以标注，在此一并表示真诚感谢。

由于水平局限，书中难免存有不足不当之处，敬请各位学者专家和读者批评指正。

2020年1月19日